Atlas ilustrado de la Primera Guerra Mundial

susaeta

Título original
Storia Illustrata della Prima Guerra Mondiale

Textos
Antonella Astorri y Patrizia Salvadori

Dirección editorial
Isabel Ortiz

Coordinación
Myriam Sayalero

Traducción
Elena del Amo

Diseño gráfico
Daniele Forconi

Imposición electrónica
Miguel A. San Andrés

Cartografía y fichas
Sergio Biagi Comunicazione Grafica

Agradecimientos
A Decio Romano
por su generosa colaboración
en los textos e imágenes

Cualquier forma de reproducción, distribución, comunicación pública o transformación de esta obra solo puede ser realizada con la autorización de sus titulares, salvo excepción prevista por la ley. Dirijase a CEDRO (Centro Español de Derechos Reprográficos) si necesita fotocopiar o escanear algún fragmento de esta obra (www.conlicencia.com; 91 702 19 70 / 93 272 04 47).

Impreso en papel procedente de bosques sostenibles

© Giunti Gruppo Editoriale, Firenze
© SUSAETA EDICIONES, S.A.
Campezo, 13 - 28022 Madrid
Tel.: 91 3009100 - Fax: 91 3009118
Impreso y encuadernado en España
www.susaeta.com

Índice

Introducción de Jacques Le Goff	5

Al borde del abismo — 8

- Un acontecimiento sin precedentes — 10
- Un conocimiento insuficiente — 12
- El largo reinado de Francisco José — 14
- El sueño de la gran Alemania — 18
- Revancha y Tercera República — 21
- La herencia de la reina Victoria — 24
- La autocracia de los Romanov — 27
- La decadencia otomana — 31
- Las contradicciones italianas — 33
- Una nación emergente — 37

El mundo antes de la guerra — *13*
Francisco José — *15*
El atentado de Sarajevo — *16*
La rebelión de los bóxer — *18*
Guillermo II — *20*
El reparto de África — *22*
Jorge V — *27*
Nicolás II — *29*
La guerra ruso-japonesa — *30*
La cuestión balcánica — *34*

1914. Los cañones de agosto — 40

- Los dos bloques en confrontación — 42
- La llamada a las armas — 44
- La derrota del movimiento obrero — 46
- Terror en Bélgica — 49
- París se salva en el Marne — 51
- La revancha de Hindenburg — 52
- El Imperio Austro-húngaro en dificultades — 54
- La intervención otomana — 56
- Ataque y defensa en el mar — 59

Helmuth von Moltke — *43*
El Dreadnought — *45*
El aeroplano — *47*
Archivos de guerra: la fotografía — *48*
John D. French — *49*
El Marne — *50*

Ypres — *53*
Tannenberg — *55*
Paul L. von Hindenburg — *57*
Erich Ludendorff — *57*
Las Malvinas — *58*

1915. La gran ilusión — 60

- Tácticas viejas, guerra nueva — 62
- El empleo de gases tóxicos — 66
- Los conflictos de los Imperios Centrales — 69
- Serbia queda fuera de juego — 70
- El descalabro en los Dardanelos — 72
- La guerra en el mar — 74
- Un nuevo país en el conflicto — 77
- Italia en guerra — 78
- Las primeras voces contra la guerra — 81
- Propaganda y retaguardia — 82
- La primacía de los militares — 84

La trinchera — *63*
Cartas de guerra — *64*
Franz Conrad von Hötzendorf — *65*
Paul von Lettow-Vorbeck — *67*
Archivos de guerra: la Cruz Roja — *68*
Gorlice-Tarnów — *71*
Gallípoli — *73*
Las naves corsarias — *75*
La intervención de Italia — *76*
Luigi Cadorna — *79*
Isonzo — *80*
Joseph J. Joffre — *83*
Herbert Kitchener — *85*
La guerra en el mundo — *87*

1916. La gran ofensiva — 88

- Oriente Medio en el punto de mira — 90
- El crisol de Verdún y del Somme — 93
- Expediciones de castigo y «malogradas» — 94
- El conflicto se alarga — 97
- El verdadero rostro de la guerra — 98
- La implicación de los civiles — 100
- Se abren grietas en las retaguardias — 102

- La economía de guerra 104
- La primera «guerra industrial» 110
- Los soldados en el frente y el mundo civil 113
- ¿Por qué seguir muriendo? 114

El genocidio de los armenios *91*
Lawrence de Arabia *92*
Erich von Falkenhayn *94*
Verdún *95*
Somme *96*
Jutlandia *99*
John Rushworth Jellicoe *100*
Reinhard Scheer *101*
El dirigible *103*
Douglas Haig *105*
El tanque *107*
Archivos de guerra: la propaganda *109*
Henri Philippe Pétain *110*
La industria bélica *111*
El arte y la guerra *112*
El rostro de las ciudades *115*
El barón rojo *116*

1917. El año más largo 118

- Bajo el mar y en el desierto 120
- El infierno de Chemin des Dames 122
- La voz de Benedicto XV 123
- La página negra de Caporetto 124
- El fin de la autocracia zarista 126
- El eco de la revolución 131
- Amotinamientos y represión 132
- Una conclusión despótica 136
- La intervención de Estados Unidos 139
- Las razones de Wilson 140
- La guerra de los prisioneros 143

El submarino *121*
Robert Georges Nivelle *122*
Caporetto *125*
Aleksei Brusilov *127*
Aleksander Kerenski *128*
Nikolai Lenin *128*
La paz de Brest-Litovsk *130*
Mata-Hari *133*
Georges Clemenceau *134*
Archivos de guerra: los periódicos *135*
Ferdinand Foch *137*

John Pershing *138*
Woodrow Wilson *139*
Las mujeres en la guerra *141*
Armando Diaz *143*

1918. Los últimos disparos 146

- Los «catorce puntos» de Wilson 148
- La Batalla Imperial 150
- Los Aliados resisten 152
- La ofensiva final 155
- La caída de los Imperios Centrales 156
- El fin de los Habsburgo 158
- La última rebelión 160

Los medios de asalto *149*
La literatura y la guerra *151*
Piave *153*
Amiens *154*
Archivos de guerra: los préstamos *157*
Francesco Baracca *158*
Vittorio Veneto *159*
El cementerio de Scapa Flow *161*

Los problemas de la paz perdida 162

- Los tratados de paz 164
- El fracaso de Wilson 165
- Ilusiones desvanecidas 167
- Equilibrio inestable 168
- La larga sombra de la guerra 170
- El nuevo mundo 172

La Sociedad de Naciones *166*
V. Emanuele Orlando *167*
La ciudad fronteriza de Fiume *169*
La epidemia de 1918 *171*
Los monumentos a los caídos *173*
Mustafá Kemal *174*
Guerra y cine *176*

Tablas cronológicas 181
Las declaraciones de guerra 187
Índice onomástico 189
Índice de las fichas 191

Introducción

Jacques Le Goff

La gran reflexión sobre el siglo XX no se agota con la Segunda Guerra Mundial, el holocausto, las guerras de Corea y Vietnam, o la de Argelia. Una de las reflexiones más importantes, más significativas, es sobre la guerra de 1914-1918. En 1995, François Furet lo explicó perfectamente en su libro *Le passé d'une illusion*, en el que, más allá de la Revolución Francesa de 1789 y de la pasión revolucionaria que nació de ella, muestra cómo la Primera Guerra Mundial representó la vibración esencial, originaria, de la que se deriva el extraordinario –y por eso mismo ilusorio– éxito de la idea comunista del siglo XX. En épocas más recientes, de acuerdo con los estudios y las reflexiones que han renovado la historia y la imagen de la Gran Guerra, con el impulso de Jean-Jacques Becker y su equipo de Ciencias Políticas de la Universidad de París X-Nanterre y el Centro de Investigación de la Historia de la Gran Guerra (Péronne, Somme), Stéphane Audouin-Rouzeau y Annette Becker han intentado «descubrir» esta guerra y darla a conocer a nuestros contemporáneos que, al no vivirla, no conocen las devastadoras consecuencias que tuvo para el siglo XX.

La guerra de 1914-1918 representó la desastrosa apertura de este trágico siglo. No sólo por la terrible estela de muertos y devastación que dejó tras de sí; no sólo por las injusticias, las frustraciones, los gérmenes de nuevas guerras que, después del fracaso de la Paz de Versalles, heredaron los europeos y los demás pueblos –porque todo esto se sabía aunque la Segunda Guerra Mundial lo ocultó bastante bien–, sino porque dio origen a una cultura bélica, del odio y de la barbarie. La guerra de 1914-1918 produjo y difundió mundialmente los horrores y las neurosis destructoras del siglo XX. Así –y solamente así– fue la Gran Guerra.

Todo ello queda demostrado de forma clara y sorprendente en esta *Historia ilustrada de la Primera Guerra Mundial*. Si cumple su función informativa y explicativa es sobre todo por el original, selecto y numeroso material gráfico. Las imágenes son un documento histórico fundamental, que no se limitan a ilustrar lo que dicen los textos, sino que son el auténtico fermento de ese componente de la historia que ha pasado a primer plano: el imaginario histórico. Ante todo, las imágenes de este libro presentan elementos reales: acontecimientos, ceremonias, lugares, protagonistas, tanto en el campo individual como en el colectivo. Perfectamente sintetizadas y realzadas como «ventanas abiertas» sobre jefes políticos y militares, y sobre batallas, se intercalan en una narración en la que aparecen los hombres, las multitudes, los contextos colectivos; lo cual demuestra que la historia se hace con las relaciones entre todos estos elementos y que sólo es posible separarlos por una cuestión de claridad expositiva.

Además, gracias a un libro como éste, descubrimos que la guerra de 1914-1918 pudo beneficiarse de una gran novedad documental. Es el primer gran acontecimiento histórico documentado por la fotografía, aunque el auténtico resultado iconográfico del libro es otro. De hecho, recoge imágenes que jugaron un importante papel en la Primera Guerra Mundial: los manifiestos –que conmueven, al servicio de la propaganda, la sensibilidad colectiva hasta un grado antes jamás alcanzado–; pero también incluye emblemas, banderas y medallas, que tienen su importancia en la simbología histórica.

Por otra parte, las ilustraciones no deben limitarse a reproducir la realidad y los soportes concretos del imaginario, deben encontrar la forma de mostrar la realidad haciendo aflorar sus significados ocultos y las consecuencias implícitas. De ahí el número y el interés de las tablas, los diagramas y, sobre todo, los mapas. No existen buenas publicaciones de historia sin mapas, porque la historia se construye en un espacio, por ello quedaría incompleta y sería muy abstracta sin la geografía.

Ahora bien, no hay fenómeno que exija mayor consideración del territorio que una guerra mundial. Amplios espacios de operaciones, que se extienden desde Francia hasta los Dardanelos, desde Arabia hasta Extremo Oriente, desde Jutlandia hasta las islas Malvinas, en los mares y en todos los continentes; porque los Imperios Coloniales de los países beligerantes estuvieron forzosamente presentes en los campos de batalla con numerosos contingentes africanos y asiáticos, canadienses y australianos; por no hablar de los norteamericanos.

Igualmente, los autores muestran los lugares de la guerra, en el frente y en la retaguardia, en tierra, en el mar y en el aire, en el corazón de las fábricas (la economía y la industria bélica –el primer conflicto mundial fue la primera guerra industrial– están muy presentes) y en ese lugar mítico, por sus angustiosos y al mismo tiempo concretos aspectos de la sociabilidad privada que en esta guerra proporcionó el marco de sus aspectos simbólicos: la trinchera, realidad material y psicológica, íntimamente ligada a la historia y a la imagen de la Gran Guerra. A través del texto y la imagen, asistirán a la terrible y desconsoladora aventura según la fórmula tradicional: «cómo nos engañaron». Asimismo descubrirán las armas utilizadas, especialmente las que constituyeron una gran novedad, también en este caso tecnológica y simbólica al mismo tiempo: el tanque, el dirigible, el acorazado, los medios de asalto, y sobre todo los dos grandes protagonistas que en 1914-1918 entran de un modo clamoroso en la historia: el avión y el submarino.

Aunque guerra entre hombres, el primer conflicto mundial implicó absoluta y profundamente a mujeres y niños, demasiado presentes en él a causa de su magnitud. Del mismo modo, también estuvieron presentes la religión católica, a través del Vaticano, el clero, las ceremonias religiosas; los sentimientos y las experiencias de los hombres, la literatura y el arte, a través de los artistas combatientes –más de uno, víctimas– y los cuadros, muy escasos, que la guerra inspiró.

Para terminar, conviene recordar las imágenes de la guerra en el cine, desde Charles Chaplin hasta Bertrand Tavernier, pasando por la visión crítica de Stanley Kubrick, cuya película *Senderos de gloria* estuvo prohibida durante mucho tiempo por la censura francesa. Y para coronar, si se puede decir así, la expresión de la memoria simbólica de la guerra y la irrupción del luto en los paisajes urbanos y rurales, está el florecimiento de los cementerios y los monumentos a los caídos.

Sería un intento inútil por mi parte resumir en esta presentación el contenido del libro, porque se trata de una narración de los acontecimientos que fija una atención necesaria y precisa en la cronología, y que posee la pertinente sucesión de periodos perfectamente caracterizados con sus ardores y sus contenciones, sus ilusiones y sus desilusiones, y la apresurada conclusión que todos conocemos.

Quisiera finalizar con dos aclaraciones. Al principio mencioné el actual reconocimiento de la Gran Guerra como el inicio de una cultura del odio y la barbarie. Es un aspecto que está muy presente en el libro, y no sólo a través de la descripción del genocidio de los armenios. El empleo del gas es un signo muy concreto y la acusación de «barbarie» que los beligerantes se dirigen mutuamente supone una toma de conciencia de este elemento nocivo.

El gran historiador Marc Bloch, que combatió valerosamente en la Gran Guerra y murió fusilado por los alemanes en 1944, había encontrado y estudiado un elemento original y significativo de esta cultura bélica: la producción y difusión de noticias falsas. En el libro encontraremos la mención de un fenómeno subsidiario de este estado de ánimo: el espionaje –sobre todo a través del controvertido y mitificado personaje de Mata-Hari–. Sin embargo, pienso sobre todo en los hombres heridos, mutilados, muertos o agonizantes, diseminados en esta historia de guerra a propósito de la cual se ha podido escribir: «la historia de la guerra es sobre todo la historia del hombre».

Por último, los historiadores saben que un acontecimiento, sea cual sea su magnitud (y quizá en proporción a su grandeza), no nace ni muere de repente. Viene de lejos y se prolonga en el tiempo. En el primer y último capítulo, los historiadores que han escrito y concebido este libro han demostrado perfectamente cómo, a pesar de tratarse de «un acontecimiento histórico sin precedentes», la Primera Guerra Mundial venía de lejos y proyectó ante sí una larga sombra.

Como se trata de un acontecimiento global, este libro es un libro de historia global. Para los que quieran «descubrir» la Primera Guerra Mundial que ilumina –trágicamente– nuestro presente, este libro les resultará una guía indispensable.

Atlas ilustrado
de la Primera Guerra Mundial

Al borde del abismo

El 28 de junio de 1914, el heredero del trono austro-húngaro, Francisco Fernando de Habsburgo, cae bajo los disparos de un nacionalista eslavo en Sarajevo, capital de Bosnia-Herzegovina, provincia recién anexionada al imperio. El episodio, el *casus belli* que determina el estallido de la Primera Guerra Mundial, no es en sí mismo más grave que otros regicidios o atentados a miembros de las familias reales de los que Europa ha sido testigo desde finales del siglo XIX. Sin embargo Viena atribuye a la vecina Serbia, que desde mucho tiempo atrás alimenta la oposición contra Austria de las poblaciones eslavas sometidas a los Habsburgo, la responsabilidad del asesinato. La acusación es un pretexto, porque el atentado ha tenido lugar en territorio del imperio, los autores materiales son súbditos austriacos y las pruebas de una implicación efectiva de Serbia solamente se obtendrán cuando termine la guerra. No obstante, para Austria es la ocasión de conseguir una solución

PRIMERA GUERRA MUNDIAL

GRANDES MANIOBRAS
*(Página anterior).
Para estos jóvenes
oficiales alemanes,
la guerra sigue siendo
«la bella guerra».*

SARAJEVO, 1914
*El 28 de junio, el
archiduque Francisco
Fernando (a la derecha)
es recibido en Sarajevo. Es
el heredero del trono de los
Habsburgo y el instigador
de la vinculación
austriaca en los Balcanes.*

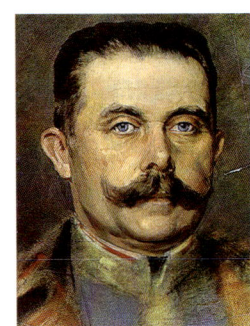

radical –ya sea política o militar– del problema serbio: acabar con ese nido revolucionario que desde la frontera oriental amenaza la unidad del imperio. Y aunque Viena sigue manifestando ciertas dudas en dar los pasos que pueden conducir a la guerra, ahí está su aliada Berlín.

De este modo el Imperio Austro-húngaro del anciano Francisco José se deja arrastrar por la Alemania del joven Guillermo II como si se tratara de un pulso entre ambos. Tras un primer momento de incertidumbre, el 23 de julio de 1914, Viena presenta a Serbia un ultimátum de inaceptables condiciones para un Estado soberano. Se pretende de Belgrado la disolución de todas las organizaciones políticas y patrióticas, la prohibición de cualquier forma de propaganda antiaustriaca y la participación de funcionarios imperiales en las investigaciones gubernamentales en territorio serbio sobre las responsabilidades del acto terrorista. Fortalecida por el apoyo ruso, Serbia rechaza las condiciones y ordena la movilización general. Incitado por Alemania, el Imperio Austro-húngaro responde con la declaración de guerra. Es el 28 de julio. El mecanismo de las alianzas lleva a Berlín, Moscú, Londres y París a coaliciones enfrentadas, y en la primera semana de agosto Europa se precipita hacia la guerra.

UN ACONTECIMIENTO SIN PRECEDENTES

El conflicto desatado por el atentado de Sarajevo se convierte en un acontecimiento histórico sin precedentes por su extensión (alrededor de 20 países implicados), su enorme despliegue del esfuerzo militar y la movilización de hombres y recursos (70 millones de soldados), por la dimensión del sacrificio (9 millones de militares muertos y 1 millón de civiles). En la primera guerra a gran escala, la población llamada a participar activamente en la lucha ya no es una minoría. Entre 1914 y 1918 los países belige-

EL ZAR SE MOVILIZA
*La movilización del
ejército ruso es la primera
respuesta al ultimátum
impuesto por el Imperio
Austro-húngaro a Serbia,
como consecuencia del
atentado de Sarajevo. En
julio de 1914 se ordena
una movilización parcial.*

AL BORDE DEL ABISMO

EL ÚLTIMO ACTO
El archiduque Francisco Fernando y su mujer, Sofía, se dirigen al coche descapotable para continuar su visita a Sarajevo.

PRINCIP SEGÚN BELTRAME
El dibujo de Beltrame para la Domenica del Corriere *ilustra el atentado de Gavrilo Princip. Sin embargo el ilustrador aún no sabe cuáles van a ser las consecuencias.*

rantes tienen que recurrir por primera vez al alistamiento de todos los hombres aptos, y el enorme desarrollo del ejército acompaña el crecimiento del peso político de los generales y los profundos cambios de las estructuras sociales y económicas.

El progreso –el mismo progreso que fue ensalzado en el crepúsculo de la Belle Époque–, ha producido una tecnología más destructiva. Los combates tienen lugar en el aire y en las profundidades del mar, los ejércitos son protegidos por tanques, hay buques de guerra acorazados impulsados a vapor, cañones pesados y gases venenosos, mientras los ferrocarriles concentran contingentes de tropas.

Al final del conflicto cambia la fisonomía de muchas de las potencias que se enfrentan. Economías aún fundamentalmente agrícolas al comienzo de las hostilidades salen, aunque extenuadas, transformadas, debido al gran desarrollo de la industria militar. También se producen importantes transformaciones en las estructuras institucionales de las naciones y en muchos casos se debilita el tejido social.

Los Estados monárquicos pasan a constituirse en repúblicas, se consuma la experiencia de la revolución bolchevique, los imperios supranacionales se ven eliminados del mapa europeo, en los países de reciente unificación nacional toman forma movimientos que más tarde serán la base de sucesivos regímenes reaccionarios (el fascismo en Italia y el nazismo en Alemania), y nuevos sujetos sociales –las mujeres sobre todo– aparecen en la lucha en favor de la emancipación.

Sin embargo la Gran Guerra es también un suceso sustancialmente no resuelto, destinado, por un cúmulo de contradicciones que deja en herencia a Europa, a allanar el camino al estallido de un segundo y todavía más terrible conflicto de alcance mundial.

LUTO EN TRIESTE
Agosto de 1914. Los oficiales de este regimiento austriaco llevan una banda de luto en el brazo izquierdo por la muerte de Francisco Fernando. Los féretros del archiduque y su mujer llegaron a Trieste el 2 de julio de 1914, a bordo del Viribus Unitis; *de ahí, el cortejo fúnebre se trasladó a Viena.*

Primera Guerra Mundial

A LA CONQUISTA DE ASIA
La idea de una «misión» colonizadora de Europa también aparece en los libros infantiles, como esta publicación francesa.

RECUERDOS COLONIALES
Algunos objetos de la guerra de los bóers: un casco colonial, una brújula o una lata de tabaco con la imagen de la reina Victoria.

Un conocimiento insuficiente

Durante los años de la guerra y, sobre todo, tras la derrota de los Imperios Centrales, los vencedores hacen todo lo posible por atribuir solamente a Alemania, con su militarismo y su incontenible *weltpolitik*, la responsabilidad de haber desencadenado la guerra. Hoy, superada la interpretación fundamentalmente política de «Estado agresor», se reconoce que los orígenes del conflicto fueron madurando durante las últimas, aunque pacíficas, décadas del siglo XIX y en los primeros años del XX, y que las causas reales son bastante complejas, por lo que debe investigarse toda una serie de aspectos diversos, tanto económicos como políticos, que interactuaron entre sí.

Entre 1908 y 1914 la anexión de Bosnia-Herzegovina al Imperio Austro-húngaro, las dos guerras balcánicas por el reparto de la herencia turca, la rivalidad naval entre ingleses y alemanes, así como la segunda crisis marroquí entre Francia y Alemania, son los elementos de una fricción internacional que elaboran las premisas del consiguiente estallido. Ninguno de los conflictos es de por sí tan grave como para no poderse solucionar mediante conferencias y tratados, como tantas veces sucedió en el siglo XIX cuando, tras la experiencia devastadora de las guerras napoleónicas, la política de los Estados se dirigió al mantenimiento del equilibrio. No obstante, a pesar de que en la Europa del siglo XX todos temen la afirmación de los países vecinos, ninguno tiene miedo a la guerra. Todos están dispuestos a lanzarse a la contienda, durante demasiado tiempo excluida, por el poder mundial.

En efecto, en los discursos de los estadistas se percibe una especie de disposición cultural para la guerra, a la que, desde un punto de vista ideológico, ofrece legitimación la aplicación de la teoría darwiniana de la selección natural a las relaciones internacionales (darwinismo so-

EL PUERTO DE HAMBURGO
A finales de siglo, Hamburgo es el primer puerto de Alemania, su volumen de tráfico sigue en aumento, reflejando el dinamismo alemán. En 1913 la flota mercantil alemana representa el 11 % del total mundial.

EL MUNDO ANTES DE LA GUERRA

En el año 1914, hacía tiempo que el equilibrio europeo se tambalea. La creciente rivalidad naval entre Gran Bretaña y Alemania pone en tela de juicio la primacía económica y militar británica, que ha constituido durante mucho tiempo un factor de estabilidad. Especialmente la cuestión colonial se convierte en el ámbito en el que surge más abiertamente la competencia entre las potencias europeas. Así sucede, por ejemplo, en Afganistán, donde se produce un enfrentamiento insidioso entre Gran Bretaña y Rusia. También en África donde, a la tradicional presencia francesa e inglesa se incorporan dos nuevos recién llegados, Alemania e Italia. Y por último, en los Balcanes, donde la decadencia del Imperio Otomano ha creado un vacío de poder con graves consecuencias. Realmente es en este ámbito en el que actúan las reivindicaciones de independencia de las poblaciones cristianas (y el zar de Rusia se proclama defensor de todas las poblaciones cristianas sometidas al Imperio Otomano), las aspiraciones de Serbia por convertirse en guía del irredentismo eslavo y extender sus dominios hasta el Adriático, las intenciones italianas dirigidas a la misma zona, las confluyentes miras hegemónicas de Rusia y Austria y los intentos de expansión de Bulgaria, Grecia y Montenegro.

El incremento de los nacionalismos (revanchismo francés, pangermanismo alemán, irredentismo eslavo), los antagonismos entre los grupos étnicos del Imperio Austro-húngaro, y la lucha de clases en Rusia, Gran Bretaña y Francia crean un clima de inseguridad colectiva que condiciona a Europa. Esto provoca la carrera armamentística y la construcción de bloques de alianzas: en 1882 la Triple Alianza que une Alemania con el Imperio Austro-húngaro e Italia; en 1904 la Entente Cordiale entre Gran Bretaña y Francia, y en 1907, la Triple Entente entre estos dos países y Rusia.

Abajo, soldados ingleses del 66° regimiento de infantería combatiendo en Afganistán (grabado del s. XIX).

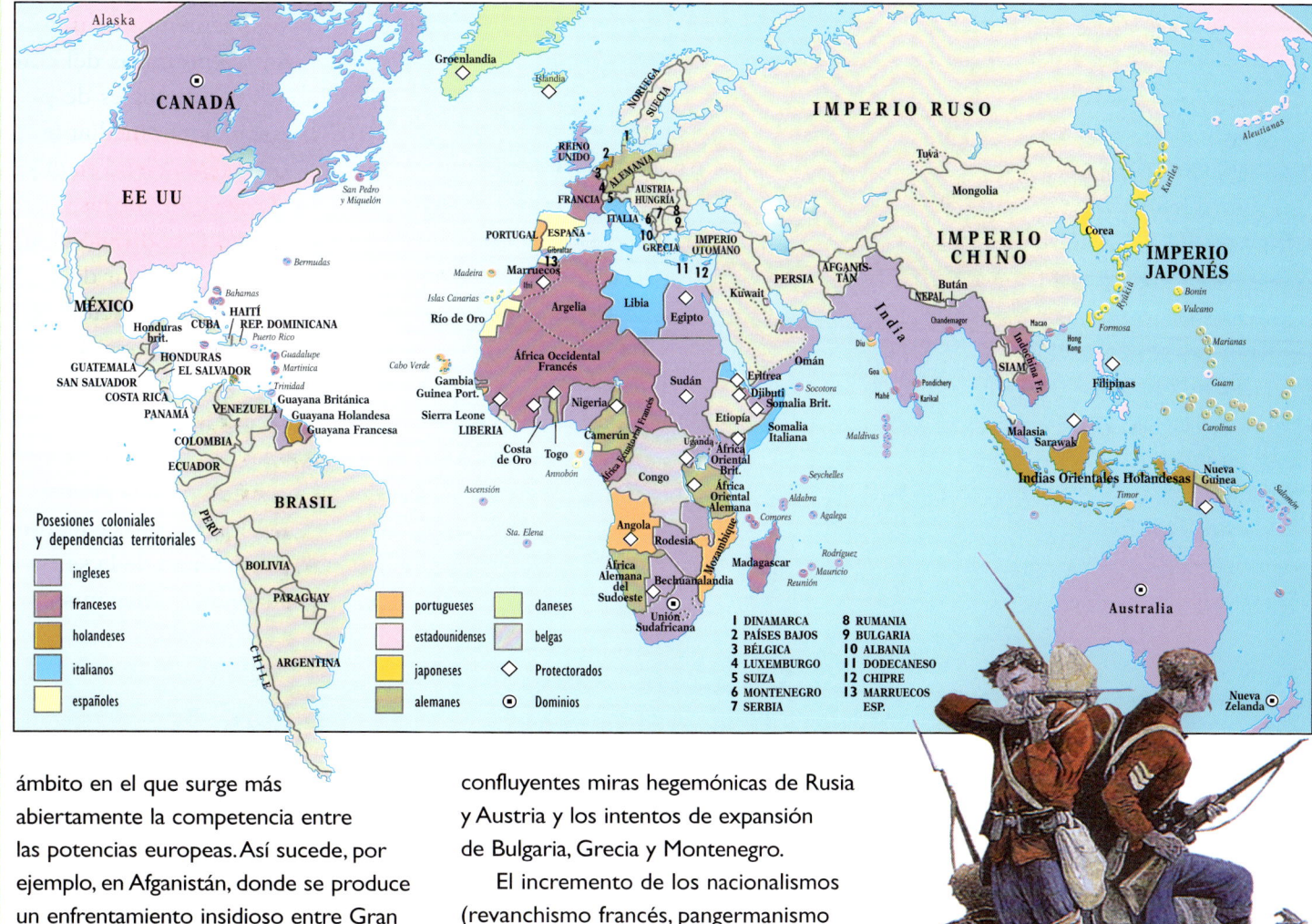

Primera Guerra Mundial

El jubileo de Francisco José
Sello emitido por el correo imperial para celebrar, en 1908, los 60 años de reinado de Francisco José.

El imperio multiétnico
Rumanos, húngaros, eslovacos y alemanes en una oleografía del multiétnico Imperio de los Habsburgo.

cial). Los industriales para los que la guerra ofrece la ocasión de aumentar sus beneficios, las clases dirigentes que ven en ella un antídoto a la lucha de clases, las cúpulas militares y los partidos políticos. Son demasiados los componentes de la sociedad europea que piensan poder sacar partido del conflicto.

Pero en el fondo también hay una total ignorancia de las consecuencias que van unidas a los cambios tecnológicos y sociales en marcha. En efecto, no sólo la guerra es más destructiva que antes, sino que, a causa del reforzamiento de la capacidad defensiva contra el potencial ofensivo, resulta muy difícil obtener una solución militar en el campo de batalla, al menos de forma rápida.

Es una trágica ilusión la que reina en el mes de julio de 1914 en Europa. Todos piensan que esta guerra que nadie ha querido evitar será corta, unas cuantas semanas o como mucho unos meses, y sobre todo que será la última.

El largo reinado de Francisco José

Durante la primera parte del largo reinado de Francisco José, las rápidas derrotas de Austria, a manos de Francia primero (1859) y de Prusia después (1866), realmente habían desvanecido cualquier esperanza de hegemonía de los Habsburgo sobre territorios de habla alemana y puesto fin a su influencia en Italia. El centro de gravedad del imperio se había desplazado hacia oriente, resultando cada vez más urgentes las cuestiones derivadas de la difícil convivencia en una única entidad política de poblaciones, etnias y culturas distintas, cuyo creciente nacionalismo, especialmente el húngaro, amenaza de forma cada vez más alarmante las propias estructuras del Estado. En 1867 Francisco José, en un intento por impulsar una reforma del Estado, se decide por un compromiso (Ausgleich) y concede a Hungría la independencia,

Una capital para Centroeuropa
El Prater, con su famosa rueda de 70 metros, es el lugar de diversión y esparcimiento preferido por los vieneses para pasar sus lánguidos domingos. A finales del siglo XIX, Viena no es solamente una de las más majestuosas capitales de Europa, sino además la sede cosmopolita de una vida cultural, intelectual y mundana de excepcional riqueza.

AL BORDE DEL ABISMO

SISSI Y RODOLFO
La vida familiar de Francisco José está marcada por el infortunio. Su mujer Isabel (en el centro) es asesinada por un anarquista en 1898, y su hijo Rodolfo (a la izquierda, con Guillermo II) muere en Mayerling, en 1889.

KARLSPLATZ
La estación metropolitana de Karlsplatz, proyectada en estilo secesión por Otto Wagner.

así como un parlamento bicameral. La unión con Austria se mantiene en la persona del soberano, que asume los títulos de Emperador de Austria y Rey de Hungría. De esta manera se confirma el predominio húngaro, junto al austro-germano, sobre el resto de los grupos étnicos, especialmente los eslavos, que constituyen la población más numerosa que vive en el imperio.

Sin embargo, la solución que da vida al poder dividido en dos de los Habsburgo no puede resolver los desequilibrios económicos de las regiones occidentales, que ven la formación de un proletariado urbano organizado por los movimientos socialistas, y de las regiones orientales, sometidas a las crisis económicas, donde la estructura social se basa en una aristocracia rural que carece de dinamismo y es incapaz de abrirse a la modernización.

Semejantes soluciones no resuelven, sino más bien parecen agudizar, los problemas de un imperio multiétnico en la era de los nacionalismos, suscitando el resentimiento de los grupos excluidos del compromiso (checos, eslovacos y croatas), que apuntan a un ordenamiento totalmente federal, y de aquellas minorías (italianos y serbios) más radicales. Todo esto mientras van creciendo sentimientos e ideas de corte pangermánico y de consecuencias filoalemanas en los sudetes de lengua alemana.

El choque entre las nacionalidades se refleja en el parlamento de Viena, paralizando el desarrollo de la vida política. Como consecuencia de la introducción del sufragio universal masculino en 1907, el grupo eslavo alcanza la mayoría en el parlamento austriaco, a su vez demasiado dividido como para poder mostrar una política gubernamental unánime, y en 1909 el país es administrado mediante ordenanzas imperiales. Mientras tanto, en la parte húngara, la hegemonía magiar se va traduciendo progresivamente en una auténtica persecución de las minorías étnicas.

PROTAGONISTAS

FRANCISCO JOSÉ

Nace en Viena en 1830 y recibe una educación severa y religiosa. Presta el servicio militar en Italia durante la revuelta de 1848, siendo proclamado emperador a finales de ese mismo año al abdicar su tío Fernando y renunciar al trono el archiduque Francisco Carlos, su padre. Inicia un programa de restauración de la autoridad imperial sobre bases centralistas. Sin embargo, las derrotas militares contra los francopiamonteses y los prusianos recomponen las ambiciones austriacas entre 1859 y 1866. Tras la muerte de su hermano Maximiliano (fusilado en México en 1867), su vida queda marcada por las tragedias que ensombrecen su carácter y lo hacen aún más rígido: su hijo Rodolfo se suicida en Mayerling en 1889, e Isabel –que llevaba mucho tiempo alejada de la corte y de su marido– es asesinada en 1898. Su hermano Francisco Fernando también es asesinado en Sarajevo. Así pues, el hombre que se enfrenta a la guerra es un gigante cansado, anclado en un mundo que ya no existe y que renuncia a intervenir en la dirección bélica. Muere en 1916.

PRIMERA GUERRA MUNDIAL

EL ATENTADO DE SARAJEVO

Sarajevo, 10 de la mañana del 28 de junio de 1914. El automóvil, un Graf Sift de cuatro cilindros, descubierto, con el archiduque Francisco Fernando y su mujer Sofía a bordo, recorre el paseo junto al Appel entre dos hileras de personas. El heredero al trono de los Habsburgo está de visita en la ciudad para reforzar los lazos con Bosnia, de mayoría serbia, incorporada al imperio en 1908. De pronto, alguien lanza una bomba contra el cortejo imperial: el detonador salta rozando e hiriendo a Sofía y el mecanismo explota en el coche de la escolta. El autor del atentado, el estudiante Nedjelko Cabrinovic, es detenido, y el archiduque resulta ileso. ¿Qué habría ocurrido si tras el atentado fallido el archiduque hubiera vuelto a Viena? Sin embargo, acude al ayuntamiento a visitar a los heridos de la explosión; apenas una hora después, el fatal segundo atentado. Los disparos de Gavrilo Princip acaban con la vida del archiduque y su mujer. Los autores del atentado (un comando de siete u ocho hombres) son súbditos austriacos de nacionalidad serbo-bosnia, que pertenecen a la Mlada Bosna (Joven Bosnia).

Sin embargo, inmediatamente se sospecha de una implicación directa de Serbia en la organización del atentado. Efectivamente, los hilos de la trama conducen al jefe del Servicio de Información del Estado Mayor serbio, el coronel Dragutin Dimitrijevic, alias Apis, un nacionalista fanático, y a los demás oficiales extremistas integrantes de la asociación secreta Mano Negra, que se propone crear por cualquier medio, incluso el terrorista, la Gran Serbia, una vasta nación que reúna todas las poblaciones eslavas meridionales. Además, Apis ya había sido el inspirador de algunas acciones espectaculares, como el asesinato del rey de Serbia Milan Obrenovic (1903).

Con el asesinato del heredero del trono se pretende golpear a la propia monarquía: el vínculo –real y simbólico– que mantiene unidas a las distintas partes del imperio. Además, Francisco Fernando está más abierto a las reformas que el emperador, aunque es absolutamente contrario a los nacionalismos que minan la unidad del dominio de los Habsburgo.

Con su proyecto de reorganización de la doble monarquía basada en una triple alianza, austriaca, húngara y eslava, es el único que puede conseguir en el futuro reconducir las tendencias centrífugas eslavas en el ámbito de la fidelidad al imperio. Por eso representa una amenaza.

Princip, condenado a 20 años, muere en 1918 de tuberculosis, y el coronel Dimitrijevic, protagonista de la enésima conjura contra el rey de Serbia Pedro Karagjeorgjevic, es fusilado en Salónica, en 1917.

Arriba, la detención de Gavrilo Princip poco después del atentado de Sarajevo. Abajo, el archiduque Francisco Fernando con su mujer Sofía Chotek von Chotkowa und Wognin, y sus tres hijos, Ernesto, Sofía y Maximiliano.

AL BORDE DEL ABISMO

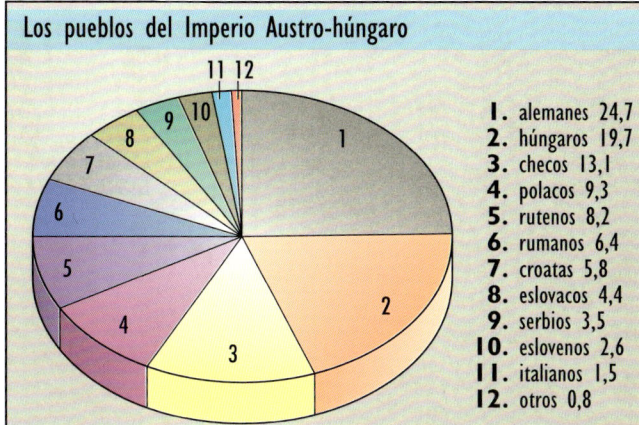

Los pueblos del Imperio Austro-húngaro
1. alemanes 24,7
2. húngaros 19,7
3. checos 13,1
4. polacos 9,3
5. rutenos 8,2
6. rumanos 6,4
7. croatas 5,8
8. eslovacos 4,4
9. serbios 3,5
10. eslovenos 2,6
11. italianos 1,5
12. otros 0,8

EL ARMA DEL TERRORISMO
El asesinato del rey de Serbia Obrenovic y su esposa en un dibujo de la Domenica del Corriere. El golpe de Estado antiaustriaco lo organiza la Mano Negra, asociación secreta serbia que a principios de siglo desestabiliza los Balcanes.

En política exterior, a partir del Congreso de Berlín, que en 1878 le confía la administración de Bosnia-Herzegovina (provincia turca habitada en su mayoría por serbios), el Imperio Austro-húngaro aparece cada vez más implicado en los Balcanes. Aunque por un lado esto se debe a la pérdida de poder en Italia y Alemania, por otro es un signo de la progresiva subordinación de la política exterior de Viena a las exigencias de Berlín, y por ello, en 1882, el Imperio de los Habsburgo se une con Italia a la Triple Alianza.

Hasta comienzos del siglo XX, la penetración en los Balcanes es principalmente económica. En 1908, en la época de la revolución de los Jóvenes turcos en el Imperio Otomano, llega sin embargo la anexión de Bosnia-Herzegovina, y detrás de esta decisión están las esperanzas de revancha de los militares austriacos, pero también la diplomacia berlinesa, que pretende impedir el proyecto ruso de penetrar en los Balcanes. Esta jugada exacerba las relaciones entre eslavos y alemanes dentro del imperio, mientras en el exterior desagrada a los serbios, al zar (que se proclama defensor de los eslavos ortodoxos en los Balcanes) y a Italia (que no ve con buenos ojos la política adriática de Viena).

Con una actitud absolutamente antiaustriaca, es sobre todo en Serbia donde arraigan los movimientos irredentistas que aspiran a liberar las poblaciones eslavas de Bosnia. Desde la guerra de los Balcanes de 1912-1913, Serbia sale militarmente reforzada, pero en la mesa de la paz, el Imperio Austro-húngaro consigue que, con la creación de Albania, el hostil vecino se vea privado de una salida al Adriático, conquistado durante el conflicto. Las relaciones entre los dos países son cada vez más tensas: la escalada del sentimiento nacional en Serbia refuerza la impresión de que el enfrentamiento directo entre Belgrado y Viena ya no puede dilatarse por más tiempo.

EL ENCUENTRO DE DOS EMPERADORES
El káiser Guillermo II, rey de Prusia y emperador de Alemania, desciende del tren imperial y es recibido en la estación de Viena por el emperador de Austria y rey de Hungría, Francisco José. En 1866, Prusia había frustrado para siempre las ambiciones austriacas de hegemonía sobre los pueblos alemanes, pero desde entonces la proximidad entre Viena y Berlín ha sido constante.

PRIMERA GUERRA MUNDIAL

LA UNIFICACIÓN ALEMANA
La proclamación del Imperio Alemán en el Salón de los espejos de Versalles, en 1871, marca el triunfo de la política de Bismarck.

VON TIRPIZ
El proyecto esbozado entre 1898 y 1900, del almirante alemán Alfred von Tirpiz (a la derecha), es básico para el ambicioso rearme alemán.

EL SUEÑO DE LA GRAN ALEMANIA

La Alemania que se lanza a la aventura bélica en 1914 es un Estado joven, poderoso y agresivo. En 1871 se unifican cada uno de los Estados alemanes en un imperio de carácter federal (Reich), cuyo jefe es el rey de Prusia, nombrado emperador (káiser). Durante los primeros 20 años, el imperio es guiado por el canciller Otto von Bismarck, el artífice de la unificación y de la victoria sobre Francia en 1870, con la consiguiente anexión de Alsacia y Lorena. La política de Bismarck, muy tensa por el reforzamiento del Estado recién creado, se apoya en las fuerzas de la derecha, basándose en un enérgico programa de centralización dirigido a través de una larga y, en última instancia, inútil lucha contra la autonomía católica y contra la consolidación del nuevo partido socialdemócrata, mientras la opinión pública busca el consenso mediante un audaz proyecto de reformas sociales. En política exterior, Bismarck persigue dos objetivos: garantizar la seguridad del Estado, en especial con el aislamiento de Francia, cuya máxima aspiración es tomarse la revancha, y presentar a Europa un imperio rápidamente consolidado como gran potencia militar e industrial. El congreso de Berlín de 1878, tras la enésima guerra ruso-turca, ratifica el papel internacional del Reich que, con la mediación a favor de los derrotados y en el juego del reparto de los territorios balcánicos, se granjea el reconocimiento de Viena y Estambul. En 1882 se firma la Triple Alianza que une Alemania, Austria e Italia, y en 1887, con el tratado de «seguridad» pactado con Rusia, las dos potencias se garantizan su recíproca neutralidad en caso de conflicto.

Sin embargo, el complejo sistema de relaciones internacionales creado por la diplomacia de Bismarck está destinado a resquebrajarse rápidamente tras la subida al trono de Guillermo II, en 1888. Aunque aún no tenía 30 años,

LA REBELIÓN DE LOS BÓXER

En la represión de la rebelión de los bóxer todas las potencias estuvieron de acuerdo. A principios del siglo XX se forma en China una sociedad secreta, nacionalista, xenófoba y antioccidental. Es I hê t´uan, «sociedad de justicia y concordia», pero por un error de interpretación se convierte para los europeos en I hê ch´uan, «puños de justicia y concordia». Por ello los europeos denominan bóxer (boxeadores) a la secta, que provoca una violenta reacción antioccidental, asaltando legaciones, saboteando líneas telefónicas y ferrocarriles, mientras el Gobierno imperial mantiene una actitud ambigua frente al movimiento. En el verano de 1900, una expedición multinacional (Japón, Rusia, Inglaterra, Estados Unidos, Francia, Austria, Alemania e Italia) ocupa Pekín y Tientsin. La Convención de Pekín (1901) aumentará el control occidental sobre China.

Ilustración francesa sobre el reparto de China.

AL BORDE DEL ABISMO

EL SOCIALISMO ALEMÁN
La frase final del Manifiesto del Partido Comunista «¡Proletarios de todos los países, uníos!» aparece bordada en esta bandera obrera alemana (a la izquierda). Al estallar la guerra, el partido socialista alemán es el más fuerte de Europa. A la izquierda, un cartel de 1914 para una «jornada de la mujer».

era de temperamento resuelto e impulsivo, el nuevo emperador se convierte en el intérprete de las aspiraciones imperialistas que se van afirmando en ambientes intelectuales y entre los oficiales del ejército. Empieza a tomar forma la idea de un dominio sobre Europa central: una gran Alemania que debe reunir a todos los pueblos de lengua alemana considerados, basándose en la teoría darwiniana, como la expresión más pura de la superior raza aria.

La nueva política mundial puesta en marcha por el joven soberano, que pronto se desprende de la embarazosa presencia de Bismarck, se concreta en una serie de provocaciones lanzadas al escenario internacional: en las confrontaciones con Rusia no renovando el tratado de seguridad, inmiscuyéndose en el «gran juego» balcánico y apoyando a Japón en la guerra de 1905; en las confrontaciones con Francia con las visitas al sultán de Damasco, y también a Marruecos en 1905; en las confrontaciones con Gran Bretaña, solidarizándose con la rebelión de los bóers y sobre todo poniendo en marcha un poderoso programa de construcción de una flota de guerra capaz de anular la supremacía británica.

El temerario imperialismo de Guillermo II no puede evitar la alarma entre las demás potencias europeas, y el resultado es la disolución de los esfuerzos de Bismarck por impedir el acercamiento entre Francia, Rusia e Inglaterra. En 1911 entra en el puerto de Agadir el cañonero alemán *Panther*, enviado por el Gobierno de Berlín a aguas marroquíes como aviso contra las presiones francesas sobre aquel país. La crisis, que ve la movilización de la flota inglesa como apoyo a los intereses franceses, remite y Alemania se contenta con una pequeña parte del Congo, dejando las manos libres a los franceses en Marruecos. Sin embargo, este episodio queda como uno de los más significativos momentos de fricción que anticipan la guerra.

LA NUEVA ALEMANIA
Desfile militar en presencia de Guillermo II, en 1905. La Alemania del joven káiser es una potencia dinámica y agresiva, pues el objetivo de las continuas provocaciones militares y diplomáticas es volver a organizar el orden europeo.

PRIMERA GUERRA MUNDIAL

VALS ITALIANO
En 1904, el presidente francés Laubet va a Roma en visita oficial. La tarjeta, grabada en Francia, celebra, con su llegada, uno de los giros de vals que Italia se permite fuera de la Triple Alianza que la une a Austria y Alemania.

En el terreno interno, el Gobierno de Guillermo II representa para el Reich una etapa de intenso desarrollo industrial, favorecido por un rígido proteccionismo y caracterizado por la concentración de empresas, con la formación de importantes cárteles, principalmente en los sectores del carbón y la metalurgia. La carrera armamentística responde a las peticiones de los militares, reclutados principalmente entre los grandes terratenientes que constituyen la base del partido nacionalista y conservador.

Aunque la aristocracia agraria ha visto cómo se ha reducido su peso económico, con su presencia en el ejército ha sabido aumentar su valor político. Con los cancilleres que siguieron a Bismarck (Caprivi, Hohenlohe, Bülow y, a partir de 1909, Bethmann-Hollweg) los militares alemanes entran en política, consiguiendo de este modo la marginación de las fuerzas parlamentarias extremas y sellando la creación de un bloque agrario-industrial. Todo ello a pesar de un parlamento en el que está representado el partido socialista más fuerte de Europa.

El hecho es que la socialdemocracia alemana, integrada en el juego parlamentario desde los tiempos de Bismarck, ha abandonado las posiciones revolucionarias, aspirando a administrar el relativo bienestar de la clase trabajadora alemana. Y, cuando en 1912, alcanza la mayoría relativa (34 % de los votos) se involucra en el problema de la alianza con los liberales y con el centro católico (Zentrum). En 1913, los militares solicitan al parlamento un incremento del gasto mediante un impuesto indirecto, y los socialdemócratas caen en la trampa. Temerosos de perder el tren del nacionalismo, contrarios por formación a cualquier impuesto indirecto que repercuta en la misma proporción a todas las clases, votan los créditos para el ejército, firmando de esta forma su adhesión a una política de potencia.

PROTAGONISTAS

GUILLERMO II
Nacido en 1859, de formación calvinista, estudia derecho público en la Universidad de Bonn y aprende disciplina militar en Postdam, pero un defecto en un brazo como consecuencia de la poliomielitis marca su carácter. Asciende al trono en 1888. Defiende la necesidad de restablecer en Alemania un régimen interno autoritario a través de la recuperación de la autoridad real, así como de un mayor potencial militar y naval. Por su concepción de la autoridad como poder absoluto de origen divino choca con el canciller Bismarck y lo obliga a dimitir en 1890. Quiere ocuparse personalmente de la política exterior, y el resultado es el aislamiento político de Alemania en los enfrentamientos con Gran Bretaña y Rusia. Durante el conflicto sus decisiones militares se limitan a la elección de los altos mandos, a los que, como en el caso de Ludendorff, concede amplios márgenes políticos. En el momento del desastre militar de Alemania, entre las condiciones del armisticio está su abdicación. En noviembre de 1918 se refugia en Doorm, Holanda, donde aún vive bastantes años. Muere en 1941.

AL BORDE DEL ABISMO

EL DERECHO DE LAS MUJERES AL VOTO
A pesar de la actividad de las sufragistas, la mujer en Francia está muy lejos de la igualdad.

ACCIÓN FRANCESA
Charles Maurras es el líder de la Acción Francesa, el movimiento que, desde 1898, agrupa en Francia a la derecha radical.

REVANCHA Y TERCERA REPÚBLICA

La Francia que entra en guerra en 1914 está viviendo la era de la Tercera República, el sistema de Gobierno más largo que ha tenido desde los tiempos de la revolución. Nacida en 1870, tras la abdicación de Napoleón III derrotado en la guerra con Prusia, la Tercera República está marcada desde su nacimiento por la desorientación debida a la humillación del conflicto, que se cerró con la pérdida de Alsacia y Lorena. Desde entonces el país ha conseguido regresar al grupo de las grandes potencias europeas, pero esto no ha bastado para aplacar las ansias de reafirmación en el plano internacional y, sobre todo, de un desquite en los enfrentamientos con su embarazoso vecino alemán.

Francia invierte en la expansión colonial, principalmente en África e Indochina, y es en ese frente donde resurge el nunca adormecido conflicto. En las crisis marroquíes de 1905 y 1911 por el control del Magreb, está a punto de producirse el conflicto entre los dos países. Como medida de precaución Francia pone su confianza en las alianzas. Arrinconada la rivalidad con Gran Bretaña, que en 1898 los llevó al borde de una guerra, París firma en 1904 la Entente Cordiale con Londres, que se amplía tres años después a Rusia (Triple Entente, 1907).

La Francia que intenta el desquite es un país desgarrado social y políticamente. En torno a la idea de revancha se ha consolidado una derecha fuerte que aglutina amplios consensos entre los mandos militares y las clases más acomodadas: nacionalista y monárquica, antisemita, contraria al movimiento obrero y a la burguesía intelectual. A ella se opone una izquierda laica violentamente anticlerical: el hecho de la separación entre el Estado y la Iglesia encona las relaciones con la jerarquía eclesiástica en un país de profunda tradición católica, hasta su ruptura con Pío X.

INDOCHINA
Militares y civiles franceses desembarcan en Ban-Chai, Laos. La imagen es de los años comprendidos entre 1902 y 1905. Francia, presente en el golfo de Tonkín hasta la segunda mitad del siglo XIX, continúa su penetración económica y militar remontando el curso del río Mekong.

EL REPARTO DE ÁFRICA

Entre los últimos años del siglo XIX y los primeros del XX, el continente africano se sitúa en el centro de los conflictos que se desencadenan entre las potencias imperialistas.

Al intento británico de englobar a todos los pueblos del África austral en una gran unión sudafricana se oponen los bóers, colonos holandeses que en el años anteriores han creado los Estados sudafricanos de Orange y Transvaal. Los propósitos ingleses se refuerzan en los años finales del siglo XIX cuando el hábil hombre de negocios, Cecil Rhodes, extiende el dominio inglés a las riquísimas regiones que después constituirán Rhodesia, cercando a las repúblicas bóers. La política imperialista de Rhodes, nombrado en 1890 primer ministro de la colonia de El Cabo, primero conduce a una agresión al Transvaal, repelida por los bóers, después a la guerra anglo-bóers, declarada en 1899 por el presidente del Transvaal, Krüger. Al comienzo del conflicto se asiste a las victorias de los

bóers, pero los ingleses, con un envío masivo de refuerzos y graves pérdidas humanas (22.000 muertos), acaban obligando a los dirigentes bóers a pedir la paz el 31 de mayo de 1902. La guerra suscita una oleada nacionalista en Inglaterra y enciende el sentimiento antibritánico en Francia y Alemania.

Al finalizar el conflicto, el Transvaal y Orange se unen al resto de las posesiones inglesas con las que forman en 1910 la Unión Sudafricana. Con alguna excepción (como la Abisinia de Menelik II) el continente africano queda sometido a la dominación de las potencias europeas, especialmente Gran Bretaña y Francia.

Las principales posesiones de Gran Bretaña son Egipto y la Unión Sudafricana, y de Francia la zona mediterránea, que comprende Marruecos y Argelia. En 1898, el proyecto francés de unir en una franja continua de posesiones, los territorios que van del Atlántico al mar Rojo, choca en Sudán con el simultáneo intento inglés de unir Egipto con la colonia de El Cabo. Se trata del incidente de Fashoda, nombre de la localidad de Sudán donde franceses e ingleses están al borde de la guerra.

Son posesiones menores las de Bélgica en el Congo, Alemania en Togo, Camerún y Tanzania, España en el norte de África, el Sahara y Guinea, Portugal en Angola y Mozambique, e Italia en Libia y Somalia.

Arriba, en una ilustración de Le Petit Journal, *los negociadores franceses y alemanes definen la línea fronteriza entre el Congo y Camerún.*
Abajo, Cecil Rhodes (vestido con ropa civil), protagonista de la expansión inglesa en África.

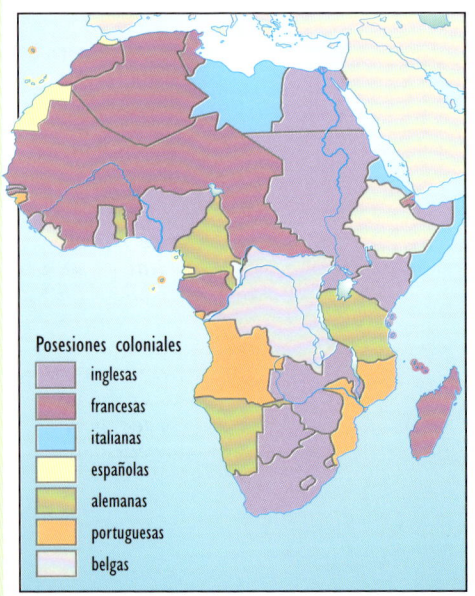

AL BORDE DEL ABISMO

EL CASO DREYFUS
El 5 de enero de 1895, el capitán Alfred Dreyfus, condenado por espionaje, sufre la humillación de ser degradado. Le Petit Journal inmortaliza el episodio. El caso divide a Francia y el inocente Dreyfus no es rehabilitado hasta 1906.

En 1889, la inauguración de la Exposición Internacional de París, con la construcción de la Torre Eiffel, representa una gran afirmación de prestigio internacional. Sin embargo, en los últimos años del siglo, el clima interior queda emponzoñado por la inestabilidad política, los escándalos financieros, el crecimiento de las derechas, culminado en el fallido golpe de Estado del general Boulanger (1889), y por el malestar cada vez mayor de la clase obrera. Los ejércitos opuestos se organizan: en 1895 las derechas se reúnen en torno a la Acción francesa de Charles Maurras.

La mayor crisis a la que la República debe enfrentarse en este periodo es el caso Dreyfus. La injusta condena en el proceso por alta traición de un oficial judío suscita la firme toma de posición de una parte de los intelectuales. El país se divide entre los que creen en su inocencia y los que creen en su culpabilidad, surge así una amenaza de guerra civil. Las dos tendencias de Francia se contraponen: la progresista y democrática contra la militarista, católica y reaccionaria.

Francia entra en el siglo XX gobernada por un bloque radical-socialista. El crecimiento industrial y el ascenso de las tensiones sociales –que se materializa entre 1904 y 1909 en una oleada de huelgas– hacen que emerjan las contradicciones de la coalición en el Gobierno que, aunque haya aprobado una amplia legislación social, primero con Georges Clemenceau y luego con Aristide Briand, no ha dudado en reprimir las agitaciones obreras incluso a costa de la ruptura con los socialistas. Las divisiones en el seno de la izquierda abren un camino a la formación del Gobierno conservador de Raymond Poincaré (1913), las voces de la propa-

LA TORRE EIFFEL
La construcción de la torre Eiffel es el símbolo de la Exposición Universal de París de 1889. Capital de un país que ha pasado a formar parte de las grandes potencias, París se convierte en la tribuna ideal para celebrar el progreso técnico, científico y económico de finales de siglo.

VICTORIA
La reina Victoria en un trono de marfil, obsequio del rajá de Travancore. En 1876, Victoria obtiene el título de Emperatriz de la India.

EDUARDO VII
El reinado de Eduardo VII (1902-1911) representa la culminación de la Belle Époque, cuyos sueños se desvanecen en la cruenta carnicería que espera a Europa.

ganda revanchista y antialemana se vuelven cada vez más violentas, de hecho, el país se prepara para la guerra, a la que ahora solamente se oponen los socialistas de la Sección francesa de la Internacional, guiada por Jean Jaurès.

La guerra obliga a recomponer el país: en la «Unión Sacrée», gobierno de coalición de todos los partidos, los enemigos de ayer se unen frente al supremo peligro, partidarios de Dreyfus junto a sus detractores, laicos y católicos, bonapartistas y republicanos. En el nuevo clima no hay lugar para las oposiciones ni para los conciliadores. El 31 de julio de 1914, a pocas horas de la movilización, un nacionalista mata a Jean Jaurès. «Todo el mundo sabe que Jean Jaurès es Alemania». Con estas palabras, unos días antes, la Acción francesa ha pronunciado su condena a muerte contra el hombre culpable de creer que el conflicto puede evitarse, que la Internacional socialista puede detener la guerra, que se puede amar la República y la paz al mismo tiempo.

LA HERENCIA DE LA REINA VICTORIA

Durante el siglo XIX, Gran Bretaña, vencedora de los conflictos napoleónicos y con una posición predominante en lo económico y lo militar, mantiene una política de equilibrio en el continente, volcada a impedir el afianzamiento de una potencia sobre otra. En sus relaciones internacionales tiende a mantener las distancias para evitar involucrarse en las cuestiones europeas y concentrar el máximo empeño en el frente colonial.

La segunda parte del largo mandato de la reina Victoria (1837-1901) marca el apogeo de la potencia imperial británica. Con la dirección de Benjamín Disraeli, máximo adalid de la política imperialista, el Gobierno asume bajo su control directo las posesiones de la Compañía de las Indias y se proclama a la reina Emperatriz de la India (1876). En África, las guerras contra los derviches y los zulúes colman el sueño de un dominio ininterrumpido entre Egipto y El

DERBY
La tribuna de Epson con ocasión del derby, la carrera dedicada a los caballos de tres años. En 1907 la sociedad eduardiana se impone como modelo de elegancia y civilización imitado en toda Europa, aunque, en realidad, bajo el velo de la Belle Époque, se ocultan profundas tensiones sociales.

AL BORDE DEL ABISMO

WINSTON CHURCHILL
En la época de la guerra de los bóers, Winston Churchill es aún un joven brillante y ambicioso. De 1908 a 1915 será ministro de Comercio, del Interior y más tarde lord del Almirantazgo.

EXPERIMENTOS
La guerra de los bóers es un terreno de experimentos militares. A la izquierda, un globo cautivo de observación.

Cabo. El control del Canal de Suez, junto con Malta y Gibraltar, significa para Londres el dominio de las rutas hacia la India a través del Mediterráneo y el mar Rojo. De cara a la opinión pública este dinamismo agresivo político-militar es sostenido por un vasto movimiento cultural que une a la expansión colonial el concepto de «la carga del hombre blanco», según la definición del escritor Rudyard Kipling, es decir, la idea de una misión universal civilizadora a la que el pueblo inglés se cree llamado.

Sin embargo, la intensa política imperialista es también, para Gran Bretaña, el ámbito en el que se ponen al descubierto sus debilidades y donde se originan las tensiones con sus competidores europeos. Con el incidente de Fashoda (1898) vuelve a surgir en África el conflicto con Francia, obligada a renunciar a la expansión en Sudán y hacia el mar Rojo. Después, la guerra para doblegar a la pequeña república bóer del presidente Paulus Krüger (1899-1902) gana para la corona el dominio de Sudáfrica, pero al ser demasiado larga y escenario de terribles atrocidades, demuestra que el ejército británico necesita reorganizarse y sobre todo revela el aislamiento político internacional en el que se encuentra el país.

Aunque las relaciones con Rusia no están exentas de roces por la presión de San Petersburgo sobre los Dardanelos y Afganistán, es con Alemania con la que en los años previos a 1914 se va creando el conflicto de forma más insalvable. Gran Bretaña, en efecto, asiste con creciente preocupación a la expansión comercial alemana, sobre todo tras la experiencia de la crisis económica de finales del siglo XIX (la Gran Depresión), que disparó los conflictos sociales internos y que, en este caso, en parte se puede imputar a la competencia impuesta a

LA CONSTRUCCIÓN DEL *TITANIC*
Los muelles del puerto irlandés de Belfast donde, a principios del siglo XX se construye el majestuoso –y desgraciado– Titanic. Participan 11.000 obreros en su construcción. La industria naval inglesa, civil y militar, continúa representando una salida fundamental para la economía y las tensiones sociales de las islas británicas.

El día del imperio
Un grupo de niños festeja el Empire Day, *el Día del Imperio. Es el año 1900.*

El joven Jorge V
Jorge V, duque de York, a bordo del yate real Osborne, *en 1877. La muerte de su hermano mayor sube a Jorge V al trono en 1910.*

los productos británicos por parte de los productos de los países emergentes. En un primer momento Londres trata de hacer frente a la situación intentando un acercamiento con la propia Alemania y, entre 1898 y 1901, el ministro Joseph Chamberlain incluso proyecta una alianza con el Reich.

Sin embargo fracasan todos los intentos de acuerdo, mientras aumentan los motivos de conflicto entre las dos potencias: desde la competencia en la carrera armamentística naval hasta la creciente penetración militar y económica de Alemania en el Imperio Otomano. Londres se ve abocado a abandonar su «espléndido aislamiento» y a diseñar una nueva política de alianzas continentales. Primero alcanza un pacto informal con Francia en 1904 (Entente Cordiale), con el que se ratifica el recíproco reconocimiento de las posesiones africanas. Después de alcanzar un acuerdo también con Rusia, dados los mutuos intereses en Persia, en 1907, con la Triple Entente, los tres países cierran una alianza de índole antialemán y antiaustriaco.

La lección de la guerra sudafricana lleva también a Gran Bretaña a revisar su política colonial, poniendo en marcha varios experimentos de autogobierno. Entre 1901 y 1910 el estatus de «dominio» se extiende a Australia (1901), Nueva Zelanda (1907) y la Unión Sudafricana (1910). Aún queda abierta la grave cuestión irlandesa.

Victoria de los bóers
El segundo batallón de los Royal Dublin Fusiliers embarca en un tren blindado el 15 de noviembre de 1899, para llevar a cabo un reconocimiento. Pocas horas después el tren será atacado por los bóers y descarrilará. Entre los prisioneros está el joven Winston Churchill. La guerra de los bóers pone de manifiesto las graves carencias del ejército británico.

LA MUERTE DE ALEJANDRO II
El 1 de marzo de 1881, el terrorismo obtiene en Rusia su máximo resultado: dos bombas lanzadas contra la carroza imperial matan al zar Alejandro II. Su sobrino Nicolás sólo tiene 13 años y queda profundamente marcado por la tragedia.

La isla fue ocupada en el siglo XVII, pero desde entonces las dos comunidades, la autóctona y católica por un lado y la formada por los colonos británicos protestantes por otro, han permanecido divididas y enfrentadas. En el siglo XIX se desarrollan movimientos separatistas y, a partir de 1906, se intensifican las agitaciones nacionalistas mientras fracasa el intento de llevar adelante un proyecto de ley de autogobierno *(Home Rule),* que no agrada a los extremistas protestantes, los conservadores y el ejército, pero que tampoco satisface las esperanzas del Sinn Fein, el partido nacionalista irlandés.

En política nacional, en los años previos a la guerra, Gran Bretaña se convierte en escenario de grandes transformaciones sociales. Tras las reformas electorales de las últimas décadas del siglo XIX que hacen casi universal el voto masculino, bajo el Gobierno del liberal Asquith (1908-1916) se producen importantes conquistas en el campo de la defensa de los sindicatos, de los seguros de los trabajadores y de las pensiones. A pesar de ello, el enfrentamiento social es muy duro: en 1906 nace el partido laborista que agrupa las fuerzas de los trabajadores, y entre 1910 y 1912, una serie de huelgas sacude el país. En 1911 aumenta considerablemente el peso político de la aristocracia, de acuerdo con el *Parliament Act,* que deroga el derecho a veto de la Cámara de los Lores, y el movimiento de las sufragistas es cada vez más activo en la lucha por el derecho al voto de las mujeres, mientras la corona, con el rey Jorge V (1910-1936), asume un papel intermediario entre los distintos componentes de la sociedad.

LA AUTOCRACIA DE LOS ROMANOV

A principios del siglo XX, el inmenso y multinacional Imperio Ruso, aunque aliado de las dos potencias más progresistas, Francia y Gran Bretaña, está muy lejos de la Europa liberal.

PROTAGONISTAS

JORGE V

Nace en Londres en 1865, segundo hijo del rey Eduardo VII —aún príncipe de Gales— y sobrino de la reina Victoria. Hasta los 12 años es educado en la vida militar, y llega a ser comandante de la Marina Real. Hereda el trono al morir su hermano mayor Alberto, en 1892. En 1893 se casa con María, hija del duque de Teck, con quien tiene cinco hijos (entre los cuales están los dos reyes Eduardo VIII y Jorge VI) y una hija. Sube al trono en 1910, en un momento de graves dificultades políticas internas en el país. En esta situación, muy pronto Jorge V llega a ser un punto de referencia de gran equilibrio.

En 1917, durante la guerra, tras renunciar a los títulos y apellidos que unían a Alemania con la casa real inglesa —Sajonia, Coburgo y Gotha— asume para la familia el nombre de Windsor. Su prestigio, y el de la monarquía, salen muy reforzados por su comportamiento en la guerra. Muere en 1936.

Primera Guerra Mundial

Rasputín
Entre 1905 y 1906, el monje Rasputín, que se jacta de tener poderes milagrosos, entra en contacto con la corte. A partir de entonces ejerce una influencia cada vez mayor sobre la zarina.

Wagons-Lits
La sede moscovita de la Compañía Internacional de Wagons-Lits, a principios de siglo.

El régimen de los zares (establecido por la dinastía Romanov desde 1613) es autocrático y se sostiene con una durísima represión de cualquier forma de oposición interna. A las persecuciones religiosas y a la imposición de la lengua y cultura rusas a todos los súbditos, que ya habían caracterizado el reinado de Alejandro III (1881-1894), se añade la represión policial ejercida contra la emergente manifestación de tendencias liberales por parte de la burguesía, y las expresiones de insatisfacción procedentes de las masas campesinas condenadas a la indigencia. Para aumentar el descontento popular, bajo el régimen de los zares se favorece el antisemitismo y las revueltas populares *(pogrom)* contra los barrios judíos, ensangrentando el país.

Aunque la gran mayoría de la población del imperio es agrícola, el desarrollo industrial que se ha registrado a partir de las últimas décadas del siglo XIX ha producido profundos cambios en el ámbito social de algunas áreas del país. La formación de un proletariado industrial, mal retribuido y concentrado en las ciudades, facilita la difusión de las ideas anarquistas y las doctrinas socialistas. En 1898 nace el partido obrero socialdemócrata de Rusia, marxista. El régimen persigue a los militantes y a los líderes, entre los que se encuentra Lenin, y son encarcelados o exiliados, manteniendo lazos con la patria y organizando el descontento. En el exilio, en Londres, se celebra en 1903 el Segundo Congreso del partido, que en esta ocasión se escinde en dos corrientes: la mayoritaria o bolchevique bajo la dirección de Lenin, que sostiene una concepción del partido como vanguardia política de revolucionarios de profesión con el objetivo de guiar a las masas hacia la conquista del poder, y la minoritaria o menchevique, orientada hacia una idea más abierta de la organización, como un gran movimiento de masas, y con un programa más gradual de intervención.

La guerra ruso-japonesa
Nicolás II pasa revista a las tropas rusas en el frente de Manchuria. Entre 1904 y 1905, la derrota del ejército ruso, tanto por tierra como por mar, en la guerra con el pequeño y agresivo Japón, pone de manifiesto la intrínseca fragilidad del imperio del zar.

AL BORDE DEL ABISMO

LOS TENTÁCULOS RUSOS
En esta imagen alegórica de Europa, publicada en Francia en 1900, el pulpo ruso alarga sus tentáculos para estrangular a Finlandia, Polonia y Persia.

Bajo el reinado de Nicolás II (1894-1917) la situación de Rusia se vuelve crítica. Al estallido de huelgas y revueltas se responde con métodos represivos cada vez más duros, cosa que no hace sino recrudecer las contradicciones sociales internas del país y desestabilizar el régimen.

En 1905 estalla una guerra que hace tambalearse el Estado autocrático del zar. Las derrotas sufridas por el ejército y la flota rusa en Mukden, Port Arthur y Tsushima en el conflicto contra Japón, en los remotos confines orientales del inmenso dominio del zar, son la ocasión de una breve temporada de sublevaciones populares que se propagan por todo el imperio. En ellas se mezclan las aspiraciones de la burguesía liberal que buscan un protagonismo político, las ambiciones revolucionarias de la fracción bolchevique del partido socialdemócrata y las peticiones de obreros y campesinos por una mejora de sus condiciones de vida.

La primera revolución rusa se abre con la matanza, por parte de la guardia imperial, de los participantes en una manifestación pacífica ante el Palacio de Invierno, residencia del zar en San Petersburgo, y vive el episodio del motín del acorazado Potemkin en Odessa, inmortalizado por el director de cine soviético, Serguei M. Eisenstein.

En octubre del mismo año, Nicolás II tiene que acatar las libertades fundamentales y la institución de un parlamento elegido (Duma), un movimiento que quiebra la frágil alianza entre liberales y revolucionarios, y hace más profundo el abismo entre bolcheviques y mencheviques. En diciembre, una serie de nuevas insurrecciones armadas por los consejos obreros (soviet) son reprimidas con un baño de sangre en Moscú, Rostov y Batum, demostrando que aún no existen las premisas revolucionarias

PROTAGONISTAS

NICOLÁS II

Hijo de Alejandro III, nace en 1868; aunque prefiere mantenerse alejado del poder, se convierte en zar en 1894. Su vida familiar se ve turbada por la enfermedad del heredero Aleksei, hemofílico: su mujer Alejandra recurre a los presuntos poderes milagrosos del monje Rasputín, atrayendo las críticas de las clases dirigentes. Aunque su Gobierno es autocrático, no tiene energía para sostenerlo, y desvanece cualquier idea de reforma. En política exterior intenta mantener el equilibrio. En 1907 completa la Triple Entente, pero la cuestión balcánica y el apoyo a Serbia minan sus relaciones con el Imperio Austro-húngaro. Durante la guerra, la decisión de dirigir el ejército en 1915 se revela como un trágico error, pues la monarquía se identifica a partir de entonces con la guerra y la derrota. Tras la insurrección de marzo de 1917, Nicolás abdica en favor de su hermano Miguel. Confinado en Tsarkoe Selo, es trasladado a Siberia y más tarde a Ekaterinburgo por los bolcheviques, donde, en 1918 es asesinado con su familia por temor a que lo liberen los contrarrevolucionarios.

PRIMERA GUERRA MUNDIAL

POTEMKIN
El 28 de junio de 1905, los marineros del acorazado Potemkin *(a la derecha en un grabado de la época y en una foto) se niegan a comer carne podrida y todos los marineros de Odessa se unen al motín.*

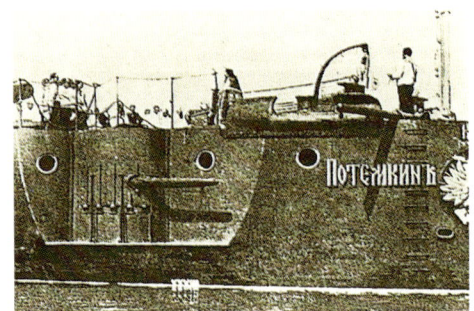

anunciadas por Lenin, y sobre todo que el descontento de parte del país tiene raíces y objetivos esencialmente económicos y no existen señales de voluntad revolucionaria.

De este modo el experimento democrático es un absoluto fracaso. Entre 1905 y 1907 el zar disuelve dos parlamentos poco dóciles antes de obtener una tercera Duma, expresión del bloque conservador. Al mismo tiempo, el primer ministro Stolypin inicia el intento más serio de salvar la monarquía. Una profunda reforma agraria debe disolver las estructuras seculares del campo ruso basada en la propiedad colectiva, y dar vida a una clase de campesinos propietarios, interesados en salvaguardar el régimen. Sin embargo, la masa de campesinos proletarizados se ve absorbida por las cada vez mayores exigencias de la industria, en un sistema que acaba de abrirse al capitalismo extranjero. Dos son las condiciones necesarias en el proyecto de Stolypin: la primera es el orden interno, y una fuerte y despiadada oleada de represión recorre el país imponiendo un régimen de terror; la segunda es el tiempo, al menos 10 años de trabajo.

Ninguna de las dos condiciones se cumplen. El 14 de septiembre de 1911, en la Ópera de Kiev, dos tiros de pistola, disparados por el socialista revolucionario Bagrov, eliminan al hombre más temible al servicio de la monarquía. Tres años después, la respuesta rusa a la declaración de guerra del Imperio Austro-húngaro a Serbia es la movilización general. «Si salimos victoriosos en la guerra, podremos conseguir sin dificultad mantener a raya al movimiento socialista... Pero en caso de derrota no podremos evitar la revolución social en sus aspectos más extremos». Así se expresa, en 1914, el ministro del Interior, Durnovo, al que el zar ha pedido su opinión sobre la posibilidad de un conflicto. La aventura bélica será fatal para la Rusia zarista.

LA GUERRA RUSO-JAPONESA

A principios del siglo XX, Rusia, aprovechando el derrumbamiento de China, se extiende hacia Manchuria, adonde llega un tramo del ferrocarril transiberiano y donde Port Arthur es la única salida al Pacífico sin hielo.

El conflicto latente entre Rusia y Japón por el control de las regiones de la China septentrional va aumentando hasta que, en

1904, Japón, fortalecido por el apoyo inglés, ataca por sorpresa, con una moderna flota de guerra, los barcos rusos en Port Arthur. El conflicto con Rusia coincide con el momento álgido del proceso de modernización que ha conmocionado

AL BORDE DEL ABISMO

LA MISIÓN DE VON DER GOLTZ
Colmar von der Goltz (a la izquierda) es uno de los consejeros militares alemanes enviados a Turquía en 1914 para contribuir a la reorganización del ejército otomano (al lado). Muere en 1916, quizá de cólera, quizá envenenado por los propios turcos en Bagdad.

LA DECADENCIA OTOMANA

Durante el siglo XIX el destino del Imperio Otomano ocupa el centro de atención de las potencias europeas occidentales, preocupadas de que Rusia no obtenga demasiadas ventajas de la decadencia del «hombre enfermo», tanto en 1820, en la guerra de la independencia griega, como en 1854, cuando Francia, Gran Bretaña y el Piamonte de los Saboya apoyan a los turcos durante la guerra de Crimea.

En 1878, el Congreso de Berlín, gracias a la mediación de Bismarck, echa por tierra los éxitos conseguidos en el campo de batalla por el ejército del zar, que está a pocos kilómetros del control de los Estrechos. En las intenciones occidentales, el congreso debe proporcionar equilibrio a los Balcanes manteniendo la independencia de Rumania, Serbia y Montenegro, redimensionando el principado de Bulgaria, demasiado filoruso, reforzando a Austria, en su función antirrusa, con el control de Bosnia-Herzegovina, y confiando la administración de la isla de Chipre a Gran Bretaña. La solución irrita a Rusia y no detiene la decadencia otomana. De hecho, en 1896 Creta se rebela contra los turcos y proclama posteriormente su unión a Grecia.

Después del Congreso de Berlín, Alemania también empieza a jugar sus cartas en los conflictos del imperio, sustituyendo a Gran Bretaña en el papel de tutor. En el año 1883 llega a Estambul la misión militar alemana al frente del general Colmar von der Goltz, y en 1903 una sociedad alemana obtiene la concesión ferroviaria para enlazar Konya con Bagdad y el Golfo Pérsico.

En 1906 un grupo de nacionalistas funda el partido de los «Jóvenes turcos» con el objetivo de renovar el imperio en sentido democrático y unitario, y restituir la total independencia de las potencias occidentales.

---

a Japón desde 1870, tras la restauración del poder imperial y la eliminación de los shogun, los señores de la guerra. En el año 1889, el emperador acepta una constitución según el modelo alemán, que todavía limita los derechos civiles al 1 % de la población. En el marco de una modernización occidentalizada y autoritaria, el balance del Estado se inclina, casi en el 50 %, a la potenciación del ejército, puesto a prueba en la invasión de Corea (1896) y en la posterior guerra con Rusia. Durante el conflicto, el largo asedio a Port Arthur, la cruenta batalla terrestre de Mukden, y el aniquilamiento de la flota rusa del Báltico en Tsushima son otros tantos triunfos de las fuerzas militares japonesas que conmocionan a la opinión pública europea. La paz de Portsmouth, del 5 de septiembre de 1905, negociada con la mediación del presidente norteamericano Roosevelt, reconoce los intereses japoneses en Corea, cede a Japón la mitad de la isla Sajalín, la península de Liaotung y la parte meridional del ferrocarril de Manchuria. El fin de la guerra muestra la debilidad del Imperio Ruso, abre el camino a la expansión de Japón y sanciona su ingreso en el grupo de las grandes potencias mundiales.

Al lado, el almirante japonés Togo, vencedor en Tsushima. A la izquierda, fortificaciones rusas en Mukden.

Primera Guerra Mundial

Modernidad y política de potencia
Una fundición turca para la producción de cañones, bajo control alemán.

Enver bajá
Guillermo II con el líder turco Enver bajá. Con la alianza con Estambul Berlín amenaza el control británico sobre el Canal de Suez.

Con el apoyo del ejército, en 1908 los Jóvenes turcos obligan a abdicar al sultán Abdulhamid II y lo sustituyen por el inepto Mehmet V. Los proyectos de reforma constitucional de los Jóvenes turcos desaparecen, cediendo muy pronto el puesto a un rígido centralismo del Estado y a un desesperado nacionalismo en política exterior.

Mientras tanto continúa la lucha por los despojos de la dominación otomana. En 1908, Austria se anexiona Bosnia-Herzegovina; entre 1911 y 1912, Italia arrebata al imperio Libia y las islas del Dodecaneso. En Oriente Medio la Entente se guarda bien de favorecer cualquier alteración del *statu quo* que pueda poner en peligro el control del Canal de Suez y su salida petrolífera de Chat-el-Arab. Sin embargo, en los Balcanes la presión conjunta de rusos y austriacos continúa y provoca enfrentamientos. En 1912, la Liga balcánica (Serbia, Grecia, Bulgaria y Montenegro) arrebata Macedonia a los turcos, que también pierden el control del Egeo.

Ante esta serie de reveses militares, los Jóvenes turcos reaccionan alzando la bandera del nacionalismo turco. Sustituyen la idea del gran imperio multiétnico por la del imperio anatólico fundado sobre la etnia turca. El Gobierno dirigido por Enver bajá, general en Libia en la guerra contra la invasión italiana y después ministro de la Guerra, busca un enemigo interno y lo encuentra en la minoría armenia, que paga un precio altísimo por convertirse en el chivo expiatorio de la utopía panturca.

Enver también busca la revancha militar y un aliado poderoso, y lo encuentra en la Alemania de Guillermo II. En 1913 llega a Estambul el general Liman von Sanders al mando de la misión militar alemana de modernizar y reformar el ejército otomano.

El Cuerno de oro
El puente sobre el Cuerno de oro une las dos partes de Estambul, la bizantina y luego turca, con Santa Sofía y el Topkapi, y la moderna de Taksim y Galata, el barrio de las embajadas, terminal del Orient Express. Son los años en los que Estambul está en el centro del trabajo diplomático de las potencias europeas en torno a la cabecera del «hombre enfermo» del Bósforo.

AL BORDE DEL ABISMO

HUMBERTO I
El asesinato del rey Humberto I, abatido en Monza por los disparos del anarquista Gaetano Bresci, el 29 de julio de 1900, marca la vida política italiana en los albores del nuevo siglo.

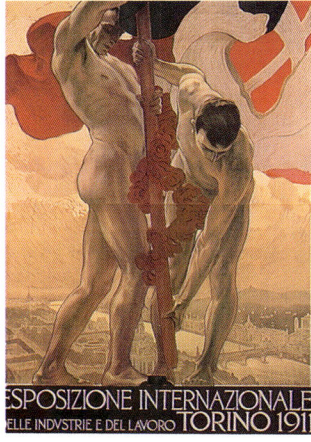

TURÍN, 1911
Un manifiesto para la Exposición de Turín de 1911. Italia pretende marcar el paso de Europa.

LAS CONTRADICCIONES ITALIANAS

Italia, que tras el estallido del conflicto europeo se debate en la alternativa de intervenir o mantenerse neutral, es un Estado recién constituido en el marco de una soberanía única, que aspira a su inclusión entre las grandes potencias europeas. Sin embargo, también es un país con muchas regiones profundamente atrasadas, sobre todo en el sur y en el campo. A pesar de las muchas contradicciones, los años que separan la unidad de la Primera Guerra Mundial representan para Italia la génesis de la sociedad moderna. En este periodo el país vive la primera verdadera revolución industrial, a la que se une la organización de las clases trabajadoras y la imposición en la escena política de las fuerzas populares, reunidas por el Partido Socialista (fundado en 1892) y el movimiento católico.

El siglo XIX vio cómo se llevaba a cabo la unidad italiana bajo la égida del Estado saboyano. Después de la toma de Roma en 1870, aún siguen en poder austriaco el Trentino, Venecia-Giulia y Dalmacia. En 1876, la derecha histórica, que hasta entonces ha dirigido el país, es sustituida por la izquierda, que gobernará durante 20 años. Se trata de un periodo muy agitado en la vida política y social italiana. La izquierda (cuyas fronteras con la derecha se van haciendo cada vez menos claras) se muestra incapaz de elaborar programas efectivos de Gobierno e inaugura el camino del llamado «transformismo», práctica que consiste en la búsqueda de apoyo a las propuestas del Gobierno, no como una mayoría parlamentaria preconstituida, sino como reuniones heterogéneas que sólo se constituyen en torno a cuestiones específicas. Ninguna política concreta va dirigida a solucionar los grandes problemas sociales que afligen al país. El siglo se cierra con una grave crisis social e institucional y con un balance lleno de errores y contradicciones. El auge de la aventura colonial, hacia la

LIMAN VON SANDERS
El general Liman von Sanders, con otros miembros de la delegación militar alemana, a su llegada a Estambul en 1913. Con el cargo de inspector general, Sanders es el artífice de la reorganización del ejército otomano. Permanece en Turquía durante toda la guerra, llevando el mando en el Cáucaso, Gallípoli y por último en Palestina.

PRIMERA GUERRA MUNDIAL

LA CUESTIÓN BALCÁNICA

Cuando el asesinato del archiduque Francisco Fernando provoca el conflicto mundial, la tensión en los Balcanes está a punto de estallar. Sin embargo hace ya un siglo que la cuestión balcánica constituye un factor de desestabilización y discrepancia internacional. Mosaico de etnias, culturas y religiones, objetivo de las miras expansionistas de las potencias europeas, los Balcanes sufren, con la crisis del Imperio Otomano, un doloroso proceso de fragmentación política. En primer lugar, las reivindicaciones nacionales de las diversas poblaciones minan las estructuras del imperio en la zona. A lo largo del siglo XIX, las tendencias nacionalistas de las provincias de origen griego, eslavo, búlgaro y rumano se habían ido acentuando, y se había producido una continua sucesión de insurrecciones locales. Aunque Grecia se separa del imperio en la primera mitad del siglo, Rumania, Serbia y Montenegro obtienen la independencia en el Congreso de Berlín, en 1878. Al mismo tiempo Bulgaria se constituye como principado autónomo, para luego proclamarse reino independiente en 1908. Sin embargo, el difícil equilibrio construido por la diplomacia en Berlín está destinado a fracasar, arrollado por el impulso expansionista de las nuevas entidades estatales y por la carrera de las potencias europeas para conseguir su parte en el reparto del Imperio Otomano.

En 1903, en Serbia, la asociación secreta Mano Negra (Crna Ruka), compuesta principalmente por oficiales nacionalistas, aparece de repente en la escena política, con el asesinato del rey Alejandro Obrenovic y la reina Draga, acusados de llevar a cabo una política filoaustriaca. Sube al trono el desterrado Pedro Karagjeorgjevic. A partir de entonces el joven Estado serbio se convierte en líder del irredentismo eslavo, declarándose antiaustriaco y apoyando la causa de la libertad de Bosnia. Pedro I y su primer ministro Nikola Pasic, partidarios de un fuerte nacionalismo, no dejan de fomentar la actividad de las organizaciones terroristas en los Balcanes.

Mientras crece la discordia entre Serbia y el Imperio Austro-húngaro, Rusia se convierte en baluarte de la defensa de la población eslava ortodoxa. En 1912, Serbia, Bulgaria, Grecia y Montenegro, apoyadas por Rusia, atacan y derrotan a Turquía. La paz de Londres establece la creación del Principado de Albania (con el que el Imperio Austro-húngaro consigue impedir que Serbia obtenga la salida al mar), pero deja en el camino una hostilidad irresoluble, que ya en 1913 desemboca en un nuevo conflicto. La segunda guerra balcánica enfrenta a Bulgaria con la coalición que reúne Serbia, Grecia, Montenegro, Rumania y Turquía. Derrotada Bulgaria, la paz de Bucarest establece un nuevo orden territorial que no suaviza los rencores ni satisface las aspiraciones nacionalistas. El conflicto prefigura los ejércitos que participarán en la guerra mundial: las dos derrotadas, Turquía y Bulgaria, por parte de los Imperios Centrales, y Serbia y Rumania del lado de los Aliados. La situación de los Balcanes es un polvorín.

Arriba, soldados de infantería del ejército serbio luchando durante la segunda guerra balcánica (1913).

LA DERROTA DE ADUA
A finales del siglo XIX, la expansión colonial italiana se interrumpe bruscamente. El intento de ocupar militarmente la Etiopía de Menelik II (a la izquierda) lleva a la derrota de Adua (junto a estas líneas) el 1 de marzo de 1896.

que los gobiernos han intentado dirigir los sentimientos irredentistas y el descontento popular, ha llevado a modestas adquisiciones en el mar Rojo, pero ha costado la dolorosa humillación de Adua (1896), cuando el Cuerpo de Expedición Italiano es derrotado por el ejército de Menelik, e Italia se ve obligada a reconocer la soberanía de Etiopía.

A finales de siglo estallan desórdenes sociales y tumultos por el empleo en todo el país. Tras la represión de los Fascios sicilianos (1894), los cañonazos del general Bava Beccaris acaban con las agitaciones en Milán (mayo de 1898). A ello le siguen la ley marcial y la disolución de las asociaciones socialistas, radicales y católicas. El 29 de julio de 1900 en Monza, el anarquista Bresci mata a Umberto I, el «rey bueno», según la retórica monárquica, que sin embargo había apoyado las acciones represivas.

A pesar de todo, entre 1903 y 1912, la serie de gobiernos dirigidos por Giovanne Giolitti normaliza el país, poniendo en marcha un proceso de reformas liberales, en sintonía con una revolución industrial, sobre todo en el norte, apoyada por el proteccionismo económico. La neutralidad del Gobierno en los conflictos entre el capital y el trabajo permite el desarrollo de los sindicatos. Se introducen el sufragio universal masculino y la estatalización de la enseñanza elemental. El principal objetivo político es la integración de las fuerzas socialistas de oposición y la de aquellos católicos para quienes la herida de Porta Pia aún no ha cicatrizado.

En política exterior, Italia está unida desde 1882 a la Triple Alianza con el Imperio Austro-húngaro y Alemania. Más allá de la fascinación por el modelo prusiano, modelo de eficiencia política y económica, y de la gratitud por los hechos de 1870 que han permitido la devolución de Roma, están los conflictos con Francia –demasiado activa en el área mediterránea con la ocupación de Túnez, y demasiado diligente en oponerse a un posible interés italia-

ESPEJISMO COLONIAL
El puerto de Massaua, en 1885, está lleno de raíles, necesarios para la construcción de un ferrocarril vital para la invasión italiana en Eritrea. El puerto en el mar Rojo, formalmente bajo soberanía egipcia, es ocupado por los italianos en febrero de ese mismo año. Supone el inicio de una década de expansión colonial, interrumpida en 1896 por la derrota de Adua.

REVOLUCIÓN FUTURISTA
El 20 de febrero de 1909, aparece en el Figaro *el* Manifiesto del futurismo, *firmado por Filippo Tommaso Marinetti (en el centro con Luigi Russolo, Carlo Carrà, Umberto Boccioni y Gino Severini).*

SOCIALISMO
Un cartel del Partido Socialista Italiano, 1913.

no en los Balcanes–, que continúan en esa dirección. El tratado, de naturaleza defensiva, permite a Italia hacer oír su voz en los asuntos coloniales y participar en el reparto del Imperio Otomano. Tras la ocupación francesa de Túnez (1881) y las dos crisis consecutivas marroquíes (1905 y 1911), el Gobierno italiano mantiene, en el enfrentamiento entre las demás potencias, su derecho a intervenir en los asuntos coloniales: en 1911 se anexiona Libia y al año siguiente ocupa Rodas y el Dodecaneso.

Sin embargo, la entrada en la Triple Alianza le impide cualquier posibilidad de replantearse con Austria la situación de Trento y Trieste, por no hablar de los posibles accesos al Adriático o a los Balcanes. Aun cuando el irredentismo sólo agita una parte pequeña, pero cualificada, de la opinión pública, la renuncia a las dos ciudades no deja de ser un asunto embarazoso. Así, en 1914, el Gobierno dirigido por el conservador Salandra se decide por la neutralidad, pues los aliados no le han consultado antes de presentar el ultimátum a Serbia y además se trata de una guerra ofensiva. Con ello se espera que Austria se convenza de que tiene que comprar la neutralidad italiana cediendo Trento y Trieste, y tal vez algo más, aunque la partida diplomática también se juega en términos parecidos en los enfrentamientos entre las formaciones beligerantes opuestas.

El debate sobre la intervención se extiende rápidamente. El frente intervencionista es muy heterogéneo: va desde la derecha nacionalista (favorable a la entrada en la guerra al lado de Alemania, aunque, influida por la retórica de D´Annunzio, dispuesta a aceptar la guerra con tal de ir), a los republicanos y socialistas reformistas

CAÑONES EN MILÁN
En la primavera de 1898 estallan en Italia una serie de tumultos provocados por el encarecimiento de los artículos de primera necesidad, especialmente el pan. La revuelta milanesa del 6 y 7 de mayo de 1898 es sofocada con las fuerzas del general Bava Beccaris. Hay más de cien muertos.

TRÍPOLI, 1911
La bandera italiana se alza en Trípoli. Italia entra en el juego colonial perjudicando al Imperio Otomano.

MANHATTAN
En 1902, en Manhattan, concluye la construcción del Flat Iron, *un coloso de acero revestido de piedra, de 87 metros de altura y 20 plantas.*

(para quienes la guerra representa la liberación de los pueblos aún sujetos a Austria), a los liberales conservadores (convencidos a su vez de que la intervención debe traer consigo la experiencia de un resurgimiento, que tienen su expresión en el *Corriere della Sera*, de Luigi Albertini y cuyo máximo exponente es el ministro de Asuntos Exteriores, Sidney Sonnino) y a una parte de la gran industria.

No menos variado es el frente neutral: partidarios de Giolitti (convencidos de que en la mesa de la paz Italia podrá obtener mucho y sin sangre), católicos (preocupados por las repercusiones con la Santa Sede, por las alianzas con las democracias liberales, la posible disolución de la católica Austria y un aumento de la influencia ortodoxa en los Balcanes), socialistas (fieles a las posiciones pacifistas de la Internacional) y empresas de exportación, como FIAT en Turín. Mientras, el Imperio Austro-húngaro no tiene intención de negociar y la guerra empieza sin Italia.

UNA NACIÓN EMERGENTE

«El siglo XX se perfila ante nosotros cargado con el destino de muchas naciones. Si permanecemos como espectadores perezosos, si buscamos sólo la tranquilidad engreída, indolente de una paz innoble, si huimos de las situaciones difíciles en las que los hombres deben vencer arriesgando todo lo que más quieren, entonces los pueblos más audaces y más fuertes nos adelantarán y conseguirán el dominio del mundo». Estas palabras del futuro presidente norteamericano Roosevelt, entonces vicepresidente del republicano McKinley, pronunciadas en 1899, confirman el fin de la política norteamericana encerrada en su propio continente y anuncian la llegada de una nueva era: la que presenciará la prepotente entrada de la joven potencia económica en la escena mundial.

Después de finalizar la guerra civil (1865), Estados Unidos vive un impetuoso desarrollo económico

BROOKLYN
La terminal metropolitana de Brooklyn en Nueva York, y, al fondo, el puente homónimo, de 1907. Estados Unidos, surgido hace poco más de un siglo como periferia agraria de un sistema comercial mundial cuyo centro propulsor estaba en Europa, se convierte, a partir de ese momento, en el más amplio y dinámico motor de la segunda revolución industrial.

PRIMERA GUERRA MUNDIAL

THEODORE ROOSEVELT
Presidente de 1901 a 1909, Theodor Roosevelt prosigue el camino «imperial» trazado por su predecesor McKinley. (En el centro, un paraguas con los retratos de Roosevelt y McKinley, utilizado para la campaña electoral).

YELLOW KID
Nace en 1895, en EE UU, el primer cómic: Yellow Kid *de Richard Outcault.*

que lo sitúa, en poco tiempo, en la cúspide del capitalismo mundial, fortalecido por los inmensos recursos naturales de que dispone, por la libertad de las condiciones sociales y económicas, por el poderoso incremento demográfico (debido en gran parte a las emigraciones desde Europa) y por una dominante ética capitalista.

Los protagonistas de un impresionante crecimiento de la actividad industrial son sobre todo los Estados del norte, mientras que en los del sur todavía prevalece un sistema socioeconómico basado en los latifundios. El proceso hacia la creación de grandes concentraciones industriales de tipo monopolístico implica la confirmación de una política proteccionista, cuyo abanderado es el partido republicano, que representa a los intereses financieros y de la gran empresa, mientras el partido demócrata congrega especialmente a los grandes propietarios, los agricultores y la burguesía del sur.

El capitalismo se convierte en un elemento básico del «modo de vida norteamericano». Los «barones del ferrocarril» (Gould, Vanderbilt, Hill), los «reyes del acero» (Carnegie, Morgan) y los «magnates del petróleo» (Rockefeller, creador de la Standard Oil Company) prosperan en una situación enormemente favorable, consiguiendo gran fuerza social y política. Bajo su dirección, el país se convierte en la mayor potencia industrial. En 1914, casi un tercio de la red ferroviaria del mundo está en territorio estadounidense, y cerca de dos millones de automóviles circulan por las carreteras norteamericanas.

También están presentes las diferencias sociales, pero en general el pueblo norteamericano muestra una gran confianza en las instituciones de su país. El partido socialista de Estados Unidos, fundado en 1900, parece destinado a permanecer como entidad política en un segundo plano, mientras que, en los primeros años del siglo, el «ca-

FILIPINAS
La derrota de España en la guerra de 1898 lleva a Filipinas a la esfera de influencia de Estados Unidos. Para obtener el control directo del país, los norteamericanos eligen el camino de la anexión y la intervención militar contra el movimiento local independentista de Emilio Aguinaldo.

AL BORDE DEL ABISMO

EL *LUSITANIA* EN NUEVA YORK
El lujoso transatlántico inglés Lusitania *es botado en 1906 y destinado a la navegación atlántica. A su llegada al puerto de Nueva York, al término de su viaje inaugural, nadie puede prever el trágico destino que espera al barco en 1915.*

pitalismo democrático» de Roosevelt, sin que amenace a las bases del poder de los *trusts*, proporciona al Gobierno cierto margen de intervención en la economía, limitando la posibilidad de que las empresas privadas actúen al margen de cualquier control.

Una vez terminada la colonización del inmenso territorio de la federación, y faltando la tradicional válvula de escape que supone el avance hacia el Pacífico (la «frontera»), a finales del siglo XIX el desarrollo económico de Estados Unidos se encuentra más directamente implicado con la suerte de los intereses norteamericanos en el exterior. Es el comienzo de una nueva era en la política exterior del país. Al principio, el naciente imperialismo de Estados Unidos vuelve sus ojos hacia América latina y más tarde hacia Asia. La guerra contra España en 1898 atrae hacia la esfera de influencia estadounidense a Guam, Puerto Rico, Cuba y Filipinas. En 1903, Estados Unidos dirige la separación de Panamá y Colombia, y en 1912 los marines desembarcan en Nicaragua. En los años 1914 y 1916 el ejército estadounidense dirige dos expediciones de castigo al México de Pancho Villa.

Al comienzo de la Primera Guerra Mundial, el presidente Woodrow Wilson opta por la neutralidad y porque la nación norteamericana ejerza una función mediadora. Hasta 1917 Estados Unidos es formalmente neutral, pero, para no ceder al alejamiento de la «frontera», y del espíritu que encarna en escenarios cada vez más lejanos del país, toma fuerza el sentido de una misión civilizadora reservada al joven y dinámico pueblo estadounidense. Una vez terminado el avance hacia el Pacífico, el nacionalismo norteamericano, apoyado por intereses económicos concretos, empieza a lanzarse a la búsqueda de nuevas áreas de influencia.

UNA NUEVA POTENCIA ECONÓMICA
La cosecha en una explotación agrícola norteamericana, en 1916. A lo largo de las tres últimas décadas, Estados Unidos ha duplicado su propia cuota sobre el total de los intercambios mundiales, y en vísperas de la guerra, la potencia comercial norteamericana sólo va detrás de la británica.

1914
Los cañones de agosto

El Imperio Austro-húngaro declara la guerra a Serbia el 28 de julio de 1914, pues la creciente hostilidad que durante años ha enfrentado a los dos países ha llegado a su dramático epílogo. Con la inmediata movilización de Francia y Rusia –en respuesta a la movilización austríaca– parece evidente que el conflicto en este caso va a ser algo más que una simple crisis entre Estados vecinos, a pesar de que, en la última semana de julio, caracterizada por un ir y venir de telegramas entre las cancillerías de Londres, Berlín, París, Moscú y Viena, las diplomacias europeas aún confían en poder contener una crisis cuya gravedad infravaloran. De todos los ministros del imperio de los Habsburgo, sólo el húngaro Tisza denuncia el riesgo de un conflicto europeo.

El 1 de agosto, es Alemania la que entra en liza con la declaración de guerra a Rusia, a la que ha pedido que desista de movilizarse. Como medida de precaución ante la probable eventua-

Primera Guerra Mundial

Una reacción unánime
En todos los países implicados, la primera reacción es de confianza. Tanto en Viena (página anterior), donde los militares se unen en torno a la corona, como en París (a la derecha), Londres y Berlín.

Reclutamiento
Un cartel inglés invita al reclutamiento.

lidad de tener que mantener un compromiso bélico prolongado en dos frentes a la vez, la estrategia alemana prevé que en caso de conflicto con Rusia se proceda de modo preventivo al inmediato aniquilamiento del ejército francés.

Se trata del plan Schlieffen, (por su autor, el conde Alfred von Schlieffen, muerto en 1913), que Alemania tiene preparado desde 1905. Realizando una maniobra estratégica, los ejércitos del Reich deben atravesar Bélgica para penetrar en territorio francés por el norte, ocupar los puertos del Canal desde Dunkerque hasta el Havre y volver a bajar para sitiar París. Toda la operación debe durar 42 días, y concluir con la victoria antes de que Rusia pueda llevar a cabo la lenta movilización de su ejército y esté preparada para atacar en el frente oriental. El 2 de agosto, Alemania ocupa Luxemburgo, el 3 declara la guerra a Francia, el 4, tras recibir una negativa a su petición de permiso para el paso de sus tropas, invade Bélgica.

Los dos bloques en confrontación

La violación de la neutralidad de Bélgica, reconocida por todas las potencias europeas desde la primera mitad del siglo XIX, provoca la intervención de Gran Bretaña en el conflicto. Mientras las operaciones militares van tomando cuerpo, nuevos aliados se implican en la aventura bélica de ambos bloques. Japón, motivado por la competencia comercial alemana en China, declara la guerra a Alemania el 23 de agosto, y el 1 de noviembre lo hace Turquía, encuadrándose en los Imperios Centrales. Italia, de momento, elige el camino de la neutralidad.

El enfrentamiento entre el Imperio Austro-húngaro y Serbia, alimentado por el atentado de Sarajevo, ha dejado de ser en pocos días un conflicto europeo para convertirse en un conflicto mundial por primera vez en la historia. Aunque la primera característica que se hace evidente en la guerra de 1914, en comparación con sucesos bélicos an-

El saludo de Nicolás II
También en Rusia se recibe la movilización con entusiasmo general. Para Nicolás II (aquí saludando a un grupo de oficiales a punto de partir al frente) y los círculos militares es una gran ocasión para realzar el prestigio internacional del país, y resolver, de una vez por todas, la cuestión balcánica.

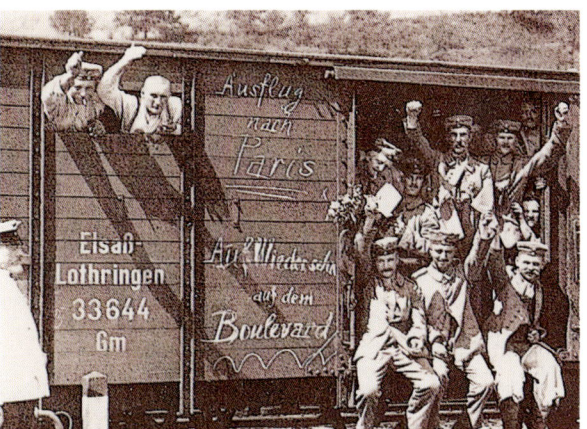

PARÍS EXPRESS
El tren que lleva a las tropas alemanas, desde Lipsia hacia el frente occidental, luce pintadas que ensalzan la guerra y evocan la capital francesa. Todos repiten que la guerra será breve y que será la última, pero se trata de una trágica ilusión.

teriores, es la imposibilidad de aislar el conflicto y evitar su propagación general, la segunda es la implicación de potencias que viven los efectos del incremento demográfico y la revolución industrial. Los demás Estados se preparan ya desde hace tiempo para la eventualidad de una guerra europea, y por fin llega el momento en que la situación del armamento, su cantidad y calidad, se convierten en la principal preocupación de los Gobiernos.

Desde esta perspectiva los distintos ejércitos presentan fuerzas un tanto dispares. Hace casi un siglo que Alemania ve la guerra como una ciencia que debe ser cultivada por profesionales, más que una ocupación para aristócratas. Entre 1858 y 1888, la organización del Estado Mayor Prusiano, bajo el mando de Helmuth von Moltke, ha representado un paso fundamental en el terreno del incremento de la eficacia del aparato bélico nacional. Así pues, a la tradición militarista prusiana se añade en gran medida la propia estructura social del imperio que, disponiendo de un gran número de hombres aptos para el servicio, puede permitirse elegir a los mejores y prepararlos con un prolongado entrenamiento militar.

En 1914, el Estado Mayor alemán, bajo el mando del sobrino de von Moltke, cuenta con medios logísticos superiores, bajo el más radical espíritu de cuerpo, y con una elevada potencia numérica (en los primeros días de la contienda, Alemania dispone de cinco millones de hombres), fruto del vigoroso crecimiento demográfico del país en las últimas décadas y de la eficaz organización del alistamiento obligatorio. Su aliado, el Imperio Austro-húngaro, dispone de fuerzas claramente inferiores.

En el ámbito de los Aliados, Francia, Gran Bretaña y, más tarde, Estados Unidos, igual que Alemania, también han alcanzado un alto nivel técnico y productivo, y por lo tanto disponen de maquinaria bélica moderna.

PROTAGONISTAS

HELMUTH VON MOLTKE

Nace en Alemania en 1848. Sobrino del famoso mariscal von Moltke, protagonista de las victorias de 1866 contra Austria y de 1870 contra Francia. Guillermo II lo nombra jefe de Estado Mayor en 1906, y en 1914, a la edad de 66 años y delicado de salud, participa en la Primera Guerra Mundial llevando a la práctica el plan ideado por su predecesor Schlieffen, en caso de una guerra simultánea contra Francia y Rusia. Sin embargo se ve obligado a modificar el plan original, apartando seis divisiones del frente occidental para contener el implacable avance ruso. Es derrotado en la Primera batalla del Marne. Presa de un profundo agotamiento nervioso, se le considera responsable de la derrota alemana, por lo que es retirado del cargo y sustituido por von Falkenhayn. Muere en 1916.

Primera Guerra Mundial

BERLÍN, 1914
«Sólo los enemigos del espíritu», escribió Thomas Mann, «se oponían a una guerra que habría hecho que Alemania fuera más fuerte, más orgullosa, más libre y más feliz».

Sin embargo, los países de la Entente, los Aliados, no tienen más remedio que plantearse algunos problemas. Francia, que en los primeros meses se encuentra prácticamente sola en el mantenimiento del peso de la guerra, se halla en inferioridad de condiciones debido a su menor disponibilidad de recursos humanos; aunque, tras realizar un esfuerzo supremo, considerando la población de que dispone, llega a reunir un ejército de cuatro millones de hombres. Gran Bretaña detenta la superioridad en el mar vigilando el frente terrestre, y hasta 1916 ni siquiera prevé el alistamiento forzoso, por lo que su contribución inicial se limita al envío al continente de un contingente de unos 100.000 soldados (British Expeditionary Force, BEF). Por fin, el potencial de Rusia que, a pesar de que por su tamaño dispone de una inmensa reserva de hombres, queda muy reducido por su pésimo equipamiento y la lentitud en la movilización de sus tropas.

La llamada a las armas

La respuesta a la llamada a las armas es en general positiva en todos los países. No sólo en la militarista Alemania, o en Francia, donde está en juego la independencia de la nación, sino también en Gran Bretaña y sus colonias. Animados por la propaganda, se enrolan voluntarios de los grupos étnicos del Imperio Austro-húngaro, de Canadá, Australia, la India, e incluso Senegal y Marruecos. El sentido del deber y de la lealtad para con la patria son las motivaciones más fuertes, mezcladas con el atractivo de una paga fija y el más puro espíritu aventurero.

En Gran Bretaña, donde las llamadas al alistamiento voluntario cuajan sobre todo en las capas medias-altas de la sociedad, un aspecto característico del fenómeno son los llamados batallones «Pals» (de amigos). Se trata de secciones constituidas por hombres procedentes de la misma región, que se alistan juntos, como compañeros de tra-

LONDRES, 1914
Una oficina londinense de reclutamiento, en el verano de 1914. Como no existe el alistamiento obligatorio, Gran Bretaña debe recurrir al reclutamiento voluntario. Es la primera vez, desde los tiempos de la Batalla de Waterloo, en 1815, que Gran Bretaña interviene militarmente en el continente.

ARMAS

EL DREADNOUGHT

Entre los siglos XIX y XX, tras el cambio de posición de los cañones, desde la borda de los barcos a su instalación en torres acorazadas giratorias, se extiende la tendencia a embarcar en los buques de guerra el armamento principal en piezas de mayor calibre, complicando las direcciones de tiro y empleando diversos depósitos de municiones.

Entonces surge la necesidad de un barco con una potencia de fuego elevada y uniforme, que simplifique el abastecimiento de municiones y la dirección del disparo.

La ingeniería naval avanza en este sentido en Italia y, sobre todo, en Gran Bretaña, donde, en 1900, el almirante John Fischer apoya la idea de un acorazado veloz y de un solo calibre. Unos años después, basándose en una idea del almirante Giovanni Bettolo, el coronel ingeniero naval Vittorio Cuniberti proyecta un pequeño acorazado en dos versiones: una de 8.000 toneladas, ocho cañones y una velocidad de 22 nudos, y otra de 17.000 toneladas, 12 cañones y la misma velocidad. Los proyectos son demasiado costosos, pero Cuniberti obtiene permiso para divulgarlos. En el anuario de 1903 de *Jane's fighting ships* aparece un artículo titulado «Un barco de guerra ideal para la Marina inglesa». Esta publicación hace realidad la idea de Fisher que, al convertirse en 1904 en el primer lord del mar, impulsa la creación de la nueva unidad monocalibre. De este modo, en 1905 se impone el modelo *Dreadnought* (sin miedo) y los trabajos se llevan a cabo con gran rapidez. Se bota el nuevo barco el 10 de febrero de 1906 y se le equipa con armamento el 1 de septiembre. Además de la nueva artillería, el *Dreadnought* es también el primer barco impulsado por turbinas.

Muy pronto las marinas de todo el mundo se adaptan al nuevo rumbo y articulan su propia dotación de grandes unidades de línea en «pre-dreadnought», «Dreadnought» y «Super-dreadnought». Los alemanes no responden inmediatamente, para no enturbiar las relaciones con Gran Bretaña y evitar la ampliación del canal de Kiel; pero en 1907 también ellos arman los primeros barcos de un solo calibre (los tipos Nassau, Helgoland, König y káiser), seguidos por los Baden y Bayern con ocho cañones de 380 mm. Los ingleses responden botando el *Iron Duke* y el *King George V*, dotados con un 343 mm, y entre 1915 y 1917 ponen en circulación 10 «Super-dreadnought» de los tipos Warspite (*Valiant, Malaya, Barham,* de primera clase) y Royal Sovereign (*Royal Oak, Resolution, Ramillies, Revenge,* de primera clase) armados con piezas de 381 mm. Con las oportunas modernizaciones en los años treinta, estos barcos constituirán el nervio de la Royal Navy en el segundo conflicto mundial.

Abajo, el Dreadnought, *primer acorazado monocalibre botado en 1906. Arriba, el perfil del superdreadnought* Malaya.

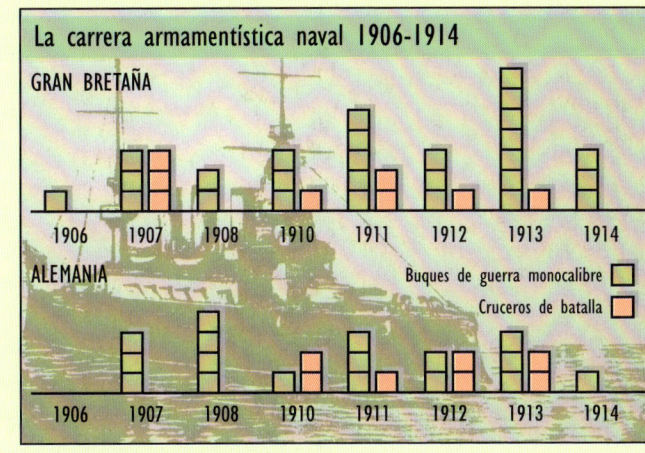

Primera Guerra Mundial

«¡Aplastar a Serbia!»
La frase ha circulado por los círculos militares alemanes y austriacos antes de la guerra, y ahora, para Guillermo II (a la derecha, con el brazo levantado) ha llegado la ocasión esperada.

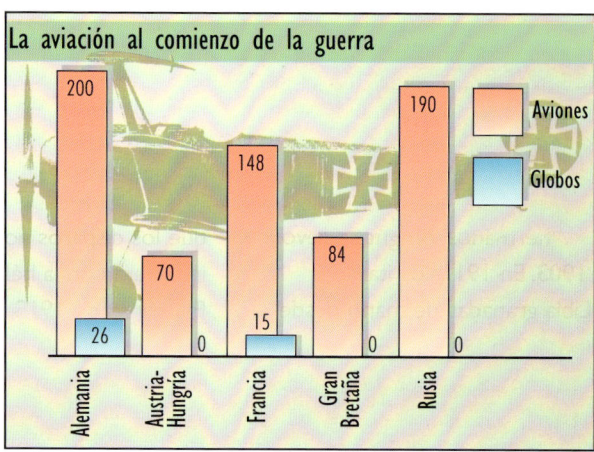

La aviación al comienzo de la guerra

País	Aviones	Globos
Alemania	200	26
Austria-Hungría	70	0
Francia	148	15
Gran Bretaña	84	0
Rusia	190	0

bajo (entre estos también hay obreros) y de asociaciones, o como antiguos alumnos de los colegios más prestigiosos.

Sea como fuere, cuando estalla el conflicto, nadie está en situación de prever la importancia del tributo, en términos de recursos humanos e industriales, que la guerra va a exigir a todos los países beligerantes. La «gran ilusión», en la que coinciden los deseos de todos los contendientes en aquel agosto de 1914, es que la guerra va a ser breve, y los soldados volverán a sus casas antes de Navidad.

En ambos bandos hay una especie de embriaguez colectiva en el momento en que parten al frente los trenes repletos de soldados. Animados por las manifestaciones de entusiasmo, las multitudes en plazas y estaciones, el flamear de las banderas, los adioses y los abrazos, nacen sentimientos de camaradería y fraternidad destinados a cimentar una generación que se siente protagonista de un hecho histórico excepcional.

La derrota del movimiento obrero

Sin embargo, antes de que se pueda hablar de victorias ya hay un derrotado evidente: el movimiento obrero internacional. A pesar de sus palabras pacifistas y antimilitaristas, no sólo no hace lo posible por impedir el estallido del conflicto, sino que la opinión pública de los países envueltos en él ni siquiera responde con una adhesión entusiasta.

En todas las potencias europeas prevalece la unión de voluntades internas frente al enemigo: contra la autocracia del zar en Alemania, contra el tradicional enemigo alemán en la Francia revanchista, en defensa de lo eslavo ante la amenaza alemana y otomana en Rusia, y bajo el impacto por el desprecio de la agresión alemana a la Bélgica neutral en Gran Bretaña. En todas partes los trabajadores marchan unidos bajo las banderas de sus respectivos ejércitos, comprometidos con esas «uniones sacras» que han igualado a la sociedad bajo el signo del nacionalismo.

Malinas
La vieja plaza del mercado de la ciudad belga de Malinas se transforma en un campamento para las tropas alemanas que combaten en Bruselas. Sin embargo la capital no cae hasta el 20 de agosto.

Uniformes franceses
Los colores rojo y azul (a la derecha) pronto serán sustituidos por un uniforme azulino, menos costoso y sobre todo menos visible.

ARMAS

EL AEROPLANO

El primer vuelo de los hermanos Wright se llevó a cabo en 1903. En 1911, los italianos lanzan en Libia granadas de mano desde un aeroplano: se trata de la primera operación de bombardeo aéreo. En 1914 la aviación está todavía dando los primeros pasos y se la considera como una especie de «caballería volante» de apoyo a las fuerzas terrestres. Así pues, los aeroplanos entran en la guerra desarmados y se les destina sobre todo a tareas de reconocimiento. Los primeros intentos de combate se llevan a cabo con pistolas y fusiles manejados por los observadores a bordo de aeroplanos. Los pilotos se las arreglan como pueden; por ejemplo el ruso Kazakov equipa a su Morane-Saulnier con un gancho con el que intenta arponar a sus adversarios. En muchos casos se trata de aeroplanos con hélice propulsora, colocada detrás del piloto. Se da un paso adelante en la transformación del aeroplano en máquina de guerra cuando se le instala la ametralladora. En los biplazas es el observador quien la maneja; en los monoplazas de hélices tractoras, el arma se coloca sobre el piloto, con un ángulo de 45 grados, de tal modo que los disparos no interfieran en la hélice.

En marzo de 1915, el piloto francés Roland Garros monta unas planchas dobladas de acero sobre las hélices, para así poder disparar de frente, desviando los impactos que golpean la hélice.

Pocos meses después, Heber, Leimberger y Luebbe, tres ingenieros de la fábrica Fokker en Schwerin ponen a punto un sistema de sincronización de los disparos con los giros de la hélice. El Fokker E, a pesar de ser un aeroplano sencillo, está en funcionamiento todo el invierno. Desde este momento el péndulo de la supremacía aérea oscila hasta el fin del conflicto a medida que cada uno desarrolla sus contramedidas y que nuevos modelos entran en acción. Vuelan monoplanos (el francés Morane-Saulnier N y el alemán Fokker E), biplanos de hélice propulsora (los ingleses Airco DH y la Royal Aircraft Factory, FE) y sobre todo aviones de hélice tractora (los alemanes Hannover y Habelstadt CL –mortíferos cuando ametrallan a la infantería a baja cota–, Albatros, Roland y Fokker, los franceses Spad, Hanriot y Nieuport, los ingleses Avro, Sopwith y Royal Aircraft Factory BE), triplanos (Sopwith y Fokker). Los italianos utilizan sobre todo los aeroplanos ingleses y franceses pero pronto emplean su bombardero trimotor, Caproni, y la serie de hidroaviones Macchi, útiles para oponerse en el Adriático a los Hansa-Brandenburg suministrados por Alemania a los austriacos.

Como ocurre con el carro de combate, su uso modifica las decisiones tácticas y estratégicas. También empiezan a construirse los primeros bombarderos de amplio radio de acción, como el bimotor alemán Gotha G IV y el cuatrimotor Staaken R VI. Aunque entre 1915 y 1916 los Zeppelin realizan los *raid* sobre

Londres, el 13 de junio de 1917 los bimotores Gotha provocan en esta ciudad 162 muertos y 400 heridos. Es el anuncio de lo que será el *blitz* 30 años después.

Arriba, el as francés Georges Guynemer, que acredita 54 victorias oficialmente reconocidas. A la izquierda, el Nieuport Delage 29 de la aviación francesa, que entra en servicio demasiado tarde para participar en la guerra. Arriba, un Albatros de la aviación alemana.

ARCHIVOS DE GUERRA: LA FOTOGRAFÍA

La fotografía es uno de los protagonistas de la guerra. Tras los primeros experimentos recogiendo testimonios en los campos de batalla durante las guerras del Risorgimento y sobre todo durante la guerra de Secesión norteamericana, los fotógrafos documentan constantemente las actividades militares de la Gran Guerra en ambos frentes. Las imágenes sirven tanto para la prensa como para la propaganda. **1. LEWIS HINE.** El norteamericano Lewis Hine, en este caso trabajando en París, es uno de los reporteros más famosos de la época. **2. PUBLICIDAD.** Publicidad italiana de artículos fotográficos en 1910. **3. EN EL FRENTE.** Un fotógrafo militar. Con el paso del tiempo los mismos Estados Mayores organizan un servicio regular de fotógrafos. **4. DAVID GRIFFITH.** También el cine descubre la guerra, y el director David W. Griffith visita el frente occidental. **5. ESCUELA DE GUERRA.** Una fotografía gigante utilizada por los ingleses para estudiar las técnicas de combate. **6. VIEJAS GLORIAS.** Una máquina fotográfica de los primeros años del siglo XX.

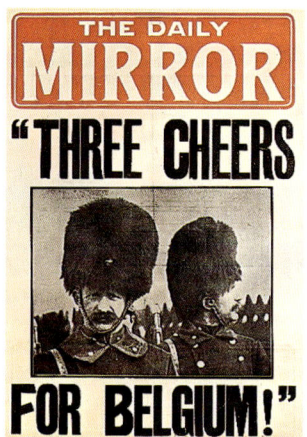

LA RESISTENCIA DE BÉLGICA
*La obstinada resistencia de Bélgica impide a los alemanes llevar a cabo el plan Schlieffen. Al lado, un periódico inglés anima a la resistencia del ejército de Alberto I.
A la izquierda, una tarjeta alemana celebra la caída de Amberes.*

TERROR EN BÉLGICA

Europa no tiene más remedio que abrir bruscamente los ojos a la realidad. Los ejércitos alemanes se encuentran con que tienen que enfrentarse a la resistencia belga, algo no previsto en el plan estratégico de ataque a Francia.

El ejército de «opereta» del rey Alberto I, en lugar de disolverse, muestra una inesperada capacidad de defensa. Efectivamente, el general Ludendorff necesita 11 días para apoderarse de Lieja, y hasta el 20 de agosto los alemanes no logran entrar en Bruselas, mientras los belgas se repliegan con orden y se atrincheran en el puerto-fortaleza de Amberes, que no cae hasta el 9 de octubre. Para doblegar la resistencia belga, los alemanes adoptan la técnica del terror, dejando tras de sí pueblos destruidos y civiles muertos. El país vive el resto de la contienda bajo la ocupación enemiga: con las jurisdicciones locales abolidas, la economía destruida por las demoliciones y los requisamientos alemanes de las fábricas, y la población hambrienta. Alberto I, el «rey caballero» que no abandona a su pueblo, permanece al mando de su ejército concentrado en el suroeste del país, se convierte en el símbolo de los valores morales en cuyo nombre se baten los aliados.

Después de haber truncado en Mons y Charleroi los intentos de contraataque del ejército francés, al mando del general Joffre y del Cuerpo Expedicionario Británico dirigido por sir John French, y haberles obligado a retirarse hacia el sur, los ejércitos alemanes penetran en Francia. Sin embargo, von Moltke, que ha tenido que renunciar a varias divisiones para reforzar el frente oriental amenazado por la movilización de los rusos, no dispone de la fuerza necesaria para completar el plan original de Schlieffen, que debe sustituirse por un ataque más directo a la capital francesa, desde el norte y desde el este, en lugar de un ataque envolvente, desde el sur y desde el oeste.

PROTAGONISTAS

JOHN D. FRENCH

Nace en 1852 y empieza su carrera militar en la marina. A continuación consigue que le destinen al regimiento de artillería Suffolk y después al 19º de Húsares, cuyo mando obtiene a los 36 años.

En 1899 parte para Sudáfrica y lucha, dirigiendo una brigada de caballería, en la guerra contra los bóers. Por el valor demostrado obtiene el título de Caballero y se le asciende al grado de Mariscal.

En agosto del 1914, con 62 años, está al mando de la British Expeditionary Force en el frente occidental. Sin embargo French no demuestra estar a la altura de las nuevas técnicas de combate, como a menudo sucede a los oficiales de la caballería inglesa en esta fase de la Primera Guerra Mundial. Intenta inútiles y costosos ataques a Ypres, y, en la Batalla de Loos, en la que las pérdidas inglesas son muy superiores a las alemanas, desperdicia el éxito inicial. Se le aparta de la misión en diciembre de 1915. Más tarde toma el mando de las tropas del interior y, entre 1918 y 1921, manda las tropas estacionadas en Irlanda. Al final del servicio recibe el título de Vizconde de Ypres. Muere en 1925.

BATALLAS

EL MARNE

3 de septiembre de 1914.
El monoplano francés Blériot, pilotado por el teniente Watteau, se adentra, para el reconocimiento de las líneas alemanas, unos 40 kilómetros al noroeste de París. Con un par de pasadas Watteau se da cuenta de lo que sucede: el ejército alemán del general von Kluck está indefenso en su flanco derecho.

El plan Schlieffen, que preveía rodear París desde el mar, ha fallado. Las tropas alemanas han recorrido, desde el 23 de agosto al 9 de septiembre, casi 340 kilómetros, y están demasiado cansadas para llevar a cabo el plan. Además, dos cuerpos del ejército han sido destacados al este, para frenar la movilización rusa.

Berlín, sin embargo, insiste en exigir una victoria rápida y presiona psicológicamente al comandante de las fuerza alemanas, von Moltke, quien decide abandonar el plan Schlieffen para dividir en dos el ejército francés al este de París.

Sus órdenes son confusas y contradictorias, realmente el general alemán no puede detenerse, aunque sus tropas no tienen espacio para pasar. Entonces el ejército de von Kluck, el más cercano a París, debe renunciar a avanzar sobre la capital para poder defender el flanco alemán. Éste es el movimiento descubierto en el reconocimiento aéreo francés.

El gobernador militar de París, Gallieni, de repente se da cuenta de que se trata de una ocasión única. Adelantándose a las órdenes de Joffre, Gallieni ordena al VI Ejército francés del general Maunoury, apenas constituido, atacar el flanco descubierto de von Kluck. El 5 de septiembre empieza la Batalla del Marne. Los franceses atacan furiosamente y envían todo lo que tienen en el sector por cualquier medio, incluidos los taxis parisinos, que son requisados para acelerar el envío de las reservas, mientras Joffre coordina un ataque masivo. El 7 de septiembre los ingleses y franceses abren una cuña en el sector menos defendido del frente alemán, en la conjunción del I y II Ejércitos, amenazando con dividir al enemigo. El día 9, los ingleses atraviesan el Marne en La Ferté sous Jouannne, apoyados por el VI Ejército francés por el norte y el V por el sur.

En este momento von Moltke sufre una crisis de nervios que le hace perder la cabeza. En realidad, en el campo las tropas aliadas avanzan lentamente y se mantiene la disposición de las tropas alemanas, especialmente la del III Ejército, que ha repelido un ataque francés y, a su vez, amenaza al enemigo. Sin embargo, las comunicaciones entre los ejércitos son difíciles y von Moltke no alcanza a ver con claridad lo que está sucediendo. Su mente de oficial prusiano, entrenada para llevar a cabo maniobras perfectas, se bloquea y describe una derrota que aún no se ha producido. Comienza una retirada general. El 13 de septiembre, von Falkenhayn sustituye a von Moltke. París se ha salvado.

Arriba, el comandante militar de París, Joseph-Simon Gallieni (a la izquierda) y el comandante del I Ejército alemán Alexander von Kluck. A la derecha, tropas belgas en retirada, con perros llevando las ametralladoras. Pronto los uniformes del siglo XIX de la mayoría de los ejércitos se cambian por otros más económicos y seguros.

LOS CAÑONES DE AGOSTO

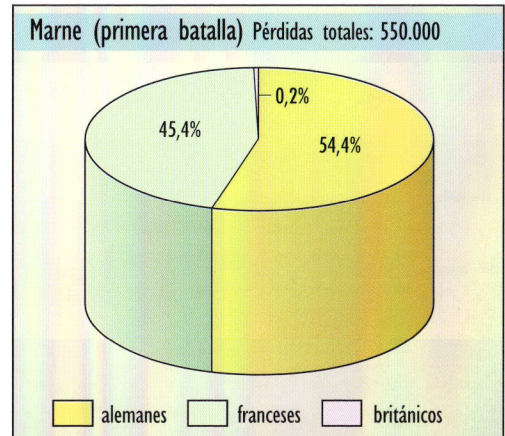

MARNE
La contraofensiva francesa en el Marne, que en 1914 salva París, consiste en una serie de furiosos contraataques que resquebrajan el frente y la moral de los alemanes. A la izquierda, un grupo de prisioneros alemanes.

PARÍS SE SALVA EN EL MARNE

La nueva línea de defensa francesa se ha establecido, entre tanto, casi al sur del Marne, a lo largo de un frente de casi 260 kilómetros. Aunque se trata de un ejército reunido con los restos de las divisiones diezmadas en el frente, los soldados franceses tienen claro que lo que está en juego es la salvación de su país.

La resistencia belga ha permitido el despliegue francés en el frente del Mosa, mientras lo alemanes están exhaustos. Ahora el objetivo es detener el avance de las fuerzas enemigas sobre París atacando su flanco. Entre el 5 y el 13 de septiembre de 1914 la contraofensiva lanzada por el gobernador militar de París, general Joseph Gallieni, tiene éxito.

Mientras el Gobierno se ha refugiado en Burdeos, los franceses envían todos sus recursos al campo de batalla para proteger la capital: una serie de furiosos contraataques resquebrajan el frente alemán. La derrota en la que será recordada como Primera Batalla del Marne le cuesta a von Moltke, considerado responsable del fracaso, la destitución de su cargo. El mando del Estado Mayor alemán pasa a manos del general von Falkenhayn.

A pesar de la presencia en territorio francés, el plan de Berlín se considera sustancialmente frustrado.

Los puertos de la costa atlántica siguen en manos de los adversarios, que pueden continuar recibiendo refuerzos desde Gran Bretaña. El Cuerpo Expedicionario Británico, aunque reducido, ha demostrado ser valiente y estar bien adiestrado, a pesar de que las relaciones entre el mando francés y el inglés son pésimas.

RECLUTAS
Un grupo de reclutas canadienses en un campo de adiestramiento. El Cuerpo expedicionario británico en Francia, aunque numéricamente poco consistente al comienzo de la guerra, está bien adiestrado y equipado.

Ypres

La fallida ofensiva en Flandes del otoño de 1914 representa el último intento de relanzar la guerra de movimiento. A partir de entonces los dos ejércitos se sitúan en una serie de posiciones fortificadas y cada vez más guarnecidas.

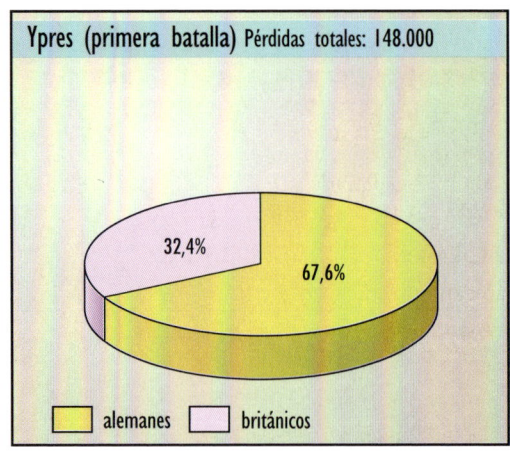

Aun cuando han ocupado una importante zona industrial, rica en materias primas, los alemanes no están en condiciones de continuar la ofensiva hacia Occidente.

En este momento, el frente occidental se estabiliza desde el mar del Norte a la cordillera de los Vosgos. Los adversarios se atrincheran a unos pocos centenares de metros unos de otros a lo largo de dos líneas paralelas desde Ostende a Noyon, desde la base de Verdún a Nancy. Estas posiciones se mantienen con poquísimas variantes hasta 1918.

Antes de que el invierno caiga sobre Europa y bloquee las operaciones, los alemanes intentan atacar el norte (Batalla de Flandes), pero a mediados de noviembre también esta acción se extingue. Mientras tanto, los primeros meses de combate ya han puesto en evidencia lo trágica que es la nueva guerra: entre muertos y heridos el ejército francés ha dejado en el campo de batalla medio millón de hombres.

La revancha de Hindenburg

Entre los motivos que impiden a los alemanes asestar un golpe eficaz a Francia está precisamente lo que el plan Schlieffen intentaba evitar: la presión paralela de Rusia, que obliga al Estado Mayor alemán a desviar hombres y medios del frente occidental.

Como respuesta a las urgentes demandas francesas, entre el 17 y el 22 de agosto los ejércitos zaristas de Rennenkampf y Samsonov atacan Prusia oriental obligando a las tropas alemanas del prudente von Prittwitz a replegarse a posiciones defensivas en el Vístula. El mando supremo alemán, irritado por semejante comportamiento, contenido y poco combativo, destituye a Prittwitz y envía al frente oriental a los generales Hindenburg y Ludendorff. El nuevo binomio lanza una audaz contraofensiva: la amenaza que pesa sobre Berlín se desvanece en la Batalla de Tannenberg, ocu-

MG 08/15

La MG 08/15 es la ametralladora alemana más difundida de la Gran Guerra. Dispara proyectiles del calibre 7,92 con una cadencia de 400-500 disparos por minuto y un alcance máximo de 2.000 metros. La carga pasa a través de una cinta de tela.

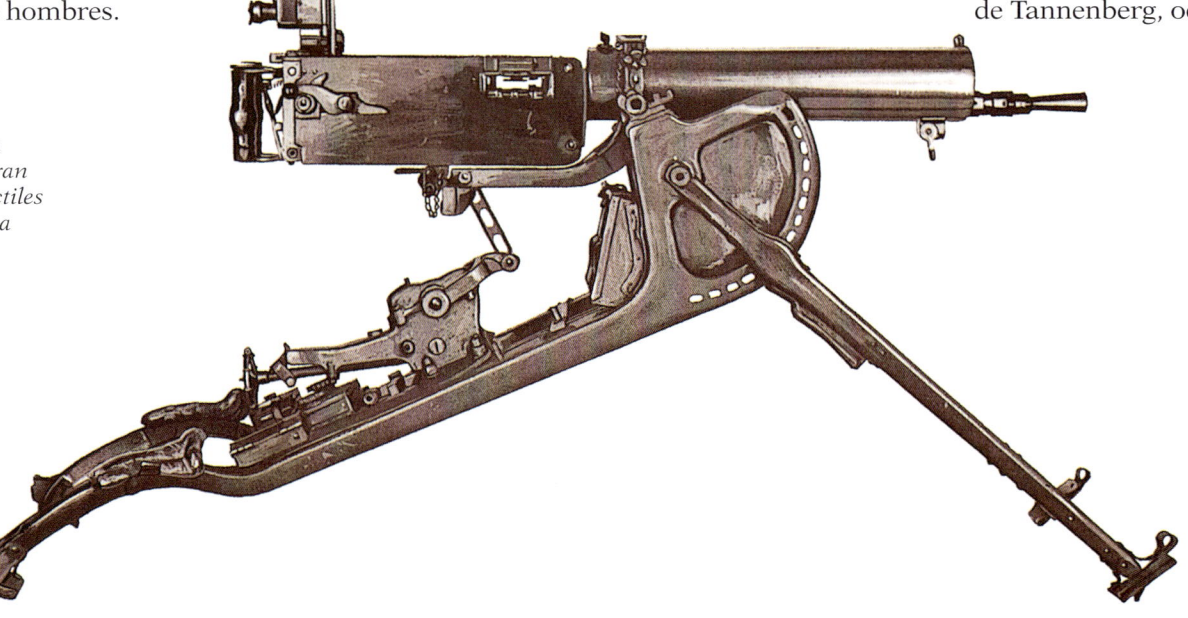

BATALLAS

YPRES

Desplazado a Flandes, entre el 10 y el 13 de octubre de 1914, el Cuerpo Expedicionario Británico inicia rápidamente un avance para rodear a los alemanes, que también avanzan tras haber sido empujados al Marne.

Sin embargo, una semana después, los ingleses se ven obligados a retroceder: la carretera ha sido ocupada por el VI Ejército alemán al mando del príncipe Ruprecht, y la pequeña ciudad de Ypres se convierte en punto clave del frente occidental. Si los alemanes la ocupan, pueden cortar la retirada de los ingleses hacia el Canal de la Mancha, así que, para los Aliados resulta imprescindible mantener su control. El enfrentamiento se inicia el 17 de octubre. El 22 de noviembre, cuando la batalla puede darse por concluida, los alemanes han conseguido una notable ventaja estratégica, ocupando algunas de las más ricas regiones industriales de Francia y Bélgica. Sin embargo, el plan alemán de ocupar Ypres ha fallado y para Alemania se presenta el espectro de una guerra larga y agotadora, una guerra que ya ha segado la vida de muchas víctimas, entre ellas, en el mismo Ypres, la de numerosos jóvenes estudiantes. Antes de la guerra, los estudiantes alemanes podían aplazar el servicio militar, pero cuando estalla el conflicto muchos jóvenes acuden voluntarios al frente. Sin un entrenamiento adecuado, mueren a miles en los campos de Flandes, por eso, a la Batalla de Ypres se la conoce como «la matanza de los inocentes».

En algunas zonas de los alrededores de Ypres, el día de Navidad se establece una tregua, no oficial, durante la cual confraternizan soldados alemanes e ingleses: juegan a la pelota, se intercambian gorras, insignias y cigarrillos, se hacen fotografías. Un breve instante de tregua en tierra de nadie, donde ingleses y alemanes se enfrentan hasta el final de la guerra.

La Grand Place de la ciudad belga de Ypres, tal como queda en 1918, después de cuatro devastadores años de guerra.

Primera Guerra Mundial

NICOLAI ROMANOV
El gran duque Nicolai es el comandante supremo del ejército ruso. En septiembre de 1915 es destituido por su sobrino Nicolás II, que asumirá personalmente el mando del ejército.

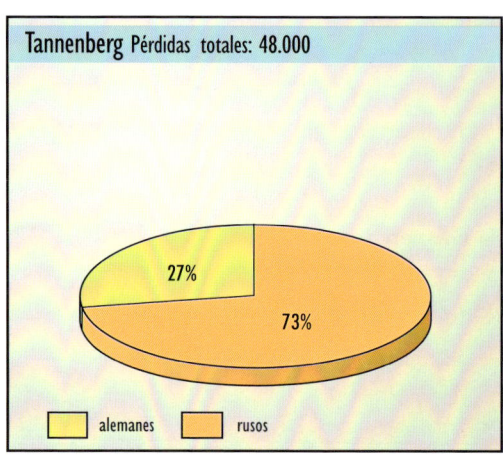

rrida entre los días 26 y 30 de agosto, y en sucesivos enfrentamientos conocidos como la Batalla de los lagos masurianos, ocurridos entre el 9 y el 15 de septiembre. Para los rusos supone una catástrofe total: Rennenkampf es obligado a retirarse más allá de la frontera, el ejército de Samsonov es aniquilado y su comandante se quita la vida.

EL IMPERIO AUSTRO-HÚNGARO EN DIFICULTADES

Como Hindenburg, en este momento, quiere aprovechar el triunfo, propone cambiar el plan estratégico inicial manteniendo una actitud defensiva en el frente occidental para poder desencadenar una gran ofensiva contra Rusia, pero se encuentra con la oposición de Falkenhayn.

A los rusos les van mejor las cosas con los austriacos, a quienes consiguen derrotar en Lvov, entre el 8 y el 12 de septiembre, para después invadir Galitzia y poder presionar en los Cárpatos, llave de entrada a Hungría. También los austriacos fracasan en la expedición contra Serbia organizada a mediados de agosto. El 6 de noviembre se apoderan de Belgrado, pero, antes de Navidad, son rechazados sufriendo graves pérdidas. Para dirigir la resistencia del ejército serbio está Radomir Putnik, un veterano de la guerra contra Turquía. La ofensiva que entre los días 3 y 9 de diciembre de 1914 devuelve Belgrado a los serbios y expulsa a los invasores de Serbia, en la Batalla de Kolubra, lo convierte en héroe nacional.

Mientras, y a pesar de la falta de preparación militar y las condiciones del país, tras las graves derrotas sufridas en su enfrentamiento con los alemanes, los rusos también logran detener al enemigo. El gélido invierno del norte se acerca y también en la zona oriental los frentes tienden a estabilizarse.

LA MOTOMETRALLETA
Una ametralladora rusa montada sobre un motocarro y utilizada como arma antiaérea. La guerra moderna impone la improvisación en el uso de las nuevas armas. El ejército ruso también prevé el uso de ametralladoras montadas en troikas, las típicas carrozas rusas tiradas por caballos.

BATALLAS

TANNENBERG

Las urgentes peticiones de ayuda de Francia, en apuros en la defensa de París, obliga a los rusos a acelerar las operaciones en el frente oriental. El 17 de agosto de 1914, dos ejércitos zaristas, el I al mando de Rennenkampf y el II al mando de Samsonov, atacan la Prusia oriental, partiendo de las bases de Polonia. El lugar donde se va llevar a cabo la acción es una zona en la que las comunicaciones resultan muy difíciles, y éste es uno de los elementos que llevan a Rusia a la derrota.

A los rusos se opone el VIII Ejército alemán, mandado por Hindenburg tras la destitución de Prittwitz, considerado poco combativo en Berlín. Hindenburg y su jefe de Estado Mayor, Ludendorff, heredan el plan de guerra ideado por un oficial del Estado Mayor de Prittwitz, un golpe maestro que consiste en concentrar todas las fuerzas contra el II Ejército ruso, tendiéndole una trampa. La batalla comienza el 26 de agosto de 1914 y de repente el núcleo central ruso se encuentra casi cercado por el enemigo.

Samsonov, un veterano de la guerra ruso-japonesa de 54 años, ha avanzado con el grueso del ejército sin haber asegurado las comunicaciones con los dos cuerpos dispuestos en las alas ni con Rennenkampf, que no entiende nada de lo que sucede ni sabe dónde está el enemigo. Con la ilusión de marchar directamente sobre Berlín, se da cuenta demasiado tarde de que la situación es desesperada y que el cerco alemán se está cerrando en torno a su ejército. El 30 de agosto, Hindenburg logra anunciar la victoria y el aniquilamiento de los tres cuerpos que formaban el II Ejército ruso. El número de prisioneros supera los 100.000. Pocos días después, entre el 9 y el 14 de septiembre, los ejércitos alemanes, trasladados rápidamente al noroeste, rechazan también al I Ejército de Rennenkampf. Samsonov no sobrevive: humillado, con la mitad de su ejército destruido y la otra mitad en retirada, se quita la vida. Cinco siglos antes, en el campo de batalla de Tannenberg, polacos y lituanos habían derrotado a los caballeros teutones. Ahora Tannenberg se convierte en símbolo de la revancha del militarismo alemán. En 1927, una vez terminada la guerra, se erige un impresionante monumento, destruido en 1945 por los polacos. En él, unos años después, es enterrado el cuerpo de Hindenburg, en una solemne y tenebrosa ceremonia germánica, en presencia del nuevo canciller, Adolf Hitler.

A la izquierda, el general Aleksandr Samsonov, jefe del II Ejército ruso. Trastornado por el desastre de Tannenberg se quita la vida. En el centro, un pelotón de soldados rusos junto a un equipo transmisor de radio.

ALBANIA
Asamblea en el patio de un cuartel en Albania. La resistencia serbia en los Balcanes será dura.

AMETRALLADORAS TURCAS
La intervención del Imperio Otomano en la guerra es desfavorable para los Aliados, que confiaban en mantener Estambul fuera del conflicto.

LA INTERVENCIÓN OTOMANA

En el otoño de 1914 el Imperio Otomano entra en la guerra apoyando a los Imperios Centrales. La intervención de Turquía, a pesar de los esfuerzos diplomáticos desplegados durante todo el verano por Gran Bretaña para asegurarse al menos la neutralidad de la Puerta Sublime, representa uno de los éxitos políticos más significativos conseguidos por Alemania al comienzo de la guerra.

De algún modo, este país ha puesto sobre la mesa sus intenciones cuando, en agosto, dos cruceros alemanes (el *Goeben* y el *Breslau*) cruzan el estrecho de los Dardanelos, desmilitarizado desde el Congreso de Berlín. La versión oficial es que se trata de una compra del Gobierno turco, en sustitución de otras tantas unidades navales encargadas a los astilleros ingleses y que no se han entregado a causa del comienzo de la movilización. En octubre, los dos buques de guerra, que ya muestran la bandera de la marina de guerra turca, bombardean los puertos rusos de Odessa, Sebastopol y Feodosia.

Rusia declara la guerra a Turquía tres días después. El nuevo frente del Cáucaso abre a los ejércitos del zar el camino de una lenta pero inexorable penetración hacia Kars y el curso superior del Tigris.

Entre las potencias occidentales, Gran Bretaña es la que manifiesta más interés por el desmantelamiento del Imperio Otomano, pero la intervención viene motivada en primer lugar por la necesidad de defender el oleoducto persa. En noviembre de 1914, Londres se anexiona Chipre, mientras un cuerpo expedicionario se dirige desde la India a Persia y ocupa Bassora. En diciembre, para afianzar el control de Suez, los ingleses proclaman a Egipto como protectorado suyo, mientras la *Grand Fleet* no consigue reducir los Dardanelos y es rechazada por las fuerzas otomanas, que se sirven de submarinos y del apoyo logístico alemán.

EL GOLPE DEL *BRESLAU*
El crucero Breslau, *anclado en la embocadura del Cuerno de oro, llega a Estambul en agosto de 1914, huyendo de la marina británica. El barco, adquirido por el Gobierno turco, junto al otro crucero alemán* Goeben, *participa en la guerra bombardeando los puertos rusos del mar Negro.*

PROTAGONISTAS

PAUL L. VON HINDENBURG

Nace en 1846 en Posen, en el corazón de Prusia, de una familia cuyos orígenes militares se remontan al siglo XIII. En 1866, gana la Orden del Águila Roja en Königgrätz (Sadowa) contra los austriacos, y en 1870 la Cruz de Hierro en Saint-Privat contra los franceses. Sin embargo, su carrera no es excepcional, pues no es lo bastante rico y no goza de simpatías en la corte. En 1911 se retira del ejército. En 1914 surge la necesidad de que alguien dirija el aislado VIII Ejército alemán que debe defender Prusia. Nombran a Hindenburg, cuyo jefe de Estado Mayor es Erich Ludendorff. Las victorias de Tannenberg y de los lagos mazurianos son su trampolín; en noviembre, ascendido a mariscal de campo, se le confía el mando de todo el frente oriental, y en 1916 es nombrado jefe supremo.

Hindenburg goza de un crédito extraordinario entre los soldados y en la nación, que lo considera un héroe, aunque es su subalterno Ludendorff quien diseña los planes y dirige la guerra. Con su colaboración consolida el frente occidental construyendo un vasto complejo de fortificaciones (línea Hindenburg) y dirigiendo ofensivas brillantes, pero no puede evitar la derrota final. En 1918 se separan los caminos de Hindenburg y de su jefe de Estado Mayor. Ludendorff se retira del ejército y Hindenburg debe afrontar solo la humillación del armisticio.

Acabada la guerra, la Alemania de Weimar sigue apelando al héroe de Tannenberg, llamado a la presidencia de la república en 1925, con el vano intento de detener al nazismo. El viejo general no podrá sino asistir, cada vez más debilitado, al ascenso de Hitler.

ERICH LUDENDORFF

Nacido en 1865 en Kruszewenia, junto a Poznan, Ludendorff hace carrera gracias a su brillante inteligencia. Discípulo de Schlieffen y de Moltke trabaja en la modernización del ejército entre 1903 y 1913. En 1914 es nombrado general de brigada. Al estallar la guerra consigue estar bien considerado organizando y participando en primera línea en la toma de Lieja. Es ambicioso, agresivo y está bien visto en la corte. El complemento ideal para el paciente, discreto y reflexivo Hindenburg, del que se convierte en su más estrecho colaborador en el frente oriental y, más tarde, en 1916, en el mando supremo.

Las grandes ofensivas de 1918, que ponen a prueba a los Aliados, son en gran parte obra suya. Sobre todo Ludendorff consigue sacar provecho de su posición militar hasta orientar algunas decisiones políticas con enormes consecuencias, como por ejemplo, la sustitución del canciller Bethmann-Hollweg por el más belicista Michaelis o la proclamación de la guerra submarina indiscriminada.

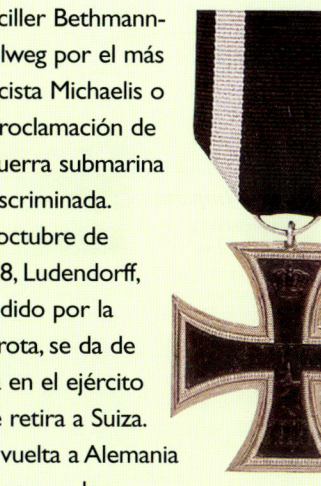

En octubre de 1918, Ludendorff, hundido por la derrota, se da de baja en el ejército y se retira a Suiza. De vuelta a Alemania se acerca a los grupos de extrema derecha contrarios a la república y juega un papel fundamental en los golpes de Estado del general Kapp (1920) y de Munich (1923). Diputado en 1924, es candidato de los nazis en las elecciones de 1925, desafiando al mismo Hindenburg, aunque obtiene pocos votos. Luego se pondrá del lado de Hitler. Muere en Munich en 1937.

A la izquierda, los generales alemanes Hindenburg y Ludendorff. Arriba, la cruz de hierro, medalla al valor del ejército alemán. Abajo, la colosal estatua erigida en Berlín en honor de Hindenburg durante la guerra.

PRIMERA GUERRA MUNDIAL

BATALLAS

LAS MALVINAS

En 1914, la formación naval más lejana de la patria es la del este asiático, en Tsing-Tao, dirigida por el almirante Maximilian von Spee: los dos acorazados *Scharnhorst* y *Gneisenau* y los cruceros ligeros *Emden, Nürnberg, Dresden* y *Leipzig*. Al comienzo de la guerra von Spee se dirige al Pacífico, y, a finales de octubre, tras bombardear Tahití y desviar al *Emden*, llega a aguas chilenas. En Port-Stanley, en las islas Malvinas, está fondeado el contralmirante Christopher Cradock que, a pesar de disponer de una flota claramente inferior a la alemana, se dirige al encuentro de von Spee, bordeando el cabo de Hornos. El encuentro se produce el 1 de noviembre de 1914, a pocas millas al sur de Coronel, en la bahía de Arauco. Poco antes de las 19 h., el *Scharnhorst* abre fuego, al que contesta el *Good Hope* de Cradock, mientras el *Gneisenau* tiene a tiro al *Monmouth*. El buque insignia alemán alcanza al *Good Hope* que, a pesar de quedar gravemente dañado, continúa avanzando apoyado por el *Glasgow*. El *Scharnhorst*, disminuyendo rápidamente la distancia de tiro de 9.000 a 4.500 metros, acosa a su adversario. Entonces el *Good Hope*, poco después de las 20 h., vuelca y se hunde. También el *Monmouth*, alcanzado por un torpedo del *Nürnberg*, se hunde a las 21 h. Entre los ingleses no hay supervivientes, mientras los alemanes sólo tienen tres heridos. La derrota

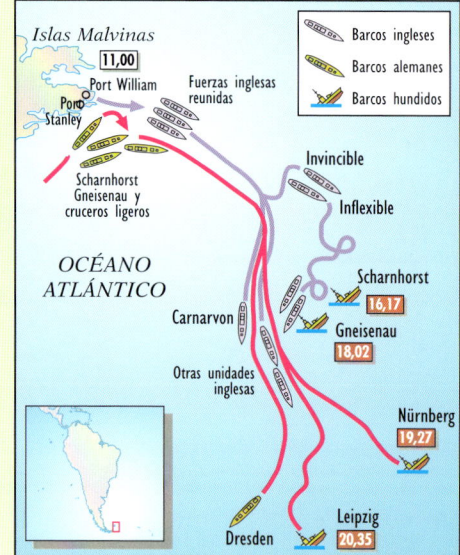

inglesa es abrumadora, pero el almirante John Fisher prepara la contraofensiva y pone a disposición del vicealmirante Sturdee tres unidades de la *Grand Fleet*, entre ellas los cruceros de batalla *Inflexible* e *Invincible*. Von Spee, a quien Berlín niega los necesarios refuerzos, zarpa de Valparaíso el 1 de diciembre y se dirige hacia el Atlántico para bloquear las rutas inglesas, pero, al bordear el cabo de Hornos, avanza lentamente hacia la base inglesa de Port-Stanley para bombardearla. Allí, el 8 de diciembre, se topa con las fuerzas de Sturdee uniéndose a las del contralmirante Stoddart. Antes de atacar, y falto de carbón, von Spee intenta hacerse a la mar. A las 10,30 h. los navíos ingleses, más rápidos, salen en su persecución y entran en contacto a las 13 h. El *Inflexible* tiene a tiro al *Leipzig* que, alcanzado, abandona la formación junto a dos cruceros ligeros. Von Spee, para protegerlos, sostiene durante dos horas el fuego enemigo, hasta que a las 16,17 h. el *Scharnhorst* vuelca y se hunde con su comandante. El *Gneisenau* se va a pique a las 18,02 h., llevándose consigo a uno de los hijos de von Spee. Poco después los buques ingleses también dan cuenta del *Leipzig*, que se hunde dejando sólo 18 supervivientes, y del *Nürnberg*, en el que también pierde la vida el otro hijo de von Spee. La victoria de las Malvinas, fruto de la inteligencia estratégica del almirante Fischer, restablece el predominio en los mares de la *Royal Navy*.

Arriba, el comandante Cradock, hundido con el Good Hope *en Coronel. Abajo el* Scharnhorst, *buque insignia de la escuadra naval alemana en el Pacífico.*

ARTILLERÍA SERBIA
En diciembre de 1914, los serbios del general Putnik consiguen liberar Belgrado.

LA CONTRIBUCIÓN DE LAS COLONIAS
Tropas australianas embarcan hacia Europa en el puerto de Melburne. Al final del primer año de guerra, Gran Bretaña puede incorporar los inmensos recursos de su imperio colonial.

ATAQUE Y DEFENSA EN EL MAR

Con el inicio de las hostilidades, llega el enfrentamiento marítimo de Gran Bretaña y Alemania, para el que las dos potencias se habían preparado desde principios de siglo.

La guerra naval ha sufrido profundos cambios a lo largo del siglo XIX. Ahora las marinas de guerra disponen de una nueva arma, el submarino, mientras grandes buques de hierro, movidos por vapor y armados de cañones capaces de lanzar proyectiles explosivos a 15 kilómetros, han suplantado a los veleros de madera, cuyos cañones disparaban bolas metálicas a poca distancia.

En los primeros meses de la guerra, los mares son el escenario de una serie de encuentros de no muy grandes proporciones. Los ingleses siguen gozando de una clara superioridad y la flota alemana se limita a una serie de reconocimientos en el mar del Norte, bombardeando las costas occidentales de Inglaterra. Sin embargo, el 28 de agosto, los cruceros de batalla ingleses de David Beatty interceptan una escuadra alemana junto a la isla de Helgoland, y la flota de alta mar alemana pierde seis cruceros ya anticuados, unos hundidos y otros dañados. Ahora bien, el enfrentamiento más importante sucede lejos de los puertos europeos, en el cruento ataque y respuesta de Coronel y las islas Malvinas, junto a las costas sudamericanas.

A finales de 1914, la esperanza de una guerra corta ya se ha desvanecido y la situación parece quedar paralizada en un punto muerto. Fracasada la ofensiva sobre París, los alemanes deben prepararse para una guerra paralela en dos frentes. En Galitzia y en Serbia los austrohúngaros han puesto en evidencia la falta de preparación de su ejército: en Navidad los serbios del Putnik siguen manteniendo firmemente Belgrado. Desde este momento, Viena cada vez necesita más a su aliado alemán.

LAS TRINCHERAS
Una trinchera alemana en el frente occidental. Pocos meses de guerra son suficientes para que se evapore la ilusión de un conflicto breve. Desde este momento las trincheras serán elementos dominantes de la guerra. En estos refugios, que con el paso del tiempo pierden sus iniciales características de provisionalidad, los soldados viven durante casi cuatro años.

1 9 1 5
La gran ilusión

Si a finales de 1914 alguno seguía teniendo la esperanza de una rápida conclusión del conflicto, 1915 llega para disuadirlo. Ninguno de los dos bloques tiene la posibilidad de imponerse a su contrario y las ofensivas terminan por no ser resolutivas. La óptica de la guerra moderna, de masas, también es nueva en otro aspecto: no hay ataques ni movimientos de tropas, sino solamente un agotador mantenimiento de las posiciones.

Dadas las proporciones alcanzadas por el conflicto y en la medida en que se requiere mucho tiempo para llegar a cualquier resultado, un aspecto al que deben enfrentarse ambos bandos es el problema del mando único de las amplias coaliciones beligerantes. A pesar de que luchan por una misma causa, en el interior de las formaciones en orden de batalla aparecen inevitablemente objetivos particulares y ello rompe la cohesión de una dirección compleja. Así, por ejemplo, el Estado Mayor austriaco

UNA BELLA MUERTE
(Página anterior). La muerte en las trincheras tiene poco que ver con «la bella muerte» ensalzada por la propaganda.

OBSERVADOR
Los globos de observación son un blanco fácil para los aviones enemigos.

COMUNICACIONES
Un soldado alemán de comunicaciones, con su teléfono de campaña.

no oculta en numerosas ocasiones la intolerancia de su aliado alemán, cuyo alto mando es, por tradición, especialmente autoritario. Von Falkenhayn se enfrenta muchas veces con el comandante en jefe austriaco, el mariscal de campo Franz Conrad von Hötzendorf, por la oposición de éste a aceptar los planes alemanes.

TÁCTICAS VIEJAS, GUERRA NUEVA

Otra cuestión es la lentitud de las conexiones entre los distintos cuarteles generales, en un sistema de extrema centralización y rígida jerarquización del mando.

Antes de llegar a la tropa, las órdenes deben recorrer todos los elementos de una compleja cadena que recorre en sentido descendente los distintos grados de la jerarquía, haciendo imposible la mayoría de las veces una respuesta operativa rápida. No obstante, la ineficacia de las conexiones también debe atribuirse a deficiencias de orden técnico. El uso combinado de infantería, artillería y reconocimiento aéreo necesita un moderno sistema de comunicaciones. Sin embargo, como no existen los *walkie-talkie* (los primeros y rudimentarios ejemplares aparecieron en 1918), las comunicaciones se confían a sistemas ópticos, a menudo poco fidedignos, a teléfonos de campaña cuyo frágil cableado es fácil objetivo de los bombardeos, a métodos tradicionales como las palomas mensajeras y, casi siempre, al lento y peligroso sistema de correos a pie. Con estas dificultades, muchas veces los refuerzos no llegan a tiempo para apoyar un posible

EL DESGASTE DE LAS TRINCHERAS
Una trinchera austriaca en el frente oriental. Las interminables jornadas en las trincheras están marcadas por la obsesiva repetición de rutinas, como la de tener siempre limpio el fusil.

ARMAS

LA TRINCHERA

Si el carro de combate sustituye a la caballería, la infantería sigue siendo la verdadera protagonista de la Gran Guerra. Y junto a ella, los instrumentos más característicos del nuevo conflicto: el gas, la ametralladora, el lanzallamas y, sobre todo, la trinchera, símbolo trágico de la imposibilidad de imponerse un enemigo a otro y del equilibrio sustancial de las fuerzas. La trinchera es un elemento del asedio, que se había ido perfeccionando en diversos escenarios bélicos durante el siglo XIX y que ahora se convierte en el elemento principal de la guerra de posiciones.

Las primeras trincheras se construyen de forma casi espontánea en Ypres en 1914, para unir entre sí los cráteres producidos por las bombas. Un año después, la línea del frente es una secuencia ininterrumpida de trincheras, que transcurren sobre dos o tres líneas paralelas, comunicadas entre sí. En algunos puntos hay refugios bien protegidos y estructurados, pero la mayoría de las veces son improvisados y hechos con aglomerados. Entre las trincheras de los contendientes corre una tierra de nadie de unos 200 o 300 metros, que en algunas ocasiones, como ocurre en 1917 en la zona de Vilmy, son 30 metros escasos. En el este, donde las operaciones mantienen todavía una apariencia de guerra de movimiento, hay unos cinco kilómetros entre ambas líneas.

Los soldados pasan la mayor parte de la guerra en las trincheras, en precarias condiciones higiénicas. El turno de un soldado inglés prevé cuatro días en primera línea seguido de 12 días de reserva. Después, un periodo variable en la retaguardia. La sensación principal de los soldados es de una permanente fatiga.

Moverse en los serpenteantes pasadizos de fango llenos de soldados es agotador. Y aún lo son más las largas horas sin nada que hacer entre un asalto y otro, bajo el terror de los disparos de la artillería, mientras la mente intenta sobreponerse a los horrores del asalto al que se ha sobrevivido y al miedo al asalto que está a punto de producirse.

La imagen de la trinchera es terrorífica, y su horror se resume en ser el lugar de la pasividad cotidiana del soldado-masa y, al mismo tiempo, el lugar de la espantosa espera del asalto final. Una carrera torpe hacia la ametralladora y las alambradas enemigas en la que se desahoga en pocos segundos toda la agresividad acumulada.

Arriba, a la izquierda, soldados ingleses en una trinchera flamenca en el invierno de 1917, y una trinchera alemana reforzada con planchas de acero en la zona de Argonne. A la izquierda, un periscopio utilizado en las trincheras británicas y el éxito de una batida nocturna de caza de ratas que infectan las trincheras, en este caso alemana.

CARTAS DE GUERRA

Uno de los pocos momentos alegres de la vida en la trinchera es la llegada de la correspondencia que trae noticias de casa. Y para las mujeres que esperan, la llegada de una carta o una postal significa la certeza momentánea de que el marido, el hijo o el padre siguen con vida. La necesidad de mantener la comunicación empuja a centenares de miles de personas, a menudo poco habituadas a escribir, o incluso analfabetas, a confiar sus sentimientos a las cartas.

Aparte de la guerra, solamente otra experiencia ha llegado a desencadenar entre los hombres y las mujeres del pueblo tal necesidad de comunicarse: la emigración. En ambos acontecimientos la carta es el único hilo capaz de anular la distancia, el contacto que hace más soportable la larga espera.

Quien parte, emigrante o soldado, no sólo pierde el contacto con su familia sino también con su entorno. A través de las palabras intenta consolidar los vínculos y los recuerdos, además de mantener su identidad entre una multitud de individuos con un destino parecido al suyo. A veces se trata de cartas escritas poco antes de un asalto.

«En el momento en que te escribo, un fuego infernal de artillería y bombas lo destroza todo a nuestro alrededor […] Nunca había visto tanto desastre», escribe un oficial italiano el 10 de octubre de 1916 pocas horas antes de morir. «Sin embargo, con tu ayuda, con la ayuda de Dios al que rezas con fervor, mi ánimo está sereno […] y cumpliré con mi deber hasta el último…».

Los mandos militares, que comprenden esta necesidad, no escatiman a la hora de dar a los soldados tarjetas sin necesidad de franqueo. Se utilizan mucho, teniendo en cuenta la poca familiaridad de bastantes soldados con la escritura, tarjetas con frases ya impresas o palabras dirigidas a la propaganda de la guerra, donde lo único que hace el soldado es firmar. Sin embargo, frente a este flujo de palabras que permite un ilusorio y frágil contacto con los seres queridos, los mandos militares organizan también una red de comités de censura, de forma que desde el frente no se filtren noticias que deban permanecer secretas, como el lugar desde donde se escribe, pero también, y sobre todo, los sentimientos considerados poco patrióticos.

Arriba, un buzón del correo militar italiano en el frente del Isonzo. En el centro, publicidad de plumas estilográficas durante los años de la guerra; y a la izquierda, la clasificación de la correspondencia tras las líneas austriacas en el frente ruso.

MOTOR DE HÉLICE
Un biplano De Havilland inglés. El motor de hélice está detrás del piloto. Esta solución se adoptará durante varios años.

CABALLERÍA ALEMANA
La caballería está muy poco valorada. Sólo en Oriente Medio los ingleses la siguen utilizando con cierto éxito.

avance y el espectáculo más habitual es el de un puesto, ocupado tras pagar un alto precio, al que no llegan refuerzos y que se ve destinado a sufrir un contraataque por los otros tres lados. El 10 de marzo de 1915, en Neuve Chapelle, se necesitan cinco horas para conseguir que lleguen los refuerzos a primera línea, haciendo inútiles los esfuerzos ingleses. Lo mismo ocurre en Vimy, en mayo, en la Segunda Batalla de Artois. El principal instrumento tradicional de presión sobre el enemigo, la caballería, ha quedado superado (aunque no faltarán ocasiones para utilizarlo), y su sustituto, el carro de combate, no sólo no aparece hasta 1916, sino que es lento y todavía poco fiable.

En el ámbito de la técnica militar, la ametralladora es la que imprime a la acción una característica nueva, contribuyendo entre otras causas a la guerra de trincheras. Aunque prevista como un poderoso medio auxiliar, termina siendo un significativo factor de éxito, a pesar del recelo inicial, basado en el temor de un consumo excesivo de municiones, y en un efecto desfavorable en el espíritu guerrero de los soldados de infantería. Se puede afirmar que la ametralladora, la infantería y la trinchera representan los tres elementos fundamentales del conflicto.

Además, el estancamiento de la confrontación bélica en las líneas del frente a lo largo de varios centenares de kilómetros hace que los transportes ferroviarios, hasta entonces utilizados principalmente como soporte logístico (para las provisiones y evacuación de las tropas), asuman un papel de primer orden en la actuación de los grandes objetivos operativos.

En el transcurso de la guerra, la atención a la cuestión de los transportes llega a plantearse como una verdadera estrategia. Se da un fuerte impulso al empleo de las redes ferroviarias mediante la inmediata construcción de nuevas líneas que respondan a las exigencias de las zonas de

PROTAGONISTAS

FRANZ CONRAD VON HÖTZENDORF

El último de los mariscales de campo austriacos de la tradición Benedek-Radetzky nace en 1852. De refinada educación, políglota, con una amplia visión política, es sin embargo uno de los principales instigadores de una política agresiva contra Serbia e Italia, ya antes de 1914. Una acción militar fuerte es la única solución a los problemas del separatismo. Durante la guerra elabora los principales planes de batalla austriacos. Aunque considerado un brillante estratega, ha de contar con la debilidad de la maquinaria bélica de los Habsburgo y con la hostilidad del alto mando alemán, poco inclinado a derrochar fuerzas en el este, después de los primeros fracasos austriacos de 1914. A la muerte de Francisco José es destituido de su cargo y reemplazado por Arz von Straussemberg. Muere en 1925.

PRIMERA GUERRA MUNDIAL

WILLIAM ROBERTSON
Sir William Robert Robertson, jefe del Estado Mayor Imperial Británico, de 1915 a 1918.

ARTILLERÍA PESADA
Artilleros austriacos alrededor de un mortero de 305 mm. en el frente oriental.

combate, para permitir rápidos desplazamientos de tropas de una zona a otra del frente (en Francia), o para mover hombres y medios de una a otra vertiente de las operaciones militares (en Alemania). En resumidas cuentas, en la Gran Guerra se utiliza una extraña mezcla de armas antiguas y modernísimas: gases tóxicos y bombas de mano (que están a punto de desaparecer en la época de Federico el Grande), aviones y porras.

En este escenario, los comandantes no tienen más remedio que adaptarse. No es verdad que toda la guerra haya sido igual, durante cinco años, con obstinados ataques frontales privados de fantasía. Aunque en 1914 la guerra sigue siendo decimonónica, los combates de 1918 anticipan ya la Segunda Guerra Mundial y muestran una adaptación de las tácticas a las nuevas armas: infiltración de pequeñas unidades al otro lado de las líneas enemigas (los alemanes las llevan a cabo en Cambrai y en Caporetto en 1917, y en El Somme en 1918), defensa flexible en profundidad, soporte aéreo cercano, obstáculos con las armas de artillería para apoyar a las tropas que avanzan. Sin embargo, para aprender y aplicar las nuevas tácticas se necesitan tres años de guerra. Mientras, en 1915, el frente occidental está paralizado.

EL EMPLEO DE GASES TÓXICOS

Para los Aliados, 1915 no es un buen año. En el frente occidental continúa la guerra de desgaste, sin que las ofensivas, lanzadas unas veces por los Aliados (en febrero, mayo, junio y septiembre) y otras por los alemanes (en abril), obtengan resultados apreciables.

El francés Foch intenta la operación de mayor relieve en Argonne. Con seis cuerpos del ejérci-

MÁS LIGERO QUE EL AIRE
Una compleja maniobra para recuperar un globo cautivo. El uso de los globos cautivos con un observador a bordo es común en todos los ejércitos de la Gran Guerra. La misión de los observadores no es sólo dirigir los disparos de la artillería, sino también hacer fotografías de las fortificaciones y trincheras enemigas.

PROTAGONISTAS

PAUL VON LETTOW-VORBECK

Nacido en 1870, hijo de un general prusiano, Paul von Lettow-Vorbeck se encuentra entre los pocos soldados alemanes que tienen la posibilidad —frecuente en Francia e Inglaterra— de conseguir experiencia en la conquista de un imperio colonial. Participa en la expedición conjunta de las potencias europeas para reprimir en China la rebelión de los bóxer (1901), y más tarde combate contra los hotentotes en el suroeste de África. En 1914, a los 44 años, recibe el mando de la guarnición alemana de África oriental (Tanganika). Como llega la última en la carrera por la adquisición de un imperio colonial, cuando estalla la guerra, Alemania conserva unas posesiones desde la costa occidental de África hasta las islas Marianas. Pronto el Pacífico se muestra indefendible para la débil flota alemana. Los neozelandeses ocupan Samoa occidental, la Nueva Guinea noroccidental y las islas Bismarck. Japón ocupa las Carolinas y las Marianas y, entre septiembre y noviembre de 1914, la base naval de Tsing-Tao, en China.

En África, tras la ocupación anglo-francesa del Togo, las operaciones militares continúan en el sudoeste de África, donde a los alemanes se unen varios centenares de rebeldes afrikaner y por último en Camerún, donde el mayor Zimmermann resiste hasta finales de febrero de 1916.

La única campaña militar digna de mención en las colonias es la que Lettow-Vorbeck lleva a cabo en Tanganika. Después de repeler el intento de desembarco de una fuerza anfibia anglo-franco-portuguesa en el puerto de Tanga, los alemanes deciden enfrentarse al enemigo adoptando la táctica de la guerrilla.

Con 15.000 hombres, de los cuales 12.000 son nativos, Lettow-Vorbeck emprende una defensa flexible que le permite infligir duros golpes a los Aliados, incluso después de la caída de Dar es Salaam, repeliendo todos los intentos Aliados de introducirse en la región. Los últimos alemanes no se rinden hasta el 23 de noviembre de 1918, en el norte de Rodesia, dos semanas después del final de las hostilidades en Europa. Con Lettow-Vorbeck quedan 175 europeos y 1.480 áscaris extenuados. Lettow-Vorbeck muere en 1964.

Pocas campañas por la conquista de las colonias alemanas en África fueron tan inútiles como aquélla. Una vez bloqueados los puertos, la contribución de las colonias alemanas al esfuerzo bélico resulta irrelevante, aunque en África murieron decenas de miles de hombres, abatidos en gran parte por las enfermedades.

A la izquierda, Paul von Lettow-Vorbeck, y un áscari del África occidental en una ilustración militar de antes de la guerra. Arriba, un casco colonial alemán.

ARCHIVOS DE GUERRA: LA CRUZ ROJA

También la Cruz Roja y los servicios sanitarios del ejército han de responder ante las emergencias. La Cruz Roja Internacional lleva a cabo una labor de primer orden en la asistencia a los prisioneros. Una vez más, en este caso la contribución de las mujeres es determinante. Entre los Aliados hay miles de enfermeras voluntarias en el frente y los alrededores inmediatos. **1. 2. Recogida de fondos.** Dos manifiestos, uno italiano y otro austriaco, animan a suscribirse en favor de la Cruz Roja. **3. Ambulancia.** Un vehículo adaptado como ambulancia utilizado por el ejército italiano. **4. Víveres de la Cruz Roja.** Reparto de víveres de la Cruz Roja inglesa durante unas maniobras. **5. Conmemoración.** Tarjeta conmemorativa de una intervención sanitaria del ejército. **6. Condecoraciones.** La condecoración de una mujer, miembro de la Cruz Roja inglesa, en el frente occidental. **7. Hospital militar.** Hospital militar alemán en 1915. **7. Máscaras antigás.** Departamento militar de Sanidad posando con máscaras antigás.

UNA NUEVA Y TERRIBLE ARMA
Artilleros alemanes preparando los cilindros para un ataque con gas. El uso de la nueva arma provoca un gran desconcierto que rápidamente captan los ilustradores de toda Europa (a la izquierda). Sin embargo, a pesar de las protestas, el gas se utiliza hasta el fin de la guerra.

to consigue abrir una brecha en las líneas enemigas, aunque la reacción alemana devuelve muy pronto la guerra a la inmovilidad de las trincheras.

El 22 de abril, en el puesto de Ypres, los alemanes utilizan gas de cloro, preparado por el químico Fritz Haber, contra las tropas argelinas francesas. Utilizado en octubre de 1914 en el frente occidental (por los franceses), y en enero de 1915 en el oriental, ha producido escasos resultados porque el frío le ha impedido vaporizarse. Contenido en frascos que se abren en el momento del ataque, el gas es desplazado por el viento. La introducción de la guerra química transforma de un modo aún más espantoso el escenario de las batallas, porque los hombres afectados mueren cegados y asfixiados, y el efecto psicológico sobre las tropas es devastador. Ingleses y franceses condenan la nueva arma, pero están dispuestos a usarla. En el transcurso de la guerra los gases de cloro serán sustituidos por gases vesicantes disparados por proyectiles y las máscaras antigás sustituyen a los pañuelos mojados en agua o en orina de las jornadas de Ypres.

LOS CONFLICTOS DE LOS IMPERIOS CENTRALES

En el frente oriental los acontecimientos se suceden al principio con desigual fortuna. A ciertos éxitos alemanes de escasa importancia en la región de los lagos mazurianos responde la grave derrota de los austro-húngaros en Galitzia, donde Przemysl se ve obligada a rendirse a los rusos.

Desde principios de 1915 los Imperios Centrales sufren la creciente discrepancia entre los altos mandos alemán y austro-húngaro en torno a la posibilidad de una intervención italiana. Según Falkenhayn, con el fin de eliminar el peligro de una posterior ampliación de los fren-

LABORATORIOS A CIELO ABIERTO
Un batallón de artillería alemana, arrastrada por caballos. Artilleros y caballos van provistos de máscaras antigás. Tras la utilización de gas de cloro el 22 de abril de 1915, el frente de Ypres se convierte en un verdadero laboratorio a cielo abierto para los experimentos de armas químicas.

Primera Guerra Mundial

August von Mackensen
Veterano de la guerra franco-prusiana de 1870, el general von Mackensen es el artífice del proyecto ofensivo que en mayo de 1915 destruye el frente ruso en Galitzia.

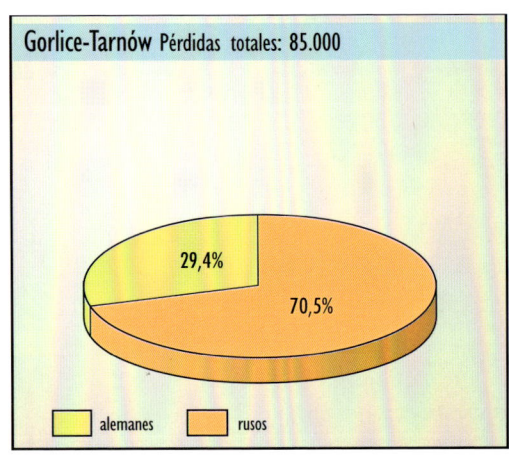

tes, el Imperio Austro-húngaro debe decidirse a ceder a Italia Trento y Trieste, pero el jefe del Estado Mayor austriaco, Conrad, se opone alegando que, según ese mismo criterio, el frente occidental podría cerrarse fácilmente con la restitución a Francia de Alsacia y Lorena. La resistencia de Conrad a ceder a las directivas que le son impuestas determinan el cierre por parte alemana, y en los primeros meses de 1915 Falkenhayn se niega a enviar refuerzos y obliga a su aliado a una colaboración en condiciones humillantes.

Al final los alemanes deciden intervenir para apoyar a Austria, preocupada por la probable intervención de Italia en la guerra. En los primeros días de mayo, Hindenburg y Ludendorff lanzan una ofensiva contra Polonia, en la zona de Gorlice-Tarnów. En otoño, cuando el frente se estabiliza, los rusos cuentan 150.000 muertos y un millón de heridos y prisioneros. Los alemanes han ocupado Varsovia, Vilnius y Brest-Litovsk. Se trata de un importante éxito, pero la victoria aún no se divisa en el horizonte.

Serbia queda fuera de juego

Como consecuencia de la entrada de Turquía en la guerra, Bulgaria asume un gran interés estratégico para las coaliciones beligerantes en los Balcanes. En el juego de las negociaciones diplomáticas, los Imperios Centrales salen victoriosos, porque ganan el nuevo aliado con la promesa de favorecer sus ambiciones expansionistas en perjuicio de Serbia, Grecia y Rumania.

La movilización de Bulgaria, en octubre, supone el fin de la resistencia serbia. Bajo la ofensiva austro-alemana, guiada por el general von Mackensen, cae Belgrado, mientras los restos del ejército serbio del general Putnik se retiran hacia las costas albanesas, de donde son evacuados

Hotchkiss
La Hotchkiss empieza a utilizarse en 1914 y es la principal ametralladora del ejército francés. Como demuestra ser digna de confianza, a pesar de su tamaño, pronto la adquieren otros ejércitos. Aunque concebida como calibre 8 Lebel, también se produce en las versiones de calibre 7 y 7,92 de exportación. Se enfría con aire y tiene una cadencia de tiro máxima de 500 disparos por minuto.

BATALLAS

⚔ GORLICE-TARNÓW

A principios de 1915 el Imperio de los Habsburgo se encuentra en una situación crítica. Los rusos se han atrincherado a lo largo de la cadena montañosa de los Cárpatos, decididos a invadir la llanura húngara y asestar un duro golpe al ejército austro-húngaro. A pesar de los numerosos problemas que afligen al ejército ruso, su presencia representa una amenaza y la posibilidad de derrotar a los Habsburgo. Hay que expulsar a los rusos de los Cárpatos, y lo antes posible.

Los alemanes se plantean dos objetivos. Hindenburg propone una ofensiva hacia el sudeste, desde Prusia en dirección a Polonia. Conrad se inclina por un ataque imprevisto: golpear Galitzia con fuerza, a lo largo de un frente de 50 kilómetros, entre Gorlice y Tarnów.

Prevalece la hipótesis del alto mando austriaco y la nueva ofensiva queda programada para finales de primavera. La tarea de asestar el golpe decisivo se confía al XI Ejército alemán de von Mackensen —que ya se había distinguido por la dirección de las operaciones en Tannenberg— y será reforzada por dos ejércitos austriacos.

La ofensiva se produce el 1 de mayo, la tarde del día siguiente, el IX Ejército arrasa la primera línea rusa y en pocas horas captura 17.000 prisioneros. La sorpresa es total y las tropas de reserva, inmediatamente dispuestas después de la primera oleada de ataques, apoyan adecuadamente la vigorosa arremetida.

Se trata del desastre más dramático de la guerra. Los alemanes no consiguen llevar a cabo el cerco a los rusos en los Cárpatos a causa de la encarnizada resistencia zarista en Tarnów, del oportuno repliegue ruso y del empleo de refuerzos en el centro. A pesar de todo el éxito alemán es grandioso. El 14 de mayo, cuando la ofensiva se detiene, las tropas de von Mackensen han recuperado Przemysl, han avanzado 100 kilómetros y han capturado decenas de miles de prisioneros, cambiando la situación estratégica general a favor de los Imperios Centrales.

La carencia de carreteras es el gran enemigo de los ejércitos en el frente oriental. Arriba, los austriacos construyen un puente en la zona de Przemysl. Abajo, un grupo de austriacos intenta sacar un coche del fango en el que se ha quedado atascado.

Primera Guerra Mundial

John M. De Robeck
El vicealmirante inglés, John M. de Robeck manda la flota aliada en Gallípoli. Después de fracasar en los Dardanelos se niega a continuar la operación sin un adecuado apoyo terrestre.

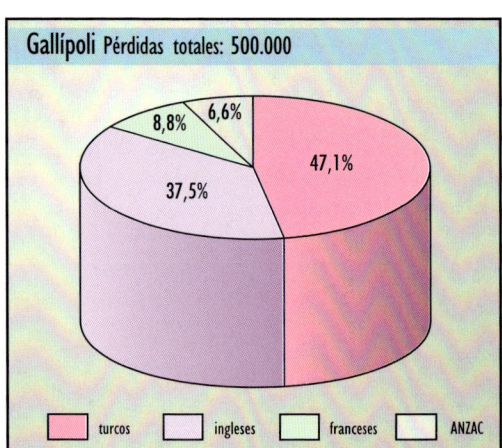

a Corfú por la marina italiana. Más tarde son enviados, después de un periodo de reorganización, a combatir a Salónica, donde Grecia ha permitido el desembarco de fuerzas de los Aliados. Con la derrota de Serbia, para las potencias centrales se abre la posibilidad de establecer contactos directos con Turquía, que lucha contra los rusos en el Cáucaso y contra los ingleses en Mesopotamia.

El descalabro en los Dardanelos

Con la dilatación del conflicto abierto en más frentes, las potencias de la Entente no tienen más remedio que considerar el problema de la coordinación de las operaciones en los diversos puntos y del carácter del objetivo en el que deben concentrar más eficazmente sus esfuerzos.

En la primavera de 1915 se lleva a cabo, en uno de los peores desastres sufridos por los Aliados durante la guerra, el intento de doblegar al Imperio Otomano con una ambiciosa y compleja operación anfibia contra los Dardanelos, con la que Churchill pretende la caída de Estambul.

Las tropas turcas están al mando del general alemán Liman von Sanders y resisten, con valor e insólitamente bien adiestrados, el desembarco enemigo en la península de Gallípoli. Entre las filas destaca el joven coronel Mustafà Kemal, destinado a convertirse después de la guerra en el autoritario presidente de la Turquía moderna.

Por otra parte, la fallida ofensiva contra Estambul no es el único descalabro sufrido por los ingleses en el Oriente Medio. La campaña de Mesopotamia, que empieza en noviembre de 1914 con un desembarco en Abadán para asegurar a la Armada británica el petróleo del Shatt al'Arab, asiste al imprudente avance de la división india del general Townshend a lo largo del Tigris, hasta su llegada a 65 kilómetros de Bagdad. Las

Gallípoli
El acorazado inglés Canopus *durante la operación de Gallípoli. El desembarco de las tropas australianas y neozelandesas en Ari Burnu, el 25 de abril de 1915, está mal planteado y peor realizado. Bajo los disparos de los turcos que dominan las alturas, el ANZAC mantiene su posición hasta finales de año, escribiendo una de las páginas más gloriosas y militarmente más inútiles de la guerra.*

BATALLAS

GALLÍPOLI

La expedición anglo-francesa en la península turca de Gallípoli es uno de los objetivos más ambiciosos de los Aliados durante la guerra y uno de los desastres más clamorosos de los Aliados. La idea, apoyada por el primer lord del almirantazgo, Winston Churchill, es tan sencilla como brillante.

La conquista del mar de la península que controla los Dardanelos es clave para la caída de Estambul, y de ese modo se eliminaría del conflicto el Imperio Turco, abriendo al mismo tiempo una nueva y segura ruta hacia Rusia a través del mar Negro, por la que llevar trigo al oeste a cambio de armas y materiales.

Sin embargo la operación se traduce en una serie de trágicos errores. En primer lugar se cree poder confiar solamente a la marina (y sus batallones de infantería) el ataque a los Dardanelos, sin romper la unidad del frente occidental. Después de que, entre el 27 de febrero y el 3 de marzo, la infantería de desembarco inglés ha realizado acciones de sabotaje el 18 de marzo los buques de guerra del almirante De Robeck se acercan a la costa para destruir las baterías turcas y cubrir el próximo desembarco. Entonces seis unidades saltan por los aires al chocar con las minas. De Robeck se niega a continuar sin el apoyo de una operación terrestre pero, mientras, los turcos ya han empezado a reforzar la península de Gallípoli.

El 25 de abril comienza el desembarco en Gallípoli de la MEF (Mediterranean Expeditionary Force), 75.000 hombres al mando del general Hamilton, en su mayoría neozelandeses y australianos del ANZAC (Australian and New Zealand Army Corps). Por la tarde los invasores sólo han conquistado una serie de cabezas de puente a 100 metros de la playa.

Con ciega obstinación los Aliados deciden permanecer en aquel trozo de tierra, los Dardanelos, fortificando las cabezas de puente, construyendo trincheras, reproduciendo en miniatura la guerra de desgaste, enviando al enorme caldero de Gallípoli divisiones enteras australianas y neozelandesas, adiestradas apresuradamente en Egipto.

En agosto, un posterior desembarco en la bahía de Suvla no mejora la situación, pero habrá que esperar a la noche del 8 al 9 de enero de 1916 para que el último contingente del ANZAC abandone el estrecho.

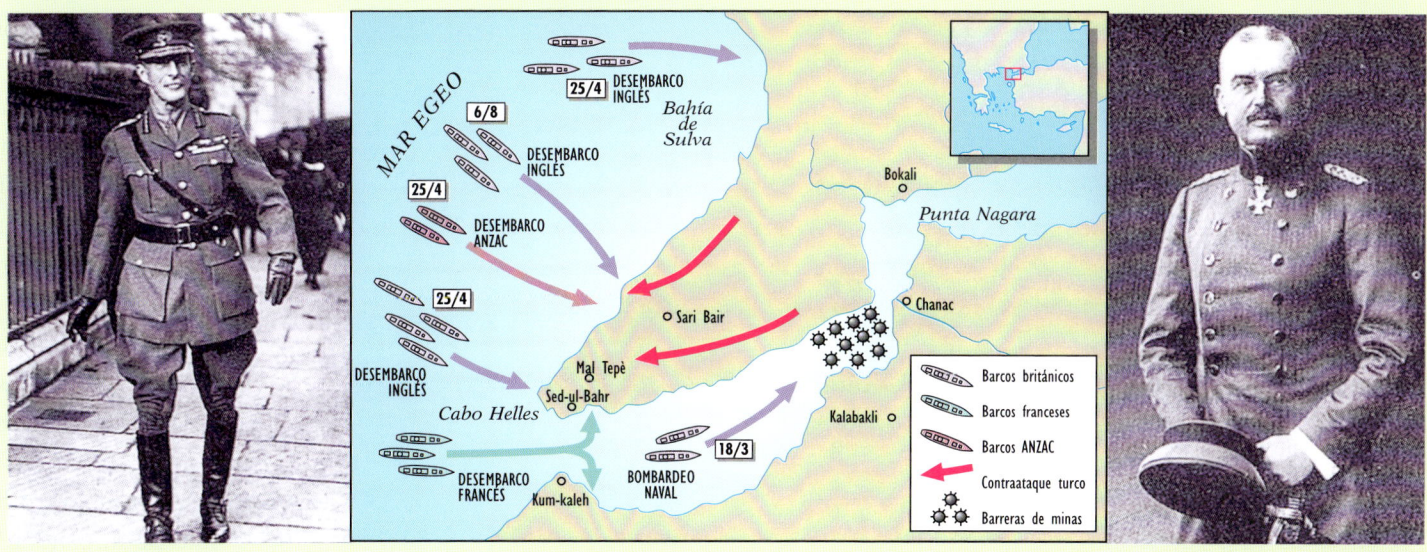

Abajo, la playa tomada por el ANZAC en Gallípoli. Arriba, el comandante inglés Ian Hamilton (a la izquierda) y Liman von Sanders, comandante del V Ejército turco.

PRIMERA GUERRA MUNDIAL

DOGGER BANK
El 24 de junio de 1915, el viejo crucero alemán Blücher es hundido por los ingleses en el Dogger Bank, en el mar del Norte.

LA GUERRA MODERNA
Como no hay transmisores, las comunicaciones se realizan con rudimentarios teléfonos de campaña como éste.

tropas de Townshend, repelidas, son bloqueadas en Kut por los turcos, con doce mil hombres. Todos los intentos de romper el asedio fracasan. Kut se rinde el 29 de abril de 1916, después de cinco duros meses marcados por el hambre y la disentería.

LA GUERRA EN EL MAR

A finales de 1914, Gran Bretaña, fortalecida por su supremacía naval, intenta golpear al enemigo también en el frente económico, imponiendo el bloqueo al abastecimiento de los Imperios Centrales. En el mar del Norte, en el Canal de la Mancha y en el Mediterráneo, todos los barcos que transportan mercancías destinadas a Alemania, aunque lleven banderas de países neutrales, son interceptados por la flota inglesa y su carga es confiscada. Alemania, por su parte, no duda en recurrir a la antigua práctica de la guerra de corsarios: pequeños y veloces cruceros dan caza a los barcos mercantes británicos, haciendo imprevistas incursiones en las escalas más remotas. Sin embargo, para la guerrilla en el mar, el arma más eficaz es el submarino.

Pronto la guerra submarina se presenta especialmente despiadada, pues lleva de forma inevitable a la implicación de la navegación civil y los países neutrales, mientras el sumergible no está capacitado para prestar auxilio a los náufragos de la embarcación hundida, que tienen que ser abandonados a su suerte.

En febrero de 1915, Alemania da comienzo a la guerra submarina a gran escala, como respuesta al bloqueo naval británico. Muy pronto los sumergibles alemanes se convierten en una amenaza para toda la navegación en el Atlántico. El presidente de Estados Unidos, Woodrow Wil-

UN DRAMA OLVIDADO
Un batallón de caballería del general Townshend pasa junto a las ruinas de Ctesifonte, a pocos kilómetros al sur de Bagdad. Rechazadas pocos días después, las tropas indias de Townshend se atrincheran en Kut, donde resisten durante meses mientras fracasan todos los intentos de liberar a la desdichada expedición.

LAS NAVES CORSARIAS

Junto a la guerra submarina y la amenaza de un atque en masa de la flota de guerra en el mar del Norte, para frenar la supremacía aliada en el mar, la marina alemana emprende con cierto éxito la guerra de corsarios. La tarea de entorpecer –lejos de los puertos de casa– las rutas mercantiles adversarias se confía a pequeños y veloces cruceros como el *Emden,* el *Karlsruhe,* el *Dresden* y el *Königsberg.* Su misión no es tanto el hundimiento de las naves rivales como principalmente hacer poco seguras algunas rutas y mantener ocupado el mayor número posible de barcos enemigos. En realidad, ya a finales del segundo año de guerra, la marina británica ha descubierto la amenaza corsaria. Los principales corsarios de la guerra son los cruceros ligeros *Königsberg* y *Emden.*

El primero está en Dar es Salaam cuando estalla la guerra. Tras salir a la caza de los ingleses, intercepta el buque *City of Winchester,* pero la escasez de carbón impide a su comandante, Max Loofff, amenazar el golfo de Adén. Entonces el *Königsberg* se refugia en el gran delta del río Rufiji, desde donde amenaza a Madagascar y las posesiones francesas. Entre el 19 y el 20 de septiembre de 1914, durante una afortunada salida, Looff hunde el viejo crucero *Pegasus.* Acorralado y bombardeado incesantemente por los ingleses, el 11 de julio, el capitán del *Königsberg* decide hundirlo, desmontando antes parte de la artillería, para reforzar así a las tropas de Lettow-Vorbeck para continuar combatiendo en África. Sólo 15 de los 350 hombres de la tripulación sobreviven a la guerra. Más afortunada es la carrera del *Emden,* del comandante Karl von Müller.

Destacado por Spee con orden de caza libre en el océano Índico, el crucero hunde en 12 semanas 71.000 toneladas de buques mercantes, además del crucero ruso *Zhemchung* y el destructor francés *Mousquet,* sorprendidos en el puerto de Penang. Todos los testimonios retratan a von Müller como un comandante de gran humanidad y caballerosidad, pues las únicas víctimas no militares de sus incursiones son varios marineros caídos en el bombardeo de Madrás.

Perseguido por el crucero *Sydney,* el *Emden* encalla el 9 de noviembre de 1915 en la barrera coralina de las islas Cocos. Von Müller es capturado y permanece como prisionero hasta 1918. Muere en 1923 después de haber recibido la más alta distinción militar alemana.

Arriba, la escuadra naval de Von Spee navegando por el Pacífico. A la izquierda, Karl von Müller, comandante del Emden. *En el centro, la bandera de guerra de la marina militar alemana.*

LA INTERVENCIÓN DE ITALIA

Desde el verano de 1914 y el estallido de las hostilidades, la presión de los italianos por la intervención en el conflicto crece de forma constante.

La campaña de opinión en favor de la participación del país en el conflicto va imponiéndose progresivamente entre los grupos de industriales, artistas e intelectuales (los futuristas). De hecho, aun manteniéndose la postura neutral de Italia, partidarios de la intervención como Cesare Battisti, huido del Trentino, o como los 4.000 voluntarios que se ponen a las órdenes de Peppino Garibaldi (sobrino del héroe del Risorgimento) acuden a Argonne para combatir al lado de los franceses, como algunos espontáneos del partido socialista, que también se mantiene neutral.

Entre estos últimos también está el director del *Avanti!*, Benito Mussolini, que invoca la intervención al lado de los Aliados como una gran oportunidad para el proletariado de dar el primer paso hacia la revolución, derrotando a los reaccionarios Imperios Centrales. Expulsado del partido, Mussolini transfiere sus llamamientos a las páginas del *Popolo d'Italia*, el periódico fundado por él y dirigido y financiado por los emisarios franceses interesados en promover la intervención de Italia.

En general, casi toda la prensa italiana apoya la intervención en el conflicto, especialmente la de línea conservadora y nacional-liberal opuesta al neutral Giolitti. Cada vez más decidida es la posición del diario más influyente, el *Corriere della Sera*, mientras su rival *La Stampa* da testimonio de sus posiciones contrarias. Detrás de buena parte de la prensa que apoya la intervención italiana están las presiones de los poderes económicos, con, en primer lugar, los agricultores, las azucareras y las grandes empresas directamente interesadas en el sector armamentístico.

«No, nosotros no somos, no queremos ser un museo, un hotel, una quinta de recreo, un horizonte pintado con el azul de Prusia para las lunas de miel internacionales, un mercado agradable donde se compra y se vende, se defrauda y se trapichea». Entre el 12 y el 20 de mayo, la orgullosa retórica de Gabriele D'Annunzio se alza sobre la multitud romana al menos siete veces.

Sin embargo, las «radiantes jornadas de mayo», como el nacionalismo bautizará a aquellas ruidosas manifestaciones, y la violencia propagandista, bajo cuyo impulso el país entra en guerra, representan uno de los momentos más graves del declive de la clase política italiana. El 1 de mayo de 1915, un artículo de Mussolini titulado «¡Abajo el Parlamento!» propone el fusilamiento y encarcelamiento de diputados y exministros: está claro que, a partir de este momento, hasta las instituciones son discutidas. Finalmente, los partidarios de la intervención triunfaron e Italia entró en guerra.

A la izquierda, Gabriele D'Annunzio en Roma. Es uno de los más ardientes defensores de la intervención de Italia. Arriba, la danza del deseo de los Aliados tienta a un soldado, atado a la neutralidad. Es una ilustración de 1915 y la neutralidad no durará mucho más, como anuncia el titular del Idea Nazionale.

EL *LUSITANIA*
El hundimiento del Lusitania *(en una ilustración del* Domenica del Corriere*), en el que mueren 128 ciudadanos norteamericanos, suscita las duras protestas del presidente Woodrow Wilson (a la izquierda), pero Estados Unidos permanece fuera de la guerra hasta 1917.*

son, declara que la «responsabilidad total» se imputará a Alemania en el caso de que, en las batallas marítimas, se produzcan víctimas de ciudadanos norteamericanos.

El 7 de mayo, el hundimiento del trasatlántico inglés *Lusitania*, frente a las costas irlandesas, provoca la muerte de 1.198 pasajeros, entre los cuales hay 291 mujeres, 94 niños y 128 ciudadanos estadounidenses. La acción se ha llevado a cabo con dos torpedos automóviles del U-20 del comandante Schwieger. Tres meses antes, Alemania había declarado aquel espacio de mar zona de guerra, y el *Lusitania* transporta material bélico norteamericano para los Aliados. El episodio tiene una amplia repercusión internacional. Mientras en Irlanda un tribunal declara al káiser culpable de homicidio voluntario, la profunda impresión que produce en la opinión pública norteamericana adquiere una enorme importancia para determinar la participación de Estados Unidos en la guerra.

UN NUEVO PAÍS EN EL CONFLICTO

La mejor noticia que reciben los Aliados en 1915 es la entrada de Italia en la guerra. El 3 de agosto de 1914 Italia había proclamado su neutralidad, denunciando que el Imperio Austro-húngaro no había cumplido los acuerdos establecidos con la Triple Alianza, que comprometían a los Estados firmantes a una consulta recíproca antes del comienzo de las hostilidades. Desde entonces la posición del país en las confrontaciones de la guerra se ha convertido en objeto de galanteo por parte de los dos bloques.

Entre las potencias centrales, Alemania se muestra abierta a capitular, pero la rigidez del Imperio Austro-húngaro le impide poner sobre la mesa de negociaciones el único asunto que hubiera podido mantener a Italia fuera del conflicto: la cesión de Trentino y Venezia Giulia. En cambio Rusia, Inglaterra y Francia manifiestan una gran disponibilidad a la concesión, no sólo de las tierras irredentas sino

EL ENEMIGO INVISIBLE
Un barco de apoyo anclado en una base alemana, al lado de buques torpederos y sumergibles. La marina imperial lleva sus submarinos también al Mediterráneo, donde los alemanes utilizan la base de Cattaro (Kotor, en Montenegro).

PRIMERA GUERRA MUNDIAL

NEUTRALIDAD ABSOLUTA
En una ilustración de la propaganda intervencionista, Guillermo II y Francisco José atacan a la Mariana francesa, ante la mirada indiferente de los neutralistas italianos.

LA GUERRA ITALIANA
En una portada de Achille Beltrame para La Domenica del Corriere, *los soldados italianos cruzan la frontera austriaca.*

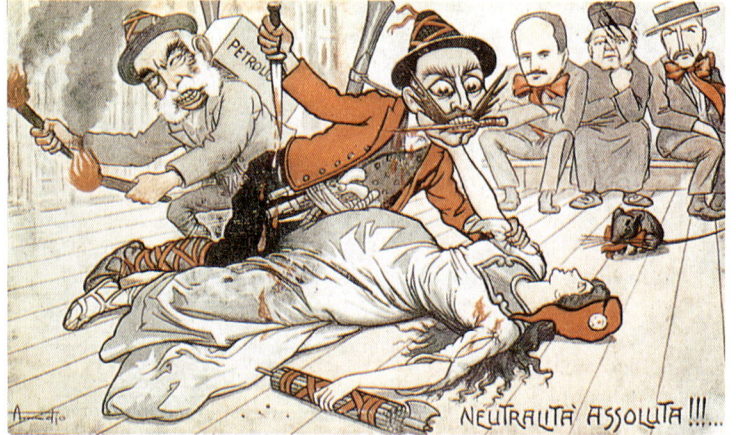

también a todo el litoral adriático hasta el puerto albanés de Valona. En abril de 1915, después de complejas negociaciones, el acuerdo con los Aliados se concreta en el Pacto de Londres, firmado por el ministro de Asuntos Exteriores Sonnino sin el conocimiento del Parlamento. El 4 de mayo, Italia rechaza la Triple Alianza.

Los días siguientes, mientras crece el tono de las manifestaciones nacionalistas, Giovanni Giolitti, objeto de un auténtico linchamiento moral por parte de los intervencionistas, libra la última batalla para mantener al país fuera de la guerra, apoyado por la solidaridad del Parlamento, que es de mayoría neutral. El 13 de mayo, el primer ministro Salandra presenta al rey su dimisión. Sin embargo el propio Giolitti, temiendo hacer más profunda la grieta institucional entre el rey y el Parlamento, renuncia a la sucesión, mientras el alboroto de las manifestaciones intervencionistas se vuelve ensordecedor.

ITALIA EN GUERRA

Cuando Salandra, reafirmado en su cargo de presidente del Consejo por Víctor Manuel II, vuelve a presentarse en el Parlamento, una Cámara insegura no encuentra nada mejor que conceder poderes extraordinarios al Gobierno, mientras los socialistas se refugian en la inmóvil fórmula de «ni adherirse, ni sabotear». De este modo Italia entra en guerra por la voluntad de una minoría que ha sabido aprovechar al máximo la ocasión, con un ejército neutral fuerte, pero –como en otros países– dividido y engañado por los forcejeos de un torpe nacionalismo. El Gobierno, los militares y el rey conducen a la guerra a un país que ha permanecido sustancialmente ajeno al debate sobre la intervención, patrimonio de una pequeñísima parte de aquellos que serán llamados a combatir y morir en el frente oriental.

Italia declara la guerra al Imperio Austro-húngaro el 23 de mayo, y el 24 las primeras tropas cruzan la frontera del

VAGÓN 76/45
Contra posibles incursiones aéreas y navales austriacas, Italia dispone sus trenes especiales armados en las principales estaciones de la costa adriática. Las plataformas pueden llevar cañones de distinto calibre. En este caso se trata de dos piezas de artillería de 76/45, antiaéreas y antimarinas, con un alcance máximo de 11.000 metros y una cadencia de tiro de cinco disparos por minuto.

PROTAGONISTAS

LUIGI CADORNA

Luigi Cadorna nace en Pallanza en septiembre de 1850. Único hijo varón del general Raffaele, que había tomado parte en la guerra de Crimea, es destinado a la carrera militar.

Después de cursar sus estudios en Milán y Turín, va ascendiendo rápidamente en el interior del ejército y está al mando de varios batallones, entre los que se encuentra el X Regimiento de tiradores, calificado por el propio Cadorna como su mejor mando hasta el estallido de la guerra.

En 1913 es nombrado senador y un año después jefe de Estado Mayor del Ejército, precisamente cuando está a punto de desencadenarse la guerra. Tras la entrada de Italia en el conflicto, en mayo de 1915, Cadorna inicia las operaciones contra las tropas austro-húngaras con 35 divisiones y un armamento inadecuado en un enfrentamiento de trincheras.

Al mismo tiempo que reivindica plena autonomía en la dirección de la guerra, apoya a ultranza una estrategia de ataques frontales, algo no muy distinto de lo que defienden los generales franceses al principio de la guerra y, también en este caso, la estrategia resulta, a la larga, costosa e improductiva. Con un alto sentido del deber y con la férrea convicción de que hay que sacrificarlo todo por la victoria, Cadorna dirige la guerra de trincheras con una energía que no admite debilidades y con un durísimo régimen disciplinario en el frente. Dirige la guerra solo porque cree en la absoluta unidad de mando, que no admite derogaciones ni controles.

Encerrado en un aristocrático concepto del deber, Cadorna no sabe sacar partido a los nuevos medios ni a un incremento de las tropas que no tiene precedentes en la historia del ejército: revienta a sus soldados y no hace concesión alguna al bienestar moral y material de la tropa.

El 24 de octubre de 1917 el ejército austro-alemán traspasa las líneas italianas y desde Caporetto avanza hacia la llanura veneciana.

Cadorna es sustituido por Armando Diaz. Considerado el principal responsable de la derrota y, prácticamente, de todos los horrores de la guerra, Cadorna se queda aislado y, sumido en un silencio desdeñoso, confía su versión de los hechos a dos tomos de memorias. A Mussolini le corresponderá cerrar la polémica nombrándolo, junto a Diaz, mariscal de Italia y regalándole una mansión en Pallanza donde, a su muerte, en 1928, se le erige un mausoleo.

Tres imágenes del general Cadorna mientras inspecciona las posiciones italianas; abajo, con Gabriele D'Annunzio. La medalla conmemorativa es del II Ejército.

BATALLAS

ISONZO

El 23 de mayo de 1915, el Gobierno de Salandra, debido a las fuertes presiones públicas de los intervencionistas, presenta al Gobierno de Viena la declaración de guerra.

El comienzo de las hostilidades queda fijado para el día siguiente. El general Cadorna da el visto bueno a la movilización con poco más de un millón de hombres, no suficientemente equipados, a pesar de los esfuerzos realizados por su predecesor, el general Pollio, por modernizar el armamento.

Después de una ofensiva italiana inicial, las tropas enemigas empiezan a enfrentarse a una agotadora guerra de desgaste. El río Isonzo, que de algún modo marca la frontera entre Italia y Austria, se convierte en la vertiente de largos años de guerra. En sus orillas, o en las zonas circundantes, se combaten 11 batallas entre 1915 y 1917.

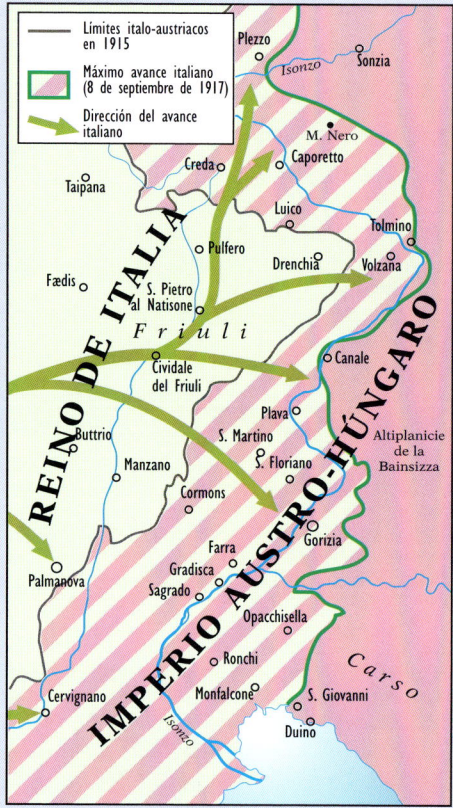

Las dos primeras (del 23 de junio al 7 de julio y del 18 de julio al 3 de agosto de 1915) constituyen un intento por aflojar la presión del enemigo en el frente oriental, mientras la tercera y la cuarta (del 18 de octubre al 4 de noviembre y del 10 de noviembre al 2 de diciembre de 1915) están dirigidas a disminuir la presión de los Imperios Centrales sobre Serbia y sobre la cabeza de puente aliada en Salónica. En conjunto, estas ofensivas solamente permiten ganar unos kilómetros de terreno, mientras mueren casi 300.000 hombres.

Del 1 al 16 de marzo de 1916, los italianos lanzan su quinta ofensiva atacando a las fuerzas enemigas desde el monte Sabotino hasta el mar, pero los resultados vuelven a ser insignificantes. Al final de la batalla, Cadorna prepara con mayor cuidado un nuevo ataque: esta vez el objetivo es Gorizia. La ciudad, importante nudo de carreteras y ferrocarriles, está rodeada por fortificaciones que hacen muy difícil su conquista. Al término de la Sexta Batalla, el 8 de agosto, las tropas italianas entran en Gorizia. Es un éxito importante, ya sea porque se ha dado un paso de acercamiento hacia Trieste, o bien porque teniendo ocupados a los austriacos se ayuda a Rumania, a punto de entrar en el conflicto al lado de los Aliados. En 1916, entre mediados de septiembre y noviembre, se lanzan otras tres ofensivas sobre el Carso, pero no se consiguen ventajas territoriales de importancia. En la Décima Batalla del Isonzo (del 12 de abril al 6 de junio de 1917) los italianos consiguen conquistar algunas posiciones, aunque marginales, mientras con la Undécima Batalla del Isonzo, entre agosto y septiembre del mismo año, se alcanza la planicie de Bainsizza. Será el punto más avanzado antes de la derrota de Caporetto.

A la izquierda, un soldado austriaco con ametralladora; abajo, un cartel de propaganda austriaca: las defensas austriacas detienen el ataque italiano.

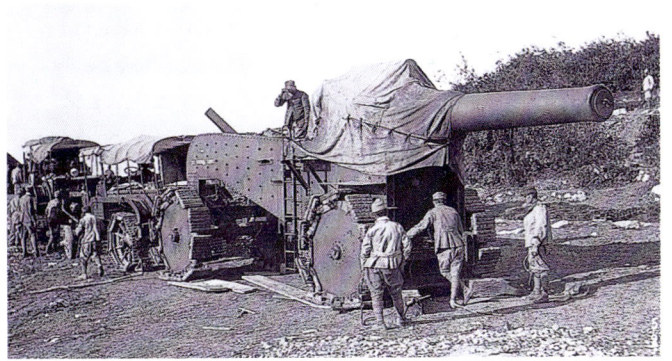

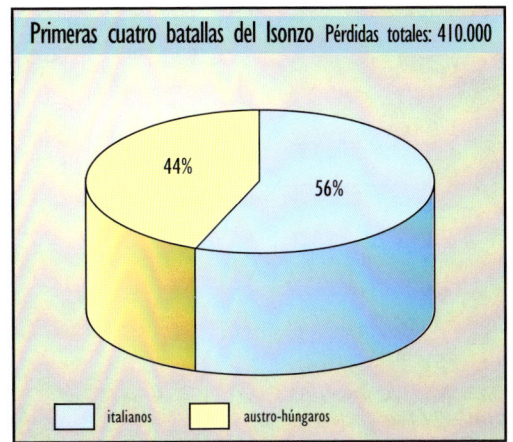

ARTILLERÍA PESADA
Transporte de un obús de 305/17. El papel de la artillería se considera determinante para debilitar las defensas de los adversarios. Sin embargo los bombardeos preparatorios dejan el terreno de tal modo que obstaculizan el avance de los atacantes. Por otra parte, un bombardeo demasiado largo da tiempo al enemigo a preparar la contraofensiva.

Piave y avanzan hasta alcanzar la línea defensiva enemiga: 700 kilómetros de un frente perfectamente armado que se articula a lo largo de Trentino, los Alpes Cárnicos por el curso del río Isonzo. Sin embargo, inmediatamente el país se muestra poco preparado para la guerra. La movilización es muy lenta y hasta junio el ejército, confiado a Luigi Cadorna, está efectivamente dispuesto a luchar contra los austriacos. Numéricamente el enemigo es inferior, pero lo apoyan mejores posiciones, especialmente en los Alpes. Por otra parte el ejército italiano, con excepción de unos cuantos batallones, está mal organizado y equipado, pues gran parte de su armamento se ha empleado en la guerra de Libia y ahora escasean las ametralladoras, los fusiles, los cañones de gran calibre, e incluso los cascos.

De junio a diciembre se lanzan cuatro grandes ofensivas contra el Isonzo («desastrosas» las califica Cadorna), cuya intención es atacar a fondo y muchas veces a lo largo de la directriz de Gorizia, Trieste, Liubliana y Zagreb. Cuando termina el año han caído 173.000 italianos y 131.000 austriacos. Gorizia sigue siendo austriaca y el frente solamente ha avanzado unos pocos kilómetros.

LAS PRIMERAS VOCES CONTRA LA GUERRA

Una vez aplacado el inicial entusiasmo general, que ha calado en casi todas las capas de las sociedades que entran en guerra, durante 1915 el clima de unidad nacional de los países beligerantes empieza a inclinarse bajo el peso de los sufrimientos y el sacrificio de vidas humanas que el conflicto va imponiendo, no solamente a las tropas sino también a la población civil.

En el frente, la resistencia física y la moral de los soldados están sometidas a duras pruebas por los largos meses en las trincheras. Las pérdidas son altísimas para todos. A los caídos de los primeros, sangrientos combates de

UNA BREVE ILUSIÓN
Tropas italianas cruzan el Isonzo. En 1915, el proyecto del Estado Mayor italiano prevé una serie de ataques en el frente del Isonzo en dirección a Gorizia, para amenazar directamente a Viena. Cadorna prevé un avance relativamente rápido, pero Gorizia no cae hasta agosto de 1916.

ALEGORÍA DE LA GUERRA
Una Italia cercada y vestida a la romana rechaza el ataque de un bárbaro germano. La propaganda de guerra despierta la imaginación.

CONTRA LA GUERRA
Las voces contra la guerra no dejan de alzarse por todas partes. El alemán Karl Liebknecht (en el centro, con la carretilla) acaba condenado a trabajos forzados.

1914, se añaden, con las campañas y las batallas de 1915, 300.000 muertos alemanes, 400.000 rusos, 300.000 franceses, 150.000 austriacos y 173.000 italianos, mientras a finales de año Gran Bretaña ya ha perdido un tercio de los efectivos de su Cuerpo de Expedición en Francia.

Empiezan a oírse protestas contra la guerra. En Gran Bretaña, el líder del Partido Laborista, James Mac Donald, reúne a un grupo de pacifistas, y en el continente se reorganiza la oposición socialista, con la italiana a la cabeza.

Entre el 5 y el 8 de septiembre de 1915, los representantes de los partidos socialistas, o más bien de las corrientes internas de los partidos socialistas que no se han adherido a la causa de la guerra, se reúnen en una conferencia pacifista en Zimmerwald, en la Suiza neutral. Desde allí alzan sus voces contra la guerra imperialista y piden una «paz sin anexiones y sin indemnizaciones».

PROPAGANDA Y RETAGUARDIA

En esta situación, el mantenimiento de la cohesión interna es, para los países en guerra, un objetivo de máxima importancia. La propaganda es el arma principal que aparece en la lucha sin cuartel contra el «derrotismo», infamante acusación que acalla las voces disidentes. Entonces la prensa deja de ser un medio de información y se convierte en un instrumento de propaganda. Los periódicos son llamados a alimentar el espíritu de unidad y orgullo nacionales, las noticias pasan por un filtro, aparecen vela-

HINDENBURG
El general alemán Paul von Hindenburg felicita a varios soldados del Ejército Imperial. Después de las fulgurantes victorias en el frente oriental, Hindenburg se convierte en héroe nacional, hasta el punto de que influye cada vez más en la marcha total de la guerra. Junto a él –y casi más influyente– está siempre Ludendorff.

PROTAGONISTAS

JOSEPH J. JOFFRE

César Joseph Jacques Joffre, Mariscal de Francia, nace en 1852 en Rivesaltes, en los Pirineos.

Ya en la segunda mitad del siglo XIX interviene en importantes conflictos. Participa, siendo estudiante de ingeniería en el Politécnico, en la defensa de París en la guerra franco-prusiana de 1870.

El proyecto ideado por él cuando empieza la guerra (Proyecto XVI) excluye que Alemania pueda violar la neutralidad de Bélgica y sigue la corriente de pensamiento de un grupo de jóvenes y valientes oficiales, la llamada *Jeune école*, de la que también Joffre ha formado parte. Según estos dictámenes, el mantenimiento de la iniciativa es un factor determinante para la victoria final, y por eso Joffre espera tener que dirigir una serie de ofensivas.

el Marne. Aquí está a punto de detener a los alemanes. En diciembre de 1915 es nombrado comandante supremo de todas las fuerzas francesas. El ataque alemán de Verdún, en febrero de 1916, sorprende a los franceses, pero Joffre elige al hombre adecuado para salvar la situación: el general Pétain. Sin embargo, la estela del vencedor del Marne desaparece tras el desastre de la ofensiva contra el Somme (1916). Entonces Joffre es sustituido por Nivelle, que promete abandonar la táctica

A partir de 1885 participa en las acciones militares que llevan el protectorado francés a Tonquín, Tombuctú y Madagascar. En la Francia de la Tercera República las colonias le ofrecen una brillante carrera militar.

En 1911, es nombrado vicepresidente del Consejo Superior de Guerra, y poco después jefe del Estado Mayor General. Al estallar la guerra asciende a comandante en jefe de las Fuerzas Armadas francesas del norte y del nordeste.

Los horrores de los primeros meses de guerra, las alambradas y las ametralladoras hacen justicia a muchas ideas de la *Jeune école*. Sin embargo, ante la invasión francesa, Joffre muestra dotes poco comunes de mando, y coordina, imperturbable, las maniobras de retirada de su infantería –situada a lo largo de la frontera franco-alemana– hacia

de las pequeñas ofensivas repetidas. Al retirarse del mando activo, Joffre se dedica a escribir sus memorias, así como obras de estrategia militar, hasta su muerte en París, en 1931.

Joseph Joffre (en segundo plano, en el centro) con el ministro de Armamento, Thomas, el general Haig y el premier británico Lloyd George. Abajo, un batallón de caballería francesa. A la izquierda, la Legión de Honor, instituida por Napoleón en 1802.

PRIMERA GUERRA MUNDIAL

FLORES EN LA TRINCHERA
La atmósfera alegre y las flores en la mesa –aunque se trate de oficiales franceses– traicionan esta foto de propaganda.

BETHMANN-HOLLWEG
Theobald von Bethmann-Hollweg es canciller del Reich en 1909. Considerado moderado por Hindenburg y Ludendorff, es retirado en julio de 1917 para dejar su puesto al belicista Michaelis.

das, y cuando la marcha de las operaciones militares puede suscitar sentimientos de desconfianza y pesimismo, se califica de «antipatriótica» una noticia, aunque sólo se limite al informe real de los acontecimientos.

Todas las fuerzas del país son llamadas para que aporten su colaboración en la victoria, y la prensa en general se adapta espontáneamente a la línea impuesta (en especial los periódicos que representan por tradición la voz de las clases dirigentes: *Figaro, Times,* y en Italia, después de su intervención, el *Corriere della Sera*), y cuando esto no ocurre interviene la censura.

Sin embargo no sólo la libertad de información está limitada por el estado de guerra. Numerosas restricciones atacan los derechos de asociación y de huelga, se reduce el campo de acción de los sindicatos, se establece el requisamiento para las necesidades bélicas y los consejos de guerra amenazan la libertad de los ciudadanos.

LA PRIMACÍA DE LOS MILITARES

En los países beligerantes la política debe hacer frente a la injerencia de los militares. Esto se traduce en un reforzamiento del poder ejecutivo con el consiguiente menoscabo de los representantes del pueblo elegidos en el parlamento. Así se consigue la concentración del poder en manos de un grupo restringido de hombres, pero también la apertura a nuevas alianzas políticas impensables antes del conflicto.

En Alemania, Hindenburg, jefe del Estado Mayor en 1916, y Ludendorff instauran una especie de dictadura militar. El exagerado poder de los generales alemanes se revela como un factor principal para determinar el éxito final de la guerra. Sin embargo, aunque en el régimen militarista del káiser, igual que en el resto del Imperio Austro-húngaro, los poderes del parlamento ya eran limitados antes de las hostilidades, los efectos de la nueva situación se dejan sentir de forma más acusada en las democracias liberales.

PFALZ D III
Es el primer avión totalmente realizado por la alemana Pfalz Flugzeug-Werke. Construido con gran perfección, el avión va armado con dos ametralladoras Spandau gemelas ajustadas en el fuselaje. Provisto de un motor Mercedes de 175 caballos, entra en servicio en agosto de 1917.

PROTAGONISTAS

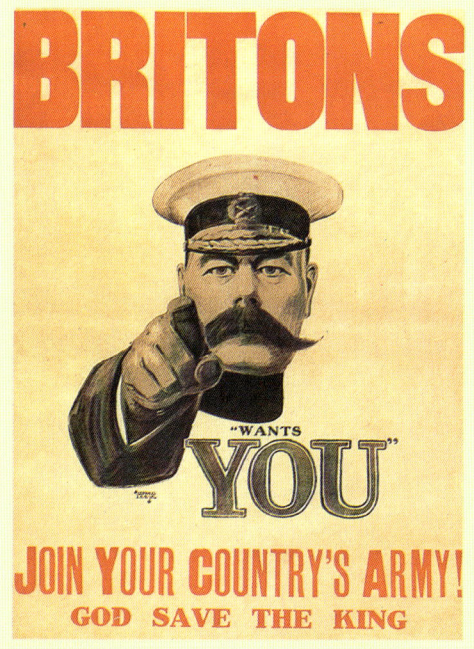

HERBERT KITCHENER

Lord Horatio Herbert Kitchener, nacido en Bally Longford, Irlanda, en 1850, es considerado uno de los mayores artífices de la victoria aliada en la Primera Guerra Mundial.

Voluntario del ejército francés en la guerra de 1870, transcurre gran parte de su vida en las colonias. Como oficial británico, pasa al ejército egipcio, al que organiza y adapta con oficiales ingleses, y del que llega a ser comandante en 1892. La misión en Egipto es la oportunidad de Kitchener de convertirse en héroe nacional. Tiene que reorganizar la presencia británica en el país, después de que, en 1895, la rebelión mahdista de los derviches ha supuesto la pérdida de Sudán y —con la caída de Jartum y la muerte del general Gordon— ha herido el orgullo británico. En 1898 la expedición organizada por Kitchener contra los derviches termina el 2 de septiembre en Omdurmán, donde los cañones Maxim de ocho pulgadas vencen a la caballería mahdista. Kitchener es el primer conde de Jartum. En 1900 es nombrado gobernador general de Sudán, en aquel momento en manos británicas, pero ese mismo año es enviado a Sudáfrica para participar en operaciones de guerra contra los bóers. Tras suceder en el mando al general Roberts, consigue desarticular la guerrilla de los bóers con una conducta tenaz y despiadada (instalación de campos de concentración, represalias, etc.).

Más tarde obtiene la dirección suprema del ejército anglo-indio, al que organiza con criterios completamente distintos, y desarrolla una acción análoga con los ejércitos de Australia y Nueva Zelanda.

Siendo ministro de la Guerra en 1914 debe enfrentarse al problema de la eficacia de un ejército, como el inglés, formado por soldados voluntarios.

Conoce la potencia militar alemana y ve claramente que la guerra no acabará muy pronto. Por lo tanto se impone un programa de renovación de los ejércitos y de su propia organización, que Kitchener lleva adelante con tenacidad, a pesar de la oposición que encuentra en su camino.

Es uno de los principales artífices de la transformación del reclutamiento del ejército inglés, que deja de ser voluntario para convertirse en obligatorio, cosa que instaura en 1916. En mayo de ese año están preparadas 33 divisiones.

Su capacidad de reorganizar a los ejércitos llega a ser tan famosa que incluso el zar le pide su opinión. La nueva misión será fatal. En junio de 1916, el crucero *Hampshire* que lo lleva a Rusia, choca con una mina en las Orcadas. Muere en el naufragio con la tripulación.

A la izquierda, la imagen de Herbert Kitchener utilizada para un famoso cartel inglés, invitando al reclutamiento, y dos imágenes del general inglés.

LA CABALLERÍA INDIA
Las tropas indias participan en el frente occidental y en el meridional.

SALANDRA
También en el caso de este presidente del Gobierno italiano hasta 1916, el poder político está cada vez más condicionado por los militares.

PISTOLA AMETRALLADORA
Una PIAT de dos cañones utilizada por el ejército italiano.

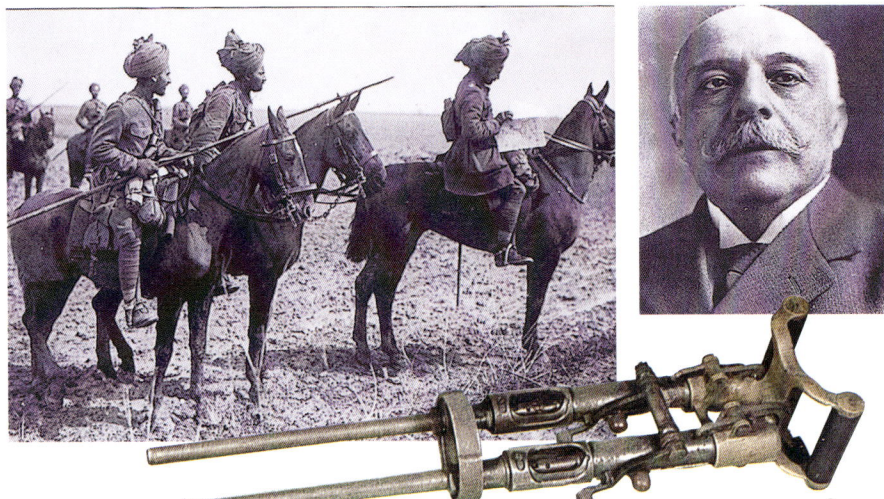

El Gobierno francés, para evitar quedarse estancado en un París asediado, se refugia en Burdeos entre los meses de septiembre y diciembre de 1914. De hecho concede plenos poderes a los generales Joffre (comandante en jefe del ejército) y Gallieni (gobernador militar de la capital y más tarde ministro de la Guerra). Hasta 1916 los diputados franceses no luchan por la posibilidad de visitar el frente. La gravísima situación de emergencia que atraviesa el país conduce a la creación de un Gobierno de Unidad Nacional (del que también forman parte los socialistas), que reúne todas las fuerzas internas al servicio de las directivas de los vértices militares.

En Gran Bretaña, el ministro de la Guerra del Gobierno Asquith, lord Kitchener, fortalecido por el gran éxito de la campaña organizada por él a favor del alistamiento voluntario, asume el control casi ilimitado del esfuerzo bélico. Más tarde su papel se verá reducido por el nombramiento como jefe del Estado Mayor Imperial del general Robertson; aunque de momento, en la gestión de la guerra, Kitchener es quien dicta las leyes.

Después de su muerte, en junio de 1916, el primer ministro Lloyd George encontrará muchas dificultades para disputar a los militares el control de la política de guerra. Incluso en Gran Bretaña, por la excepcionalidad de la contingencia, el Gobierno se abre a una coalición con los partidos de la oposición, y por primera vez un laborista entra en el Consejo de Ministros. Las sustituciones de los comandantes en jefe que se suceden a lo largo del conflicto (de French a Haig por parte de los ingleses, de Joffre a Nivelle y a Pétain por parte de los franceses) dan testimonio de las fricciones –pero también de la mezcla– entre políticos y militares.

LA IMPLICACIÓN DE LOS CIVILES
Uno de los datos más inquietantes de la guerra del siglo XX es la gran implicación de los civiles. Tanto en el frente occidental como en el oriental, columnas de civiles siguen a los ejércitos en retirada. También tienen que convivir con los ejércitos en guerra, como en este caso en el frente de Galitzia.

LA GUERRA EN EL MUNDO

El escenario de los combates de la Gran Guerra es fundamentalmente Europa, pero también muchos países no europeos, más o menos unidos al Viejo Continente por relaciones coloniales, tienen que entrenar a sus tropas, y a veces incluso participar en el conflicto.

Antes de la guerra, el Imperio Británico estaba atravesando una profunda crisis, sobre todo en sus relaciones con sus colonias, que reivindican una mayor autonomía.

A Canadá, Australia, Nueva Zelanda, Sudáfrica y Terranova se les permite participar directamente en la marcha de la guerra, y estos países incluso serán admitidos en la Conferencia de Versalles, por su contribución a la victoria. Los demás componentes del Imperio Británico, buena parte de África y las áreas de Asia y el Pacífico, están menos implicadas en la guerra, con la excepción —muy significativa— de la India, cuyas tropas desempeñan un papel importante en muchas fases del conflicto. El tributo de sangre pagado por las tropas indias a la causa británica será una importante baza en la lucha del nacionalismo indio de los años veinte.

También las colonias africanas colaboran en el conflicto: argelinos

y fusileros senegaleses caen por millares en Chemin des Dames, en Verdún y en Flandes, bajo la bandera francesa.

En el Extremo Oriente, las colonias alemanas del Pacífico son ocupadas por los japoneses, los australianos y los neozelandeses, y la situación se complica después de la revolución rusa. Con la salida de escena de Alemania y Rusia, en el área del Pacífico se refuerzan principalmente las posiciones de Japón y Estados Unidos, dibujando una situación precursora de nuevos conflictos.

En América Latina, la lejanía de los escenarios de guerra favorece un desarrollo económico que permite un periodo de relativa prosperidad. México, Venezuela y Chile se inclinan por los alemanes, mientras Argentina, Colombia, El Salvador y Paraguay están más próximos a los Aliados. En cualquier caso, todos ellos permanecen neutrales.

En España, con la subida al trono de Alfonso XIII en 1902, la Semana Trágica de 1909 y la ruptura de las relaciones con Roma a raíz de la ley del Candado de 1910, la Primera Guerra Mundial es un conflicto demasiado lejano. España opta por la neutralidad, más ocupada en su situación interna que en un conflicto exterior de indefinible alcance.

Abajo, de izquierda a derecha: soldados australianos en una trinchera de Ypres, soldados de las Antillas en la zona de Amiens; dos soldados canadienses con una paloma mensajera en la cumbre de Vimy. Arriba, un soldado inglés de caballería en Palestina y, en el centro, hombres de los batallones sudafricanos durante una manifestación folclórica.

1916
La gran ofensiva

El año de las grandes ofensivas es 1916. Lanzadas unas veces por los Aliados de la Entente y otras por los Imperios Centrales, todas terminan en espantosas matanzas, sin aportar un progreso significativo en el terreno militar a ninguno de los contendientes. Al empezar el año, el bloque de las potencias centrales parece tener la superioridad, pues los ejércitos alemán y austro-húngaro están presentes en territorio enemigo, excepto en el frente italo-austriaco. Especialmente grave para los Aliados se presenta la situación de los Balcanes, como consecuencia del aniquilamiento de Serbia y el fracaso de la operación en los Dardanelos (la retirada del contingente aliado de la península de Gallípoli concluye en enero).

Sin embargo, una vez más, la iniciativa de Alemania y el Imperio Austro-húngaro parece paralizarse por las discrepancias que surgen entre los respectivos mandos supremos. Hindenburg y Ludendorff –en el frente oriental– han proyectado una

EN EL SOMME
(Página anterior).
En el Somme, la infantería inglesa pierde miles de vidas humanas.

REFUERZOS TURCOS
Oficiales turcos de las tropas enviadas para apoyar a los austriacos en el frente ruso.

HOMBRES ACORAZADOS
Los soldados que cortan las alambradas utilizan corazas como ésta.

impresionante ofensiva para someter definitivamente a Rusia, avanzando a través del territorio de la Rumania neutral, sin importarles si se hace con la autorización del Gobierno rumano o abriéndose paso por la fuerza. Sin embargo, para llevar a cabo la operación, Falkenhayn necesita un poderoso apoyo del Imperio Austro-húngaro, pero Conrad se lo niega, porque no tiene la menor intención de retirar efectivos del frente italiano –que sigue siendo, para los austro-húngaros, un frente esencialmente defensivo– en favor del ruso.

De este modo, entre junio y octubre, son los rusos quienes toman la iniciativa, y cuatro ejércitos mandados por el general Brusilov invaden el frente austriaco hasta los Cárpatos, como ya había ocurrido en 1914. Sin embargo el suceso está lleno de consecuencias para el futuro, pues las enormes pérdidas humanas, ante la indiferencia de las cúpulas militares, minan la moral del ejército zarista.

ORIENTE MEDIO
EN EL PUNTO DE MIRA

Sin embargo el ejército ruso no sólo pasa a la ofensiva en el frente europeo. En febrero los rusos –tras interceptar el paso del III Ejército de Enver bajá–, contraatacando a los turcos en el Cáucaso, penetran en los territorios del Imperio Otomano y ocupan Erzurum. Es la capital de uno de los distritos habitados por los armenios, y sobre estos –acusados de traición– cae la ira turca por la derrota.

Los rusos no son los únicos interesados en el reparto de los territorios otomanos. En abril, Francia y Gran Bretaña redactan un acuerdo (llamado Sykes–Pikot, los nombres de los dos negociadores) para repartir las provincias del Imperio Otomano, una vez que sea derrotado. Al terminar la guerra, Mesopotamia y algunos puertos de Siria pertenecen a Gran Bretaña; el resto de Siria, Cilicia y parte del Kurdistán, a Francia; Armenia, parte del Kurdistán y de Anatolia,

UNA DECISIÓN EQUIVOCADA
Tropas rusas en el frente de Galitzia. La decisión del zar de destituir al gran duque Nicolás para asumir personalmente el mando de las tropas es un error cargado de consecuencias. Desde este momento, la guerra y las derrotas militares se identifican con la figura de Nicolás II.

EL GENOCIDIO DE LOS ARMENIOS

Entre las peores atrocidades de la guerra, figura un grave episodio de violación de los derechos humanos poco conocido por la posición obstinadamente «negacionista» del Gobierno turco y la relativa escasez de información. Se trata del genocidio perpetrado por el Estado turco contra el pueblo armenio, llevado a cabo por las excepcionales circunstancias del conflicto: la adopción de leyes de emergencia que limitan el control democrático y parlamentario, así como los derechos de los ciudadanos, la propaganda, la psicosis belicista de la población y la negligencia de la opinión pública internacional.

El enfrentamiento entre turcos y armenios tiene orígenes étnicos y religiosos, surge del proyecto otomano de expansionarse hacia Oriente, para reunir a todos los pueblos de etnia turca. En 1894-1896, Abdul Hamid II inicia una primera oleada de violencia. En 1909, el Gobierno de los Jóvenes turcos, el movimiento autor de la renovación constitucional del país, organiza un segundo ajuste de cuentas.

En Cilicia y Armenia, históricamente ocupadas por los armenios, se producen masacres y detenciones en masa.

Se cuentan más de 300.000 víctimas de una población de unos dos millones de armenios, sin contar las decenas de miles de conversiones forzadas al islamismo y una masiva oleada de emigrantes que huyen del Imperio Otomano.

En 1914, Turquía ofrece sus tropas a Alemania y los Imperios Centrales para luchar contra los rusos. Los armenios otomanos, situados geográficamente en los límites del frente oriental, se alistan en el ejército turco, aunque esto no modifica la desconfianza de que son objeto.

En diciembre de 1914, Enver bajá, que ha asumido el mando del III Ejército, lanza una ofensiva contra el Cáucaso ruso, sin importarle el crudo invierno. El resultado es un auténtico desastre. Un mes después, lo que queda del III Ejército vuelve a cruzar la frontera, perseguido por los rusos que ocupan, durante varios meses, las ciudades armenias de Van, Erzurum y Bitlis. Se presenta una buena ocasión para convertir a los armenios en chivo expiatorio, acusándolos de complicidad con el enemigo ruso y de derrotismo.

Los soldados armenios del ejército otomano son desarmados e inician las deportaciones de la población civil. La elite armenia es arrestada y asesinada, basándose en confesiones de culpabilidad obtenidas a la fuerza. La masacre de los civiles se produce en los caminos que conducen a la deportación, lejos de los observadores internacionales. El mismo destino sufren los armenios de Cilicia, trasladados a los desiertos de Siria o Mesopotamia.

Algunos episodios de resistencia –como el de los «cuarenta días del Mussa Dagh» (un macizo en la frontera con Persia), en el que la intervención francesa pone a salvo a un grupo de 4.000 armenios– no cambian el resultado. A finales de 1916, los únicos armenios supervivientes están en Constantinopla y Esmirna, además de los 300.000 que siguen al ejército ruso en retirada.

Abajo, los principales destinos de la deportación de los armenios. Arriba, Enver bajá en su época de jefe del Gobierno otomano. Tras el final de la guerra, Enver acaba combatiendo en Rusia, para intentar conseguir un poder personal en ese país, agitado por la guerra civil. Muere en 1922 combatiendo contra el Ejército Rojo de Mijaíl Frunze.

PROTAGONISTAS

LAWRENCE DE ARABIA

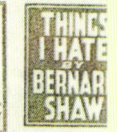

El padre de Lawrence de Arabia, Thomas Chapman, abandonó a su mujer por Sarah Junery, y juntos intentaron ocultar su unión tras el falso apellido Lawrence. Nacido en 1888, Thomas Edward, el segundo de los cinco hijos de la pareja, quedó profundamente marcado por el descubrimiento de la relación ilegítima de sus progenitores.

T.E. estudia en Oxford y, fascinado por la resurrección de la estética medieval y el mundo árabe propia de su época, en 1909 realiza un viaje a Palestina y Siria para estudiar los castillos de los cruzados.

En 1911 acude como arqueólogo del British Museum a las excavaciones de la ciudad hitita de Karkemish, en el Éufrates. Se une, durante este periodo, a un excavador árabe, que tal vez se pueda identificar con el S.A. al que dedica versos de amor, al comienzo de su obra *Los Siete pilares de la sabiduría*. Es probable que, mientras perfecciona sus conocimientos de los dialectos árabes, sea reclutado por el espionaje inglés, interesado por todo lo que tenga que ver con los progresos de la Línea 3B, ferrocarril que une Berlín, Estambul y Bagdad.

En 1914, apoyado por una misión arqueológica, T.E. realiza un mapa en relieve del Sinaí. Al principio de la guerra se le destina al servicio de información de El Cairo, bajo la dirección del Alto Comisario sir Henry Mac Mahon. Encargado de una misión relacionada con Hussein, se convierte en confidente de su hijo Faysal.

En octubre de 1916, se traslada a Arabia como consejero militar de los árabes de Higiaz, que se han levantado contra los turcos. Como otros agentes, T.E. queda atrapado en las redes de un doble juego: por un lado debe manipular a los árabes de acuerdo con los intereses ingleses, y por otro, cada vez más fascinado por el mundo árabe, contempla con entusiasmo la hipótesis de un reino árabe. Como en una especie de dolorosa expiación, Lawrence se impone las pruebas más duras y busca sin cesar la muerte, construyendo al mismo tiempo su propia leyenda de «rey sin corona de los árabes» y quitando a los turcos su inexpugnable Medina el 6 de julio de 1917. Las contradicciones saldrán a la luz terminada la guerra, cuando T.E., ante los repartos anglo-franceses de Oriente Medio y la instauración de la *Pax Britannica,* vea desvanecerse su sueño de un gran reino árabe independiente.

Entonces quiere desaparecer, pero lo persiguen los periodistas de medio mundo y los recuerdos de su aventura, entre ellos el episodio, nunca aclarado, de la violencia sexual sufrida en Der'a, el 20 de noviembre de 1917, que despierta ecos masoquistas y homosexuales en su frágil psique. T.E. no puede sobrevivir a Lawrence de Arabia, y, en 1922, renuncia a su puesto en el Foreign Office para enrolarse en la RAF bajo el falso nombre de John Ross.

En julio de 1935 aparece la primera edición completa de *Los siete pilares de la sabiduría*. «Te amaba, y por ello he moldeado a estas masas de hombres con mis manos y he escrito mi voluntad en el cielo, como estrellas», escribe en los versos que dedica a S.A. La obra es un éxito mundial, pero Ross muere en un accidente de moto, el 19 de mayo de 1935.

A la izquierda, el titular del Daily Sketch *anunciando la muerte de T.E. Lawrence. Arriba, la portada de la primera edición de* Los siete pilares de la sabiduría.

LA GRAN OFENSIVA

LA ÚLTIMA LLAMADA
Cartel australiano para el reclutamiento de voluntarios: un trompeta, herido en el frente occidental, pide ayuda.

EL REY SIN CORONA
1916 es el año de Lawrence, el «rey sin corona» de los árabes, que organiza la revuelta contra el Gobierno turco. El puñal es uno de los muchos recuerdos de aquella extraordinaria aventura.

a Rusia. En realidad, el acuerdo colonial franco–británico es sólo aparente. La diplomacia inglesa trabaja al mismo tiempo en la creación de dos Estados independientes: uno en la región mesopotámica bajo la dirección de Hussein, y el otro en el área del Golfo Pérsico. El objetivo es reforzar el control de las rutas de Suez y la India, y la desembocadura petrolífera de Bassora.

En junio el coronel inglés Lawrence incita a las tribus árabes a sublevarse contra la dominación turca; toma Medina y la sublevación culmina en octubre con la proclamación de Hussein como rey de los árabes. Desde agosto hasta finales de año, los contingentes británicos se enfrentan a las tropas del Imperio Otomano que intentan arrebatar a los Aliados el control del Canal de Suez, hasta que, a principios de 1917, los turcos son expulsados de Egipto y derrotados en Palestina.

EL CRISOL DE VERDÚN Y DEL SOMME

En febrero, Falkenhayn lanza su ofensiva contra el sistema fortificado en torno a la plaza fuerte de Verdún, con la esperanza de asestar un golpe decisivo en la moral de los franceses, apoderándose de una posición considerada inexpugnable. La ofensiva sobre Verdún empieza el 21 de febrero y prosigue durante varios meses, pero los franceses resisten, pagando un precio altísimo. Así, Verdún queda como uno de los símbolos más dolorosos de toda la guerra. El 29 de agosto, por su incapacidad de tomar la ciudad, Falkenhayn es sustituido de su cargo de jefe de Estado Mayor de Hindenburg.

Para romper el asedio de Verdún, el 1 de julio los ingleses inician la Batalla del Somme; también en este frente se combate inútilmente durante meses. Al terminar el año, en el frente del Somme y en el de Verdún han caído en total más de 1.700.000 hombres, 800.000 ale-

ROLLS ROYCE
El bastidor de este carro blindado –modificado para adaptarse al clima de Oriente Medio– es de Rolls Royce Silver Ghost, mientras el motor es un 6 cilindros de 50 caballos. Los neumáticos son macizos para evitar que puedan ser agujereados. La velocidad máxima es de 95 kilómetros por hora.
El armamento está constituido por una ametralladora Vickers, calibre 7,7.

PRIMERA GUERRA MUNDIAL

LA VÍA SAGRADA
Por los 60 kilómetros de esta carretera secundaria que parte de Bar-le-Duc, la única que sigue abierta desde el inicio de la ofensiva alemana, pasan todos los días 3.000 camiones con los suministros destinados a la Verdún asediada. La Voie Sacrée (vía sagrada) es actualmente uno de los monumentos nacionales más queridos de Francia.

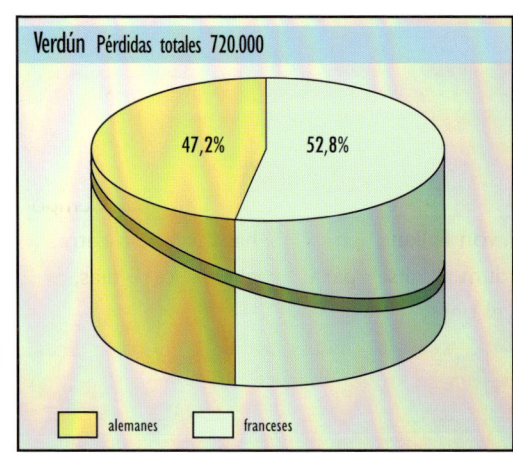

manes, 500.000 franceses y 400.000 ingleses. Ni siquiera bajo el mar hay una parte que aventaje a la otra. Después de que en enero de 1915 los cruceros de batalla ingleses derrotan a los alemanes en Dogger Bank, la flota de alta mar alemana permanece retenida en sus puertos. Más tarde, entre el 31 de mayo y el 1 de junio, en Dinamarca, la flota alemana del almirante Scheer desafía a la inglesa de Jellicoe, y la Batalla de Jutlandia (Batalla de Skagerrak para los alemanes) demuestra que la marina alemana no puede romper el bloqueo inglés. A su vez, la flota austro-húngara, tras llevar a cabo varias incursiones inútiles contra los puertos italianos en el Adriático, queda inactiva. Sólo los submarinos alemanes parecen poder oponerse eficazmente a las naves enemigas. Sin embargo el propio canciller Bethmann-Hollweg se opone a un incremento de la ofensiva submarina por temor a provocar la ira de Estados Unidos.

EXPEDICIONES DE CASTIGO Y «MALOGRADAS»

En mayo, los austriacos lanzan en Italia la «Expedición de castigo», programada hace mucho tiempo por el mariscal de campo, Conrad. Para la operación, que debe permitir a las tropas austriacas penetrar en el Trentino para abrirse paso en dirección a Vicenza y Padua, Conrad ha pedido refuerzos a Falkenhayn; quien, fiel a su estrategia totalmente concentrada en el frente francés, se los ha denegado.

La expedición no obtiene los resultados esperados y termina con la ocupación de Asiago. En la meseta de las Siete comunas, el frente italiano aguanta, y, entre el 4 y el 8 de agosto la sexta «expedición malograda» sobre Isonzo parece dar la razón a Cadorna. «Oh Gorizia estás maldita/ para cada corazón con conciencia», cantan a media voz los soldados italianos en una bella canción de guerra. Sin embargo, pagando el precio de muchas víctimas, el 8 de agosto de 1916 las unidades del III Ejército italiano entran

PROTAGONISTAS

ERICH VON FALKENHAYN

Nace en 1861 de una familia de la aristocracia rural cuyo progresivo empobrecimiento les lleva desde hace muchos años al ejército. Enviado a una misión militar alemana en China, es nombrado instructor de la escuela militar de Nankow, y se distingue en la represión de la revuelta de los bóxer.

Ascendido a general en 1913, sustituye a von Moltke después del Marne. Aunque su decisión de llevar la ofensiva al Este es premiada con el éxito de Gorlice en 1915, la ineficaz ofensiva contra Verdún deteriora su prestigio a los ojos del káiser, cada vez más unido al tándem Hindenburg-Ludendorff.

Apartado del cargo, a finales de 1916 aún tiene ocasión de orquestar su mejor victoria: la campaña que en tres semanas pone fuera de juego a Rumania. Muere en 1922.

BATALLAS

VERDÚN

La víspera de la Navidad de 1915, von Falkenhayn presenta un memorándum al káiser para una nueva ofensiva en el oeste. Esta vez, el objetivo del nuevo ataque alemán es el campo fortificado de Verdún, en el sector meridional, que antes de la guerra la propaganda francesa ha declarado inexpugnable. Falkenhayn cuenta con el efecto psicológico que la caída de la ciudad puede tener en el Gobierno y en Francia.

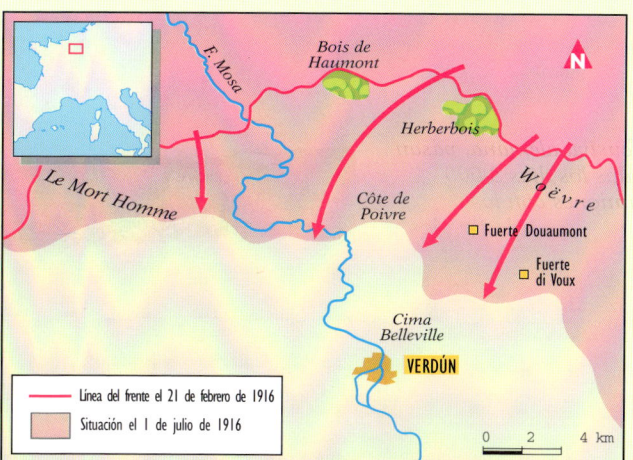

Según los planes, la ofensiva debe limitarse a un sector restringido. El 21 de febrero, después de que el mal tiempo ha obligado a retrasar el ataque 10 días, la artillería alemana empieza a atacar las posiciones francesas. Durante tres días los alemanes embisten las líneas francesas. Hacen pocos progresos, pero la moral de los franceses está por los suelos; los dos batallones del coronel Driant pierden 1.800 hombres de 2.000 el primer día del ataque. El 25 cae el bastión central de las defensas de Verdún, el fuerte Douamont: por un error burocrático los franceses no han preparado las defensas necesarias y una patrulla de nueve alemanes irrumpe capturando 57 artilleros.

El general Langle de Cary decide abandonar la margen derecha del Mosa a los alemanes. Es la solución más adecuada desde un punto de vista estratégico, pero políticamente Verdún no puede caer. Ese mismo día, 25 de febrero, de Castelnau, comandante segundo de Joffre, llega a Verdún y decide mantener la margen derecha a cualquier precio, confiando el sector a Pétain. Éste lanza una serie de furiosos contraataques, alimentados por los refuerzos que llegan a través de la Voie Sacrée, una carretera batida por la artillería alemana, por la que los franceses trasladan hasta 20.000 hombres al día. *Ils ne passeront pas*, «no pasarán», es la gran consigna, y, de este modo, Verdún se convierte en el símbolo de Francia, de su honor —todavía el honor, después de Dreyfus, después del Marne— y de la locura de la guerra.

Ante la alternativa de detener la ofensiva o prolongar el frente, Falkenhayn decide transformar Verdún en una gran batalla de desgaste. ¿Por qué? ¿Qué posibilidades tienen los alemanes, apresados por el bloqueo marítimo, de vencer en una guerra de estas características? Por lo demás, para aligerar la presión sobre Verdún, ¿acaso no decide el inglés Haig, entre junio y diciembre, sacrificar 400.000 soldados británicos en el infierno del Somme?

El 7 de junio capitula el fuerte de Vaux, y el 20 los alemanes están a un paso de conquistar Souville con un implacable ataque de gas. Sin embargo, a primeros de julio, Falkenhayn, preocupado por el frente del Somme, ordena a los suyos pasar a la defensa. Pétain es el héroe de Verdún y es ascendido a comandante del grupo de ejércitos centrales. Su puesto lo ocupa Nivelle, que recoge los frutos de la obstinada resistencia francesa: el 24 de octubre reconquista Douamont, en noviembre el fuerte de Vaux, y el 15 de diciembre un gran avance hace retroceder a los alemanes 5 kilómetros con respecto a sus posiciones del mes de febrero.

Izquierda, infantería francesa (arriba) y alemana (abajo) combaten durante meses en el asedio de von Falkenhayn a la plaza fuerte de Verdún.

BATALLAS

SOMME

La Batalla del Somme representa, en palabras de un oficial alemán, la tumba de barro del viejo ejército alemán. Sin embargo, también los Aliados pagan un precio muy alto, en vidas y medios, por ganar unos pocos kilómetros de territorio.

En la conferencia de Chantilly, en diciembre de 1915, Joffre propone que el verano siguiente, franceses e ingleses ataquen conjuntamente la zona del Somme. La idea es desencadenar una violenta ofensiva capaz de hacer huir al ejército alemán. Las cosas suceden de otra forma. El ataque alemán a Verdún reduce la aportación francesa a la ofensiva, que se apoya sobre todo en los ingleses.

El 1 de julio de 1916 los ingleses atacan; por la tarde se cuentan 20.000 muertos y 40.000 heridos. Es el día más sangriento para el ejército inglés.

Sin embargo, Haig sigue esperando poder romper el frente; el enfrentamiento se convierte en una agotadora e insensata guerra de desgaste. Pasada la ilusión de un avance rápido, el frente del Somme cumple su tarea de distraer a las fuerzas alemanas del frente de Verdún. Una larga campaña de desgaste para minar el potencial adversario.

A finales de verano se asiste a un cambio en la cúpula del mando militar alemán: Falkenhayn —considerado responsable del fracaso de Verdún— es sustituido por Hindenburg. El ejército alemán desarrolla una forma de defensa flexible y construye una sólida línea fortificada en la retaguardia.

Mientras tanto los ingleses han comenzado otra ofensiva en el sector de Flers Courcelette, donde aparecen por primera vez los carros de combate, todavía escasamente acorazados, lentos y torpes.

En otoño, el campo de batalla se convierte en un barrizal. Las lluvias torrenciales transforman las trincheras en un lodazal, haciendo aún más difíciles las condiciones de los soldados. La batalla final, aplazada día tras día a causa de la lluvia, termina el 19 de noviembre. Desde el punto de vista táctico, debemos verla como una derrota alemana, pero el avance territorial respecto a julio es ridículo: una zona de un máximo de 10 kilómetros de profundidad. Las pérdidas entre muertos y heridos son terribles: 620.000 anglo-franceses y 450.000 alemanes.

A la izquierda, un carro de combate Mark I. El tanque hace su primera aparición en el sector del Somme. Arriba, la infantería francesa avanzando: el peso de la ofensiva, destinada a aligerar la presión alemana sobre Verdún, recae casi totalmente en las divisiones británicas.

LA GRAN OFENSIVA

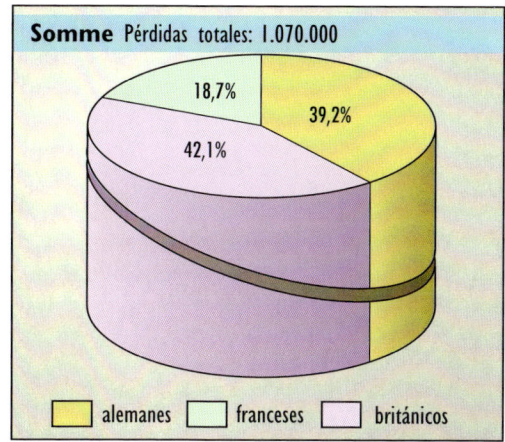

EMBOTELLAMIENTOS
Durante toda la guerra se asiste a la interrupción de los planes ofensivos por una y otra parte. Con mucha frecuencia, lo que hace fracasar una ofensiva son las dificultades en las comunicaciones y los traslados, como en este caso, en el frente del Somme, donde ingleses y canadienses se agolpan en una única carretera de barro.

finalmente en Gorizia. Mientras tanto, en junio, el Gobierno de Salandra es sustituido por el Gobierno de Boselli de «concentración nacional», a excepción de los socialistas.

EL CONFLICTO SE ALARGA

El 27 de agosto, Rumania toma partido contra los imperios. Es una decisión desastrosa para el país y para los Aliados. En efecto, una de las campañas militares mejor organizadas de toda la guerra –un ataque conjunto de turcos, búlgaros y alemanes organizado por Falkenhayn, el «torpedeado» de Verdún– pone al nuevo aliado fuera de juego en pocos meses: el 6 de diciembre los alemanes entran en Bucarest, ocupando un territorio rico en materias primas y dejando al descubierto todo el flanco ruso en el Dniéster.

Portugal entra en guerra en 1916, del lado de los Aliados. Al año siguiente se une Grecia adoptando la misma posición. Gran parte de la Europa que se había mantenido neutral en 1914 se ha visto progresivamente arrastrada hacia el conflicto. Se mantendrán neutrales durante toda la guerra los Países Bajos, Dinamarca, Suecia, Noruega, Suiza y España. A pesar de la neutralidad, las posiciones de cada país difieren entre sí: los suecos son proalemanes, los daneses son contrarios a Alemania, los noruegos son favorables a Gran Bretaña, mientras Suiza vive un conflicto interno entre la población francófona y la de lengua alemana. De todos los países neutrales, España es el más fiel a su postura; preocupada por su situación interna, contempla la Primera Guerra Mundial como un fenómeno demasiado ajeno.

EL DESASTRE DEL SOMME
Heridos ingleses se dirigen a la retaguardia. El ataque lanzado el 1 de julio de 1916, en la zona del Somme, termina en una de las más graves derrotas británicas, aunque, a pesar de ello, Haig se empeña en continuar los ataques hasta el otoño.

PRIMERA GUERRA MUNDIAL

JUTLANDIA, 1916
Los dos contendientes reivindican el éxito de Jutlandia, como aparece en dos carteles (uno alemán y otro inglés) que celebran la batalla. En los dos casos se habla de victoria y los héroes del mar rodean a sus respectivos soberanos, Guillermo II y Jorge V.

La economía de los países neutrales, incluida la española, se ve dañada por el conflicto, en especial por el bloqueo naval impuesto por Gran Bretaña y por la amenaza de los submarinos alemanes para los transportes marítimos.

EL VERDADERO ROSTRO DE LA GUERRA

La guerra cambia el rostro de Europa. La transformación es terrible en todo el frente, donde el paisaje ha cambiado por los bombardeos de la artillería, por las trincheras que atraviesan las llanuras flamencas, por las minas, por los avances del enemigo que van de Bélgica a Polonia, de Trentino a Armenia, ocupando el campo y las ciudades de forma más o menos violenta. En las retaguardias también hay cambios. Allí núcleos menores se convierten en nudos vitales de carreteras y ferrocarriles para transportar hombres y medios, llenándose de una nueva población de soldados, uniformes distintos, lenguas o dialectos diferentes, que proceden de las regiones más variadas del país, de los Estados Aliados o de las colonias.

También ha cambiado la vida en las ciudades alejadas del frente, adaptándose al racionamiento de los recursos y a los apagones nocturnos. Han pasado poco más de diez años desde el primer vuelo de los Wright y la guerra ya experimenta con los primeros bombardeos de la aviación contra blancos estratégicos, fábricas y redes ferroviarias, pero también contra núcleos urbanos. Desde el principio de las hostilidades, los mandos militares han puesto sobre aviso a las autoridades civiles sobre la eventualidad de que la amenaza aérea se dirija directamente contra objetivos civiles. Se preparan medidas preventivas: vigías aéreos, puestos de defensa antiaérea con ametralladoras, cañones y a veces simples fusiles, alarmas para avisar a la población (desde el sonido de las sirenas al de las campanas) y refugios en sótanos y subterráneos.

IRON DUKE
Nave capitana de Jellicoe. Alimentada por cuatro turbinas Parsons (38.000 caballos), alcanza los 21 nudos y tiene un desplazamiento de 25.000 toneladas. Cuenta con 10 cañones de 343, 12 cañones de 152, 5 de 76 y cinco tubos lanzatorpedos. La tripulación está compuesta por 1.022 hombres.

LA GRAN OFENSIVA

BATALLAS

JUTLANDIA

El 31 de mayo de 1916 el almirante Jellicoe cita en el mar del Norte a las escuadras de Jerram y de Beatty para dar caza a la división alemana de cruceros de Hipper, detectada por los servicios secretos de la marina británica. Lo que Jellicoe desconoce es que también está el grueso de la flota del almirante Scheer, por otro lado convencida de enfrentarse a una formación menor.

Jellicoe tiene a su mando 27 buques, entre acorazados y cruceros de batalla, 8 cruceros acorazados, 12 cruceros ligeros y 51 destructores; la escuadra de Beatty consta de 4 acorazados, 6 cruceros de batalla, 14 cruceros ligeros, 27 destructores y 1 portahidroaviones.

Sheer tiene 22 buques de guerra, 1 crucero ligero y 31 destructores, mientras que la escuadra avanzada de Hipper cuenta con 5 cruceros de batalla, 10 cruceros ligeros y 31 destructores.

Está a punto de comenzar la mayor batalla entre acorazados del siglo XX.

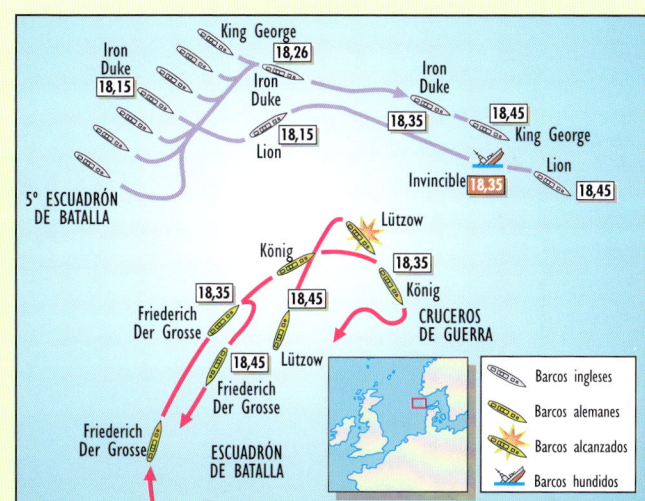

Corresponde a los cruceros de batalla de Hipper y Beatty empezar el enfrentamiento a las 15,48 h. Los alemanes suplen su inferioridad numérica y de calibre con la precisión de tiro, gracias a las mejoras ópticas: en los primeros 12 minutos encuadran el blanco en 12 ocasiones, mientras que los ingleses sólo lo consiguen en cuatro. A las 16,06 h. el *Von der Tann* acierta al *Indefatigable*, que salta por los aires. Cuatro acorazados llegan en ayuda de Beatty, pero a las 16,26 h. estalla el *Queen Mary*, alcanzado por el *Derfflinger*. Hipper se aleja para unirse a Scheer.

Cuando la flota alemana al completo vuelve a la carga, entre los bancos de niebla entra en contacto con toda la escuadra de Jellicoe dispuesta a cortarle el paso. Scheer se salva gracias a una de las órdenes de más difícil ejecución de toda la historia de la marina: un giro de 180° de toda la flota y manteniendo la formación. La maniobra es un éxito. Entonces los cruceros de Hipper dan otro golpe: el *Invincible* del comodoro Hood, acompañado por el *Derfflinger* y el *Lützow*, se hunde con su comandante.

A las 19,00 h. Scheer se encuentra una vez más con la flota inglesa que le corta el paso, por lo que debe repetir la maniobra, protegido por un lanzamiento de torpedos.

A la hora del crepúsculo las dos flotas pierden el contacto. También los alemanes han sufrido duros golpes: el *Lützow* y los cruceros ligeros *Wiesbaden*, *Rostock* y *Elbing*, gravemente dañados, se hunden. Por la noche, Scheer pierde también el crucero *Fraunlob* y el acorazado, ya obsoleto, *Pommern*; los ingleses pierden el acorazado *Black Prince*.

Desde el punto de vista táctico, la Batalla de Jutlandia es una victoria alemana, Jellicoe, que ha dejado escapar la ocasión de un nuevo Trafalgar, sufre duras críticas, pasando el mando de la *Grand Fleet* a Beatty. Sin embargo, desde un punto de vista estratégico, la victoria pertenece a los ingleses, pues, después del enfrentamiento, la Hochseeflotte no volverá a atreverse a aparecer en mar abierto.

La línea seguida por los destructores de la flota alemana que navega por el mar del Norte.

PRIMERA GUERRA MUNDIAL

LA HUIDA
Entre los prófugos de la guerra están también los belgas, que huyen por las carreteras francesas.

MIEDO Y CURIOSIDAD
Los curiosos se agolpan ante una casa bombardeada por un dirigible, en una carretera de Londres.

MAUSER
Funda de una pistola Mauser 1896.

LA IMPLICACIÓN DE LOS CIVILES

La capacidad de los medios aéreos sigue siendo limitada, los ataques son discontinuos y los efectos relativos, pero sin embargo, y a pesar de todo, las incursiones nocturnas de los dirigibles aterrorizan a los habitantes de las ciudades inglesas. Nace la RAF (Royal Air Force), que jugará un papel muy importante, repeliendo la presión de la aviación enemiga durante la Segunda Guerra Mundial. Aunque los bombardeos sobre Londres son solamente un anticipo del *blitz* alemán de 1940, y en 1918 los SVA de la escuadrilla de D'Annunzio bombardean Viena sólo con papelitos tricolor, la guerra moderna demuestra claramente que nadie puede sentirse seguro.

Los mayores sacrificios son arrostrados por los habitantes de las ciudades que sufren la ocupación del enemigo, como las belgas, o las muy cercanas a la línea del frente, como París. Bajo la amenaza de un posible asedio de la capital francesa, huyen los ministros y los parlamentarios, y se asiste a un éxodo en masa de la población civil.

Para los que se quedan, los años de guerra son durísimos: falta carbón para el alumbrado y la calefacción, escasean los alimentos, y, cuando cae la noche, los barrios son sobrevolados en la oscuridad por los Zeppelin alemanes.

La administración ciudadana se hace cargo del intento de aliviar el sufrimiento de las familias de los soldados del frente mediante un programa de distribución gratuita de productos de primera necesidad, y los parisinos refuerzan su estado de ánimo asistiendo a los espectáculos patrióticos que se representan en los teatros de la ciudad.

Pero, sobre todo, es en las coaliciones de las potencias centrales donde las consecuencias de la guerra para los civiles se sienten de forma especialmente dura. En estos casos la economía debe hacer frente a la drástica reducción de los

PROTAGONISTAS

JOHN RUSHWORTH JELLICOE

Nace en Southampton en 1859. Hijo de un oficial de la marina, sirve en la expedición para la liberación de Pekín en 1893 y vuelve herido de la rebelión de los bóxer.

Por interés de Fisher, en 1914 es nombrado comandante en jefe de la *Grand Fleet*. Hasta mayo de 1916 vigila desde Scapa Flow, en las islas Órcadas, el bloqueo de las bases alemanas. De repente, su proceder es juzgado como demasiado prudente por el Gobierno y la opinión pública, que quieren un nuevo Trafalgar. El parcial fracaso de Jutlandia aumenta las críticas, instigadas también por su subordinado David Beatty, aclamado héroe de la batalla a pesar de que su comportamiento había sido cuando menos discutible. Luego se le aparta del mando para ser «ascendido» a primer lord del mar, es decir, comandante en jefe de la marina. Cuando Lloyd George decide probar el sistema de convoyes para la protección de la flota mercante, Jellicoe, que probablemente se opone, es destituido del cargo. Entre 1920 y 1924 ostenta el cargo de gobernador general de Nueva Zelanda. Muere en 1935.

La gran ofensiva

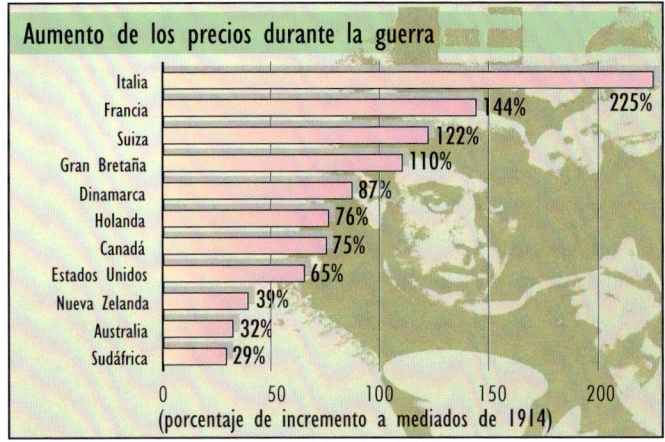

¡Blitz!
Dos Zeppelin han bombardeado Londres. Las incursiones aéreas de los dirigibles sobre la ciudad obtienen escasos resultados desde el punto de vista militar; pero al final del conflicto serán otros 500 los civiles muertos por las bombas alemanas en Inglaterra.

aprovisionamientos derivada del bloqueo naval británico. A diferencia de Francia y sobre todo de Gran Bretaña, Alemania, Austria y Hungría no disponen de un vasto imperio colonial del que poder extraer los recursos naturales necesarios. A medida que el conflicto se prolonga, esta diferencia se hace cada vez más clara como factor determinante para la marcha de la guerra y a favor de los países Aliados.

En Berlín, Viena y Budapest, los civiles tienen que enfrentarse de forma dramática a dos plagas que normalmente van juntas durante una guerra: la inflación y el mercado negro. El racionamiento dispara la espiral de los precios, que en los Imperios Centrales crecen hasta triplicarse y cuadruplicarse entre 1914 y 1918, mientras que en 1917, en Alemania, es el mercado negro el que proporciona casi la mitad de los productos de primera necesidad. Y aunque existen grupos que sacan provecho de la guerra, como los empresarios de suministros militares o los trabajadores de las industrias bélicas, que gozan de salarios elevados –con toda la fuerza laboral en el frente, no hay desempleo–, se precipitan a la pobreza estratos cada vez más amplios de la población.

La rígida política alemana, cada vez más dirigida por los militares, se muestra incapaz de valorar el alcance de las consecuencias de tal emergencia: la prioridad absoluta, en lo que a suministros se refiere, es el ejército; el hambre y las privaciones a las que son sometidos los civiles, sin programa gubernativo alguno para el sostén de la población, desmoralizan al país, comprometiendo el propio aparato productivo. Ante semejante situación, ya crítica, se abate el azote de las malas cosechas: en los meses a caballo entre 1916 y 1917, la escasez de patatas es tal que el nabo se convierte en el alimento básico de la mayoría de la población, de modo que esos meses quedan en la memoria de Alemania como «el invierno de los nabos».

PROTAGONISTAS

REINHARD SCHEER

Nace en Oberkirchen, Hesse, en 1863. Oficial del Estado Mayor de la Hochseeflotte en 1910, tras el estallido de la Gran Guerra toma el mando de la II Escuadra de batalla y se convierte en defensor de la estrategia de ataque directo en los enfrentamientos con la flota inglesa. En 1916 es elegido comandante superior de la marina: el káiser espera una actuación ofensiva en el mar. El 30 de mayo desafía a la flota inglesa de la base de Scapa Flow. El éxito de la Batalla de Jutlandia, favorable a los alemanes por el número de buques hundidos, no cambia estratégicamente los equilibrios y los ingleses siguen manteniendo el control de los mares. Defensor de una estrategia ofensiva y temeroso de arriesgar la flota, Scheer confía en las acciones de los U-Boot. Sólo tras el ascenso a jefe supremo de la marina, en agosto de 1918, prepara una salida resolutiva que nunca se lleva a cabo a causa del amotinamiento de sus tripulaciones, cansadas de la larga inactividad, que precede a los desórdenes que llevan a Alemania al colapso. Muere en 1929.

Primera Guerra Mundial

El invierno
A pesar de que habían partido «para un verano», los soldados tienen que pertrecharse para el tercer invierno de guerra (a la izquierda, en Galitzia).

La virgen en la trinchera
En el frente oriental, estos soldados austriacos han instalado en la trinchera un altar con una imagen de la Virgen.

Se abren grietas en las retaguardias

Durante 1916, la disensión en los enfrentamientos del conflicto comienza a manifestarse abiertamente de distintas formas en el interior de las potencias beligerantes. La respuesta en todas partes es la represión, pues la guerra exige compactar la retaguardia, soldando inmediatamente las grietas que el tiempo abre en las formaciones intervencionistas y en la voluntad de continuar la lucha.

Ningún país puede bajar la guardia. En el transcurso de una manifestación pacifista, Karl Liebknecht, dirigente del ala izquierdista de la socialdemocracia, es arrestado en Berlín. El día del proceso, en el que se le condena a cuatro años de cárcel, Alemania conoce la primera gran huelga de trabajadores de la guerra. En Italia son las mujeres, incorporadas masivamente al mundo laboral, las que avivan la protesta con sus consecuentes manifestaciones callejeras, que a menudo desembocan en enfrentamientos con la policía. En Gran Bretaña la contestación estalla cuando se impone el reclutamiento obligatorio. Apoyando a los disidentes que se niegan a tomar las armas, aparece en escena Bertrand Russell, por lo que es destituido del Trinity College de Cambridge y encarcelado.

Sin embargo la cuestión irlandesa es la causa de los mayores disturbios a los que tiene que hacer frente el Gobierno inglés. Con el estallido de la guerra, la tensión entre irlandeses e ingleses vive un momento de tregua; el propio partido nacionalista invita a sus seguidores a enrolarse, vislumbrando en el sostenimiento del esfuerzo bélico una oportunidad de ganar crédito ante el Gobierno inglés en su demanda de obtención del derecho de autonomía. En abril de 1916, sin embargo, el nacionalismo irlandés renace bruscamente: un grupo de independentistas decide pasar a la acción armada e intenta alzar en armas a Dublín. La represión inglesa es despia-

Defensa antiaérea
Artillería austriaca en posición antiaérea. El desarrollo de la guerra aérea impone la adopción de contramedidas. En este caso, la artillería se ha instalado sobre un montículo de tierra para aumentar su altura. Esta solución es muy eficaz contra blancos lentos, como los dirigibles, o fijos, como los globos cautivos.

ARMAS

EL DIRIGIBLE

De la base de Fuhlsbüttel despegan tres dirigibles Zeppelin al mando del capitán de fragata Peter Strasser el 10 de enero de 1915; el objetivo es bombardear los muelles londinenses sobre el Támesis. La ofensiva es un fracaso; ninguno de los tres gigantes alcanza los objetivos y uno de ellos lanza varias bombas sobre Yarmouth. Sin embargo, los alemanes empiezan a confiar en los dirigibles como arma estratégica.

En los años anteriores a la Gran Guerra, todas las naciones habían mostrado interés por las aeronaves, pero son las fuerzas armadas alemanas —a las que la fábrica del conde Friedrich von Zeppelin suministra modelos cada vez más sofisticados— las que se obstinan en la nueva arma. Lento, pesado y fácilmente identificable, vulnerable en cotas bajas (pues el hidrógeno que lo mantiene es altamente inflamable), el dirigible es en realidad poco apto para la guerra aérea.

Los Aliados lo relegan a funciones de exploración naval con el objetivo de descubrir submarinos enemigos en inmersión. También por parte alemana, las misiones sobre la primera línea pronto se abandonan y el dirigible se utiliza fundamentalmente en el frente oriental. Se instala una base en Jambol, Bulgaria; de ella, en marzo de 1918, el *Zeppelin LZ 59* despega para una misión que lo lleva a sobrevolar Nápoles. Sin embargo, la marina alemana no renuncia al empleo estratégico de los dirigibles en los bombardeos a Inglaterra.

Guillermo II se opone a ceder a las presiones de los militares que, a finales de agosto de 1914, le han sugerido bombardear Londres. Restos de caballerosidad y escrúpulos morales se mezclan en la indecisión del káiser de extender la guerra a la población civil. Sin embargo, en 1915 llega el permiso. Y en efecto, al principio los dirigibles evitan a los aeroplanos ingleses, volando de noche y a cotas inalcanzables, pero 1916 es el año de la derrota. Los ingleses arman a sus aeroplanos con balas incendiarias y sobre todo consiguen interceptar, mediante hidroaviones enviados desde los barcos, a los dirigibles poco después del despegue de sus bases, cuando todavía se encuentran en una cota baja y por lo tanto son muy vulnerables. Al final de la guerra se cuentan 51 incursiones sobre Inglaterra, 37 toneladas de bombas y más de 500 civiles muertos.

El 19 de julio de 1918 siete Sopwith Camel lanzados desde el portaaviones *Furious* destruyen dos Zeppelin en tierra, en la base de Tondern. Es el primer ataque aéreo desde un portaaviones y la derrota definitiva de los dirigibles en su duelo con el aeroplano.

En el centro, dirigible Zeppelin L39, *derribado en el espacio aéreo de Compiègne, Francia, en marzo de 1917; a la izquierda, el rescate de un dirigible italiano abatido por los austriacos en Grado, julio de 1917.*

PRIMERA GUERRA MUNDIAL

EL ESPECTRO DEL HAMBRE
En las ciudades alemanas, el ejército tiene que organizar cocinas de campaña para distribuir comida caliente entre la población.

RECICLAJE
El bloqueo de los Aliados produce sus efectos. Un cartel alemán invita a la recogida de diversos metales para contribuir al esfuerzo bélico.

dada: tras una semana de combates (la Pascua sangrienta) la revuelta es aplacada y sus cabecillas ajusticiados. La opinión pública queda profundamente impresionada, pero los propios irlandeses paralizan el problema de la independencia por una especie de muda lealtad hacia los *tommies* que mueren en las trincheras flamencas. Sólo cuando la guerra termina los dublineses convierten a los protagonistas de la Pascua sangrienta en mártires de la libertad.

LA ECONOMÍA DE GUERRA

Todas las energías de los Estados beligerantes se concentran en la nueva economía de guerra. La prolongación del conflicto quema los recursos humanos y materiales a un ritmo trepidante. Las estructuras económicas y sociales, implicadas en el sostenimiento del esfuerzo bélico, resultan muy condicionadas por la situación. Mientras los frentes cada vez necesitan más hombres, la guerra exige al mismo tiempo un rápido e imponente incremento de la producción de armamento. Los pedidos militares estimulan el desarrollo industrial, especialmente en los sectores siderúrgico, mecánico y químico, y aumenta el poder de los grupos empresariales y financieros privados. Con la clase política cada vez más eclipsada por el poder, el binomio ejército-grandes corporaciones asume el control de las economías nacionales. La intervención estatal está cada vez más presente en la economía, también en el sistema liberal inglés, pero son distintas las modalidades y los resultados de este fenómeno en los diversos escenarios nacionales.

En todos los Estados beligerantes se asiste al nacimiento de organismos encargados de programar y controlar la producción de armamento, y de la economía en general.

En Gran Bretaña, una ley de julio de 1915 crea el Ministe-

HUERTOS DE GUERRA
En 1916, la agricultura europea muestra evidentes señales de crisis. En Austria, la producción es muy escasa, pero se intenta poner remedio, como en el caso de este campo de patatas, surgido de la nada en un suburbio londinense.

PROTAGONISTAS

DOUGLAS HAIG

El primer conde de Bemersyde, nacido en 1861, es hijo de un destilador escocés de whisky. Educado en Clifton y Oxford, entra en el colegio militar de Sandhurst. Se forja en el servicio a la patria, luego en la India y por fin en la guerra contra los bóers. Por su matrimonio se introduce en la corte de la reina Alejandra y se convierte en uno de los principales colaboradores del gabinete Haldane en el momento de la reforma del ejército (1906-1908).

Al estallar la guerra, la defensa de Ypres (octubre-noviembre de 1914) le vale el nombramiento de comandante del I Ejército inglés en Francia.

Tiene gran influencia sobre Jorge V y sus informes confidenciales contribuyen a minar la credibilidad de sir John French, comandante del Cuerpo Expedicionario Británico en Francia; en diciembre de 1915, cuando, tras los fracasos de Champagne y Artois, Londres decide reemplazar a French; Haig lo sustituye.

En julio de 1916, convencido del rápido hundimiento de las líneas alemanas, Haig desencadena la Batalla del Somme. Sin embargo no se produce tal hundimiento, sino, en su lugar, una larga e interminable batalla de desgaste en la que Haig, batallón tras batallón, lanza durante meses centenares de miles de voluntarios que han respondido a la llamada del ministro de la guerra Kitchener. Entre julio y noviembre, la Batalla del Somme cuesta a los ingleses 400.000 víctimas, entre muertos y heridos, casi todos reclutas. La tragedia se repite en la Batalla de Arras (abril de 1917) y sobre todo en la insensata ofensiva en Flandes lanzada en junio de 1917 y obstinadamente prolongada hasta finales de septiembre. Una equivocación que resquebraja la reputación de Haig. Cuando en marzo de 1918, Ludendorff se juega el todo por el todo en la última

ofensiva, Lloyd George prefiere confiar la suerte del mando supremo interaliado al francés Ferdinand Foch, con el que sin embargo Haig colabora perfectamente.

En la última fase de la guerra, con la victoria de Amiens y el brillante empleo de los tanques, los ingleses dan pruebas de haber aprendido durante los cuatro años algunas lecciones importantes.

Terminado el conflicto, Haig se retira. Quizá fue un comandante no mucho peor que otros que, en la Gran Guerra, se encontraron con un cargo de menor responsabilidad. Sin embargo, su falta de imaginación, su frialdad ante las inmensas pérdidas, las responsabilidades adquiridas durante el conflicto, unido a su arrogancia militarista, lo han convertido en el prototipo de la torpeza militar. Muere en 1928.

Dos imágenes de Haig, a la izquierda y arriba (el último a la derecha) junto a Joseph Joffre, el presidente francés Poincaré, el rey Jorge V de Inglaterra y Ferdinand Foch. Es el año 1916, durante un encuentro en el castillo de Val Vion.

PRIMERA GUERRA MUNDIAL

WALTHER RATHENAU
Rathenau (1867-1922) es el principal organizador de la economía de guerra alemana. Personalidad de gran relieve de la República de Weimar, en la postguerra será ministro de la Reconstrucción y luego de Asuntos Exteriores. Odiado por los conservadores y los antisemitas, pero también poco querido por la izquierda, Rathenau acaba siendo asesinado en 1922.

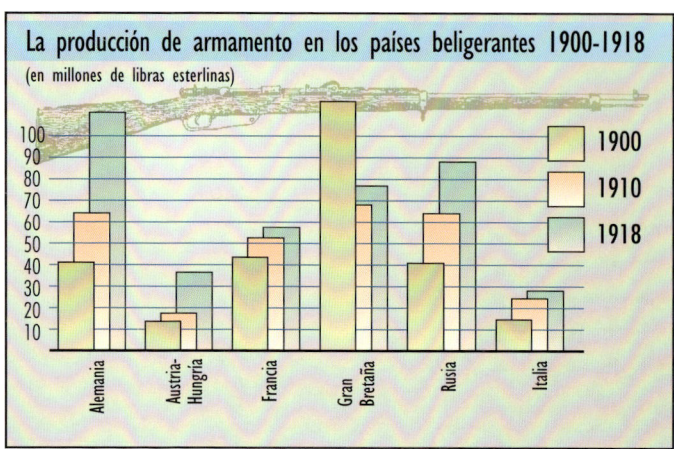

rio de Armamento. Al frente del mismo se nombra a David Lloyd George, para quien tan importante cargo supone un trampolín con el que llegar a primer ministro. Una vez al frente del Gobierno, Lloyd George demuestra sus dotes de líder enérgico para un país en guerra; en 1917 impone un rígido control estatal a la economía, nacionalizando 200 fábricas e imponiendo los precios a las industrias suministradoras de material bélico.

Francia, dirigida por un Gobierno de coalición, pone al frente del Ministerio de Armamento y Fabricaciones de Guerra a un socialista, Albert Thomas. Su proyecto de una «economía organizada» y «colectiva», en la que el Estado interviene para regular la actividad de las empresas capitalistas y los sindicatos se comprometen en la gestión del esfuerzo bélico, se muestra muy eficaz. También en Italia nace un Ministerio de las Armas y Municiones, a cuyo frente está el general Dallolio; aquí, sin embargo, sigue siendo débil el control del Gobierno sobre los empresarios (los «tiburones» de la industria, contra los que tiene ocasión de lanzar sus diatribas el economista Einaudi), que tienen las manos libres para asegurarse abusivos márgenes de beneficio inflando el precio del material bélico suministrado.

Alemania, que parte con desventaja porque el bloqueo aliado le impide la llegada continua de materias esenciales, organiza antes y mejor que otros una economía centralizada, bajo el férreo control de las cúpulas militares. Entre 1916 y 1918, Hindenburg y Ludendorff son prácticamente los únicos que supervisan la economía bélica del país. Walter Rathenau, presidente de la compañía eléctrica AEG, dirige el sector. Como guía del KRA (Kriegsrohstoffabteilung), Departamento de Materias Primas Estratégicas, Rathenau pone en marcha el «socialismo de guerra», una economía bélica cuidadosamente planificada que, a pesar de su nombre, no elimina ningún elemento del capitalismo.

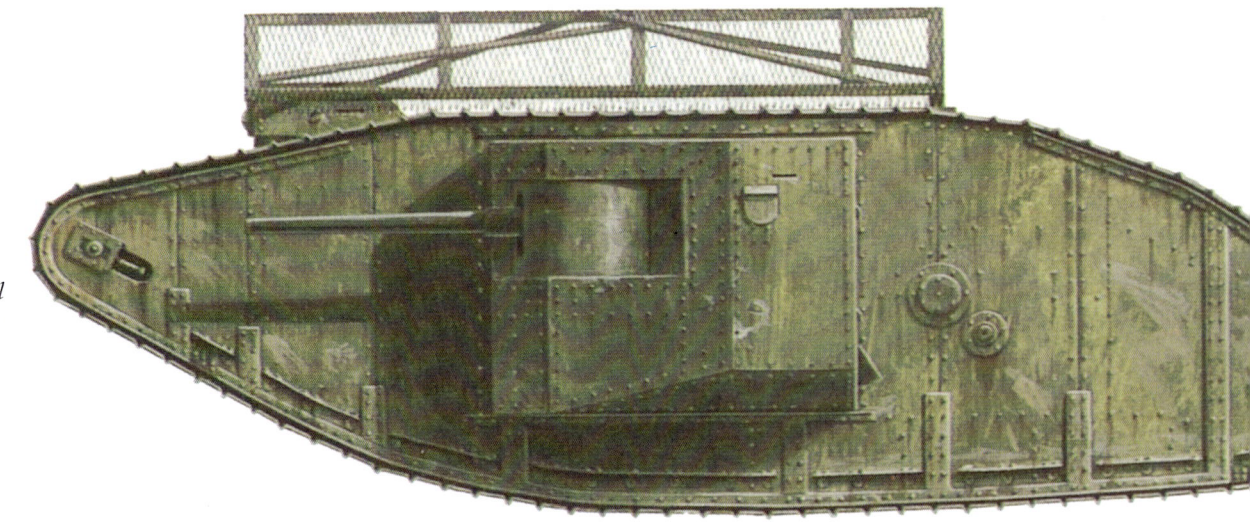

MARK I
El primer carro de combate está provisto de un motor de gasolina de 105 caballos y alcanza a duras penas los 6 kilómetros por hora. Armado con dos cañones de 57, tiene un blindaje máximo de 12 mm. El dispositivo de rueda posterior sirve para ayudar al carro en las maniobras, pero más tarde es abandonado porque resulta demasiado vulnerable. Permanece en servicio hasta 1917, cuando es sustituido por el Mark IV, más eficaz.

ARMAS

EL TANQUE

El 15 de septiembre de 1916, en el frente del Somme, las divisiones británicas atacan a las líneas alemanas. Es en este momento cuando hace su primera aparición el tanque: 50 unidades, modelo Mark I. Diseminados en grupos de tres en apoyo de la infantería, atraviesan la tierra de nadie, se abren paso a través de las alambradas y sobrepasan las trincheras. Todavía se trata de máquinas poco eficaces, pero cambiarán la forma de hacer la guerra.

En 1914, los ingleses ya piensan en algo similar. En Dunkerque, el teniente de la marina Samson blinda tres automóviles con láminas de caldera. La idea gusta y Londres establece en Dunkerque la primera fábrica de blindados. Sin embargo aún son vehículos descubiertos y un grupo de oficiales ingleses empieza a estudiar la posibilidad de fabricar vehículos totalmente acorazados; entre ellos está el comodoro Sueter, el coronel Swinton, el contralmirante Bacon y el proyectista naval sir Tennyson d'Eyncourt. La marina, con su experiencia en blindaje, juega un papel fundamental en el desarrollo de la nueva arma. Para no levantar sospechas entre los obreros que trabajan en el nuevo proyecto, Swinton les dice que se trata de depósitos de agua móviles para las tropas que luchan en Palestina y Mesopotamia. El primer modelo lo constituyen dos tractores acoplados sobre los que montan una pieza de artillería. Durante una prueba ante técnicos de la War Office acaba vergonzosamente bloqueado por una trinchera de poco más de un metro. Menos de un año y medio después, en mayo de 1915; los primeros tanques ingleses están en el frente del Somme. A pesar del efecto psicológico que produce en la infantería alemana, la nueva arma no resulta resolutiva. En 1916, cuando Haig decide su utilización en el Somme, los tanques son pocos y mal empleados. Los mandos necesitan tiempo para captar las potencialidades del nuevo medio.

A las 6,20 h del 20 de noviembre de 1917, en el frente de Cambrai, sin el habitual bombardeo de preparación, 1.000 cañones comienzan a batir las líneas alemanas, mientras 381 tanques entran en tierra de nadie, esta vez seguidos, y no precedidos, por la infantería: penetran cinco kilómetros en las líneas alemanas. Sin embargo, también esta vez la fuerza de avance del nuevo medio se malgasta. Los tanques, por otro lado todavía poco fiables —al final del día, 114 quedan inmovilizados por una avería y 65 son destruidos—, se detienen de acuerdo con el esquema clásico de la guerra de posiciones, esperando refuerzos y temerosos de seguir el avance a lo largo del frente. Sólo hacia el final de la guerra, en la Batalla de Amiens (agosto de 1918), los ingleses empiezan a vislumbrar qué es lo que puede producir una acción en profundidad de los tanques, coordinada con la infantería y la aviación como apoyo táctico. El fruto de la semilla lanzada será recogido por otros. En 1940, las divisiones acorazadas de Guderian, sobre ese mismo frente, perforarán las líneas francesas sin preocuparse de lo que pasa a su alrededor. La lección de Cambrai ha sido aprendida.

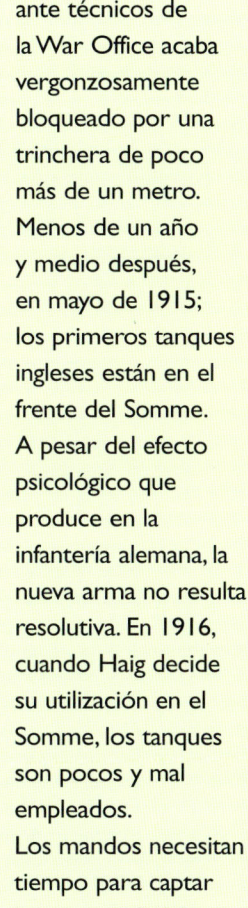

Arriba, un tanque ligero francés Renault, armado con una ametralladora Hotchkiss y un tanque inglés embarrancado en el fango durante la Tercera Batalla de Ypres (1917).

Primera Guerra Mundial

El emperador ha muerto...
Francisco José (arriba, a la izquierda, en un cartel húngaro) muere en Viena el 21 de noviembre de 1916, a los 86 años.

¡... Viva el emperador!
A Francisco José le sucede su sobrino Carlos I (arriba, a la derecha, pasando revista a las tropas).

El KRA opera por medio de instituciones que vigilan sus suministros a la industria, programando estrategias para el envío de las materias y para la búsqueda de sustitutivos. Durante un tiempo, el sistema da óptimos resultados; a lo largo de la guerra, la industria alemana conoce un desarrollo prodigioso, especialmente en algunos sectores como el aeronáutico. Sin embargo, con el paso del tiempo –a diferencia de los ingleses que ponen, a pesar de todo, los intereses de la comunidad por encima de los de la gran industria–, el autoritarismo alemán, llevado al terreno de la economía, resulta contraproducente, pues reforzando el poder de los industriales mientras el país pasa hambre origina profundos contrastes sociales que amenazan las mismas estructuras productivas.

En el terreno de la economía de guerra, uno de los factores determinantes que juega a favor de los Aliados es la extensión de los imperios coloniales de los países que forman parte de ella: un fondo inagotable de recursos humanos y materiales. Para sostener la prolongación del conflicto, Gran Bretaña puede contar con el envío de hombres de los dominios y las colonias. Al final de la guerra, el número de caídos de Canadá, Australia, Nueva Zelanda, India y Sudáfrica alcanza la cifra de 200.000. Australia instala industrias bélicas en su territorio y envía a su costa mano de obra para trabajar en los establecimientos ingleses, mientras la India contribuye suministrando 100.000 animales de carga a las tropas británicas que combaten en Mesopotamia.

Desde este punto de vista, Alemania aparece más débil, pues el dominio colonial del Reich está además constituido por territorios distribuidos como manchas de leopardo, rodeados de colonias de los Aliados. Durante la guerra, las posesiones alemanas, ante la imposibilidad de conectar con la metrópoli, van cayendo una tras otra.

Una escala fundamental
Boulogne, no lejos de los puertos del Canal de la Mancha, es uno de los principales centros de clasificación de los suministros que llegan al frente occidental desde todos los rincones del mundo. Para dirigir este inmenso tráfico, se emplean casi 200.000 peones reclutados en las colonias.

ARCHIVOS DE GUERRA: LA PROPAGANDA

La propaganda es una guerra particular que alcanza a civiles y militares. Una guerra que se combate a golpe de falsas noticias, fotomontajes y pasquines. Cada una de las partes acusa a la otra de barbarie, mientras los mejores talentos de las artes gráficas se ponen al servicio de la guerra. **1. Música.** Una banda militar alemana toca por las calles de Lodz, ciudad de Polonia ocupada a finales de 1914. **2. La atrocidad del enemigo.** Una enfermera de la Cruz Roja alemana se niega a asistir a un herido británico; es un pasquín inglés. **3. En la colonia.** Un cartel para mantener la contribución de las tropas indias a la guerra. **4. Barras y estrellas.** En Estados Unidos se pide la suscripción de préstamos de guerra. **5. Al cine.** En un cine parisino se proyecta una película sobre la contribución inglesa a la lucha en Francia. **6. ¡Nosotros, bárbaros!** Un manifiesto alemán devuelve al remitente la acusación de barbarie. **7. No consumir demasiado.** Las familias inglesas deben cambiar su ritmo de vida disminuyendo el consumo para no ayudar a los alemanes.

PRIMERA GUERRA MUNDIAL

EN LA COTA MÁS ALTA
Un alpinista utiliza un rudimentario teleférico en el frente de los Alpes orientales.

LOS ANIMALES EN LA GUERRA
Veterinarios de un regimiento de caballería alemán. En el ejército combatiente, que tiene una continua necesidad de moverse y transportar suministros, los animales de carga no son menos importantes que los hombres.

LA PRIMERA «GUERRA INDUSTRIAL»

La Gran Guerra también se distingue de otros conflictos por ser la primera «guerra industrial». Entre 1915 y 1917, todos los países involucrados en el conflicto se ven obligados a reestructurar sus economías industriales; en efecto, de repente surge la convicción de que las reservas son totalmente insuficientes para mantener el esfuerzo bélico que se necesita. Así, por ejemplo, a falta de un incremento de la producción, dos meses después del estallido de la guerra, Francia ya ha consumido sus municiones para la artillería pesada. En todas partes la fabricación de productos para el ejército –armamento, medios de transporte, material para el reforzamiento de las líneas ferroviarias– aumenta de forma vertiginosa.

En Italia –donde la era de las máquinas encuentra entusiastas en Marinetti y los demás futuristas–, entre 1915 y 1918, la producción de ametralladoras pasa de 613 a 19.904 unidades, los automóviles de 9.200 a 20.000, y las municiones disponibles, de 10.400 a 88.400 balas diarias. Los gastos de la guerra son una carga para los presupuestos de los Estados, que buscan hacer frente a sus respectivos déficits recurriendo a operaciones diversas: préstamos públicos perpetuos (en Alemania), aumento de los impuestos directos (en Inglaterra), emisión de empréstito público e incremento de la circulación monetaria (en Italia y Francia).

Se incrementa la mano de obra empleada en los sectores de la industria ligados al esfuerzo bélico. Para cubrir los huecos dejados por los hombres llamados al frente se recurre a las mujeres, así como a la mano de obra colonial y extranjera. En Francia, al terminar la guerra, de los casi 1.700.000 que trabajan en la industria bélica, 497.000 son militares, 430.000 mujeres, 425.000 civiles, 133.000 menores de 18 años, 108.000 extranjeros, 61.000 procedentes de las colonias y 40.000 prisioneros. El fenómeno más eviden-

PROTAGONISTAS

HENRI PHILIPPE PÉTAIN

Nace cerca del Pas-de-Calais, en 1856. Empieza la carrera en infantería. En 1914 sólo es coronel y al estallar la guerra recibe el mando de una brigada. Los éxitos le llevan primero a jefe de la sección 33 en la Segunda Batalla de Artois (mayo de 1915) y luego del II Ejército en septiembre de 1915, durante la ofensiva de la Champagne. Su carrera sufre un vuelco cuando se le envía a contener el ataque alemán en Verdún. En mayo de 1917 es llamado a sustituir a Nivelle en el mando supremo del frente occidental y debe afrontar, aunando firmeza y humanidad, el descontento del ejército francés. Sin embargo, en 1918, queda subordinado a Foch. Mariscal de Francia, entre las dos guerras dirige en Marruecos las tropas franco-españolas contra los rebeldes del Rif. En 1940, firma el armisticio con los alemanes y establece la sede de su Gobierno en Vichy, tratando de limitar los males de la derrota. Procesado y condenado a muerte por alta traición en 1945, es indultado por De Gaulle, y muere en prisión en 1951.

LA INDUSTRIA BÉLICA

El periodo previo a la guerra se caracteriza por una carrera armamentística dirigida a la acumulación de medios de guerra, que sin embargo se muestra insuficiente de cara a las exigencias del conflicto. Faltan fusiles, cañones, medios motorizados y los proyectiles se terminan a las pocas la economía bélica. En Francia, el Estado financia el nacimiento de nuevas industrias o la reestructuración de las viejas, mientras en Inglaterra la Munition War Act de 1915 pone la industria bélica bajo el control del Estado. Italia también tiene que dotarse de los instrumentos necesarios para afrontar la nueva situación. En 1915 se establece un nuevo organismo, el Subsecretariado para las Armas y las Municiones, que pasa a ser ministerio en 1917, dirigido por el general

En Italia –un país que según el último censo elaborado antes de la guerra (1913) tenía 36 millones de habitantes–, la mano de obra empleada en la industria mecánica supera el medio millón de personas durante el transcurso del conflicto bélico. El capital de conocidas empresas como FIAT llega a decuplicarse. Naturalmente, el crecimiento productivo es más significativo en aquellos sectores en los que la demanda producida por la guerra es más alta.

semanas. Se necesita abrir nuevas fábricas, ampliar las ya existentes e incrementar la productividad del trabajo. La producción de la industria bélica se convierte en un elemento decisivo para la seguridad del Estado y por este motivo queda bajo control público, llevándose a cabo incautaciones e interviniendo en el reparto de las materias primas; a los trabajadores se les prohibe cualquier forma de reivindicación sindical, como si fueran soldados en vez de obreros.

En Alemania, a finales de 1914, se abre una Oficina de Materias Primas de Guerra, con objeto de programar

Alfredo Dallolio. En el momento en que la actividad de una empresa se considera necesaria para los objetivos de la guerra, es declarada «auxiliar», y tanto la producción como el personal se ponen bajo control militar. Al principio los empresarios miran con recelo esta medida, pero cuando se dan cuenta de que con ello se aseguran trabajo, materias primas, exoneración de los que están pendientes del servicio militar, y que reciben importantes anticipos sobre los pedidos estatales, cambian de actitud. A finales de 1918 las empresas «auxiliares» son casi dos mil.

En general, el desarrollo de la industria bélica conlleva importantes elementos de cambio respecto al pasado. Asesta un golpe al modelo liberal y nace una economía moderna, programada, centralizada y organizada por el Estado, que también tiene en cuenta el empleo de las mujeres en la industria pesada.

Una fábrica de cañones ingleses en Coventry y un cartel de la Rusia prerrevolucionaria que anima a las mujeres a mantener el esfuerzo bélico de la industria.

EL ARTE Y LA GUERRA

La Gran Guerra inspira a muchos artistas. En todos los países beligerantes, los pintores se trasladan al frente y, a algunos, incluso sus Gobiernos les encargan que acompañen a las tropas combatientes para que retraten la realidad del conflicto. Alguno, como el pintor expresionista alemán Franz Marc, cae en el campo de batalla.

Los artistas de guerra utilizan los cánones tradicionales, y se proponen suscitar sentimientos patrióticos, aunque no faltan los experimentos atrevidos.

Los artistas de guerra, encargados de realizar obras propagandísticas, además de su misión oficial, crean, a pesar de todo, obras de un estilo nada convencional y con durísimos contenidos. El pintor inglés Christopher Nevinson, por ejemplo, adopta las ideas cubistas y se adhiere al futurismo de Filippo Tommaso Marinetti, aunque muy pronto la cruda realidad de la guerra sustituye la ilusión por el horror, y sus cuadros lo representan de forma

violencia de la guerra. Carlo Carrà, tras el periodo futurista, conoce a Giorgio De Chirico, con quien funda la pintura metafísica, que recupera, tras la exaltación de la violencia y de la guerra expresadas por el futurismo, una dimensión más reflexiva e inquietante.

Las corrientes artísticas de los tiempos de guerra se proyectan hacia el futuro, y son muchas las vanguardias artísticas que, en estos años, experimentan nuevos lenguajes. Dos grandes artistas como Pablo Picasso y Jean Cocteau, poeta, dramaturgo y pintor, colaboran en la realización del manifiesto Parade, fusión entre estilo cubista y lenguaje popular. Los dadaístas crean su arte del absurdo, negando cualquier postura racionalista y desbaratando formas y significados.

Los pintores alemanes expresan con tonos terriblemente dramáticos su reacción ante la guerra. Otto Dix, aunque inicialmente fascinado por el conflicto, va revelando progresivamente un desagrado cada vez más profundo por el mundo militar. En sus cuadros, los cuerpos de los soldados parecen árboles marchitos, mientras heridos y mutilados vagan como espectros por los campos de batalla.

También George Grosz, que se enrola muy joven como voluntario, descubre pronto que la guerra es la manifestación y desahogo de la bestialidad humana, y la retrata de una forma cruda y despiadada en sus cuadros.

Los grabados populares representan una producción artística que ilustra perfectamente esta mezcla de pintura tradicional y de vanguardia, elaborada con fines patrióticos. En Francia, los grabados de Epinal exaltan las virtudes del pueblo francés.

Durante la Primera Guerra Mundial, artistas franceses como Guy Arnoux o Raoul Dufy glorifican el pasado y el presente de su nación, mostrando además las terribles vicisitudes bélicas con imágenes naif de gran belleza.

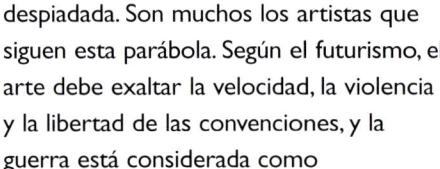

despiadada. Son muchos los artistas que siguen esta parábola. Según el futurismo, el arte debe exaltar la velocidad, la violencia y la libertad de las convenciones, y la guerra está considerada como un fenómeno positivo para la liberación de la energía de los pueblos, hasta el momento en que realmente se desencadena con su terrible brutalidad. Umberto Boccioni, ferviente defensor italiano del intervencionismo, se enrola voluntario y muere durante el conflicto. En sus cuadros representa con vigor la ciega

Los pintores de la guerra: arriba, Autorretrato, *de Otto Dix;* Gaseados, *de John Singer Sargent; y* Tren blindado, *de Gino Severini.*

LA GRAN OFENSIVA

CEGADOS
La foto de estos soldados ingleses –sacada en el frente occidental– ha sido fuente de inspiración para el cuadro de John Singer Sargent Gaseados *(página 112). El gas más famoso de la guerra es el sulfuro de etilo biclorado, un gas vesicante, más conocido como iperita, por la localidad de Ypres, donde los alemanes lo experimentan en julio de 1917.*

te –y socialmente más importante– es la entrada de las mujeres en el mundo laboral, que se produce al mismo tiempo que el abandono del campo. Muchas mujeres sustituyen a los hombres en los trabajos de la economía interna (en los campos, pero también en los oficios y profesiones durante mucho tiempo de exclusivo dominio masculino: herreros, dentistas, conductores, ferroviarios), y otras son reclutadas en las fábricas, sin excluir las de armamento, muy necesitadas de mano de obra. De este modo aportan su contribución a la empresa bélica.

LOS SOLDADOS EN EL FRENTE Y EL MUNDO CIVIL

En 1918, en Gran Bretaña, hay más de 800.000 obreras, y en Italia 180.000, dato igual de relevante para un país mucho menos industrializado. Al final de la guerra, los hombres vuelven y reclaman sus puestos, pero la breve e intensa experiencia bélica es fundamental para el camino de la emancipación femenina. Los soldados han intentado mantener el contacto con este mundo civil que vive tan rápida evolución. Escriben desde el frente para tranquilizar a sus familias. Las postales sin franqueo, proporcionadas a los soldados por los mandos militares, aunque lleven sencillas frases ya impresas, abarrotan los servicios de correos, que se ven con serias dificultades para responder ante el enorme flujo.

NUEVOS PAPELES PARA MUJERES NUEVAS
En los depósitos de municiones (como, en este caso, en un campo inglés en 1917), en las fábricas, trabajando de camareras o conductoras de tranvía, las mujeres sustituyen a los hombres que están en el frente, y entran a la fuerza en el mundo laboral.

FOSAS COMUNES
Caídos rusos en la Batalla de Gorlice. Para cientos de miles de soldados, el destino es una fosa común en la que se amontonan los cuerpos. En la mayor parte de los casos, nadie se preocupa de averiguar la identidad de los enemigos caídos.

Desde sus hogares, las familias intentan comunicar a los hombres que están lejos que se encuentran bien, y tanto en el frente como en los campos de prisioneros, la llegada del correo es uno de los momentos más importantes del día. Una carta rompe el tedio de las interminables esperas en la trinchera, alivia un poco las privaciones y el miedo, crea la ilusión de que se mantiene el contacto con el mundo, perdido desde antes de la guerra.

Todos quieren escribir, aunque gran parte del ejército está compuesto por campesinos y trabajadores modestos. La censura está alerta, pero el movimiento de las cartas y las postales es demasiado intenso para que todo pueda ser controlado, pues los soldados son las verdaderas voces de la guerra, capaces de expresar sinceramente los estados de ánimo, el cansancio, la angustia, la incapacidad de entender qué sentido tiene el sufrimiento que se ven obligados a soportar.

¿POR QUÉ SEGUIR MURIENDO?

Sin embargo, a pesar de que la guerra se va revelando como una gigantesca masacre que no conduce a ninguna parte, los hombres siguen combatiendo. En 1916, el fenómeno de las deserciones surge de un modo creciente, aunque, en general, los soldados de los dos bandos continúan firmes en sus puestos, muriendo detrás de las alambradas, destrozados por la artillería o asfixiados y quemados por el gas.

Como los combates se prolongan durante meses, es imposible dar sepultura a los muertos. Hacinados en el fango o en el calor de las trincheras, o encerrados en las lóbregas galerías de los fuertes, atormentados por los parásitos y las ratas, los hombres también acaban acostumbrándose a la presencia constante de los cadáveres de amigos y enemigos caídos, a la visión de los compañeros heridos.

LO QUE QUEDA
A pesar de ser muy resistentes, las trincheras quedan destrozadas por los bombardeos de la artillería. De esta trinchera en el frente occidental, ocupada por los austriacos, ha quedado muy poco: solamente la garita de cemento ha resistido el bombardeo.

EL ROSTRO DE LAS CIUDADES

La guerra cambia el rostro y el ritmo de las ciudades. Sobre todo las que están cerca del frente. Sin embargo, también se convierten en tierra de soldados, grandes áreas de frontera. Hombres de otras regiones, que hablan dialectos incomprensibles, o militares aliados que se mezclan en una torre de babel de lenguas, costumbres y culturas diversas.

La vida es frenética durante el día, mientras de noche la oscuridad sumerge a las ciudades en una penumbra medieval. El riesgo de bombardeos sobre objetivos civiles se perfila claramente desde el inicio del conflicto. Realmente, al principio aún se puede sonreír, como los parisinos que, todas las tardes del mes de septiembre de 1914, esperan el paso de un solitario

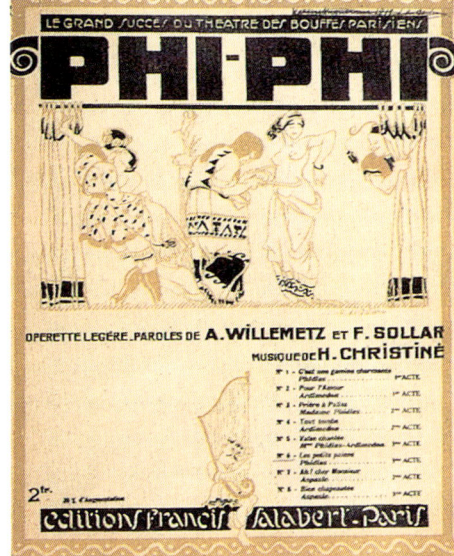

explorador Taube alemán. Dicen que es «la hora del Taube», como podrían decir que es la hora del té... «el *five o'clock Taube*», escribe Barzini.

Sin embargo las cosas cambian. Se preparan formas de defensa, con puestos de escucha y de vigía, y control aéreo proporcionado por células fotoeléctricas y ametralladoras. Las autoridades civiles organizan refugios de emergencia, recurriendo a castillos y murallas. Las alarmas antiaéreas se emiten con las sirenas, o con campanas, y ante este sonido, toda la ciudad queda en suspenso.

La población civil, desde siempre maltratada por las guerras, a partir de este conflicto es arrasada por los efectos devastadores de las nuevas técnicas de destrucción, capaces de trasladar el horror de las trincheras a las casas, disparando desde lo alto, de improviso.

También en las ciudades más protegidas de los horrores de la guerra la vida cambia radicalmente en la estructura del trabajo, en los suministros y en la vida social. Por las calles se pueden ver mujeres repartiendo cartas, sirviendo las mesas de los cafés y conduciendo los tranvías. Han sustituido a los hombres que, día tras día, parten hacia el frente.

Tres aspectos de la vida en las ciudades durante la guerra. Abajo, las ruinas de Termonde, en Bélgica. Arriba, a la izquierda, la policía de Londres vigila un edificio destrozado por las bombas alemanas; a la derecha, partitura de canciones sacadas de una opereta de éxito, publicada en París en los años de guerra.

PROTAGONISTAS

EL BARÓN ROJO

Un caza inglés desciende al campo de Cappy. Deja caer un mensaje: «Al cuerpo de aviación alemán. El caballero barón Manfred von Richthofen ha muerto en combate el 21 de abril de 1918 y ha sido enterrado con todos los honores militares».

Quizá por un disparo de las trincheras en los alrededores de Amiens, o quizá por las ráfagas del piloto canadiense Arthur R. Brown, el Barón Rojo ha salido de la historia para entrar en la leyenda.

Nacido en 1892, en una familia de la aristocracia prusiana, Manfred llega a oficial de los ulanos en torno a 1911. En Bélgica y Francia, la guerra le muestra su verdadero rostro: los caballos se hunden en el barro, la ametralladora abre terribles agujeros, los ulanos van a pie o se ven reducidos a tareas de reconocimiento y enlace. El aeroplano es la nueva arma capaz de devolver su nobleza al caballero, primero en Rusia como observador, y luego en Francia como piloto de caza. Ahí encuentra el aeroplano que le hará famoso, el pequeño Fokker al que, para destacar, pinta de rojo. A su alrededor se forma el Circo Volante, una escuadrilla de vivísimos colores, temida por los pilotos aliados. Antes de caer en el cielo de Amiens, Richthofen ha conseguido 81 victorias reconocidas, aunque sus victorias reales quizá sean 100.

Sin embargo, los éxitos no bastan para explicar la fama de Richthofen, y aunque sea él quien encarne la guerra aérea de 1914-1918, también hay muchos otros que sólo fueron inferiores a él por el número de victorias: los héroes franceses René Fonk (75 victorias) y Georges Guynemer (54), el inglés Edward Mannock (73), el canadiense William Arvey Bishop (72), el alemán Ernst Udet (62), el italiano Francesco Baracca (34) o el norteamericano Eddie Rickenbacker (26 victorias en cuatro meses).

No obstante, en la figura de Richthofen se concentran varios elementos del mito: la contraposición entre modernidad (el aeroplano, la Gran Guerra) y pasado (la aristocracia, la caballería); el inconfundible perfil de su triplano; el hecho de ser «un héroe enemigo» con sentido del honor. Así, y más que cualquier otro jinete del aire, el mito del Barón Rojo mantiene viva —aparte de la carnicería de Verdún— la ilusión de que la guerra es un gran juego en el que se muere joven y querido por los dioses. Y si se muere, es para seguir viviendo en la leyenda.

Entre 1939 y 1945, 30 años después, el mayor Erich Hartmann conseguirá 352 victorias con su Me-109. Es el héroe de los héroes, pero pocos lo recuerdan.

Arriba y abajo, el famoso triplano Fokker Dr I, *con los colores del Barón Rojo. A la izquierda, Manfred von Richthofen, el gran héroe de la guerra aérea.*

POR BOSNIA Y POR EL IMPERIO
Como súbditos de Viena después de la anexión de Bosnia Herzegovina, también los musulmanes de Bosnia participan en el ejército imperial y regio.

LA ILUSIÓN
La vuelta a casa está muy lejos de la imagen idílica y encantadora de esta postal francesa.

El único apoyo procede de la solidaridad del grupo y del consuelo espiritual de los capellanes militares. En la moderna guerra de masas, el soldado es poco más que un número en la balanza de los efectivos o los caídos. Por ello, la correspondencia responde a la necesidad psicológica de mantener vivo el vínculo con un ambiente al que se confía plenamente en regresar, pero también es importante salvaguardar, mediante una forma de relación con los parientes o los amigos, los elementos de una individualidad que la vida en el frente, por su naturaleza despersonalizada, tiende a aniquilar como jamás antes de este momento.

Sin embargo, el débil vínculo con la normalidad se rompe durante los permisos. Para muchos, volver a casa es una gran desilusión. El país y la gente han cambiado: las mujeres no han esperado, los hijos de los ricos han evitado la guerra, los «emboscados» se han enriquecido. Después de meses de guerra, el soldado es un extraño que ya no reconoce a su propia familia, a su propia gente. Regresa del permiso inestable, deprimido y receloso. La propaganda intenta zurcir estos desgarrones, pero «traicionados» por un hogar que ya no reconocen como suyo, ajenos a los ideales de una guerra cuyos objetivos son cada vez más oscuros, abandonados por los generales que nunca ven lo que ocurre en primera línea, los soldados acaban refugiándose en el «espíritu del cuerpo», reconstruyendo su «real» red de relaciones y solidaridad en la escuadrilla, el pelotón, la compañía. Se trata de lazos que se estrechan en el aislamiento, bajo las bombas o durante el asalto. Entonces el batallón se convierte en la verdadera familia y la trinchera en la verdadera casa.

LA CASA Y LA TRINCHERA
Entre los soldados de la Gran Guerra se desarrolla un sentido de pertenencia al grupo, al batallón, sin precedentes. La duración de la guerra, su crudeza, el progresivo desarraigo de la familia y el país de origen, hacen que al final la trinchera y el batallón sean para muchos su «verdadera» casa.

1917
El año más largo

La guerra está en un callejón sin salida en 1917. Mientras todos los frentes son el escenario de los enormes esfuerzos ofensivos de los Estados europeos, ya agotados por el compromiso bélico, se producen dos acontecimientos que modifican las relaciones entre las distintas fuerzas: la intervención directa de los Estados Unidos del presidente Wilson en el conflicto y el estallido de la revolución en Rusia, con el consiguiente fin de la autocracia zarista.

En el mes de diciembre de 1916, de un modo sorprendente, Guillermo II toma la iniciativa y presenta una oferta de paz. En realidad, la maniobra alemana, dirigida a mejorar la imagen de una Alemania agresiva y responsable de la guerra, es fundamentalmente propagandística; pero, como contrapartida, no está dispuesta a abandonar Bélgica ni los territorios franceses ocupados. Así pues, los Gobiernos aliados hacen oídos sordos a la propuesta del káiser. La única salida del conflicto es la victoria militar de uno de los dos bloques beligerantes.

PRIMERA GUERRA MUNDIAL

PLANOS DE BATALLAS
(Página anterior).
El káiser Guillermo II comparte el creciente entusiasmo de Hindenburg (a la izquierda) y Ludendorff (a la derecha).

VICTORIA EN ORIENTE
1917 es decisivo para la aventura de los Aliados en Mesopotamia: en primavera, los ingleses reconquistan Kut (a la izquierda) y en marzo entran en Bagdad (a la derecha).

BAJO EL MAR Y EN EL DESIERTO

La búsqueda de una solución militar requiere, sin embargo, una exacerbación de la lucha armada, capaz de producir un cambio significativo en cualquiera de los escenarios de operaciones, y en este momento los alemanes deciden forzar el bloqueo naval británico.

Tras el éxito incierto de la Batalla de Jutlandia, al final de la primavera de 1916, Alemania prefiere no arriesgar sus acorazados en un choque frontal con la *Grand Fleet*. La flota alemana permanece inactiva y bloqueada en sus puertos del mar del Norte y el Báltico, y sólo los submarinos parecen tener en jaque al enemigo. Como consecuencia de las presiones de Hindenburg y Ludendorff, el Gobierno alemán se decide a jugar la carta de la guerra submarina indiscriminada.

A finales de enero, los Estados neutrales son informados de que, a partir de ese momento, los submarinos alemanes hundirán sin previo aviso a los mercantes de cualquier nacionalidad que sean sorprendidos en zona de guerra. En Alemania no se hacen excesivas ilusiones de que el recurso a la guerrilla submarina no termine por empujar a Estados Unidos a incorporarse al campo de batalla del lado de los Aliados, cosa que sucede en el mes de abril. No obstante, se confía en el tiempo, inevitablemente largo, que tardarán en movilizar y trasladar a las tropas norteamericanas a Europa. Con el aliado francés completamente exhausto, Gran Bretaña, una vez aislada en el mar, se verá obligada a pedir la paz en pocos meses, antes de que la contribución militar estadounidense pueda ser determinante.

En este intervalo, los ingleses se arriesgan a dar un vuelco a la campaña en Mesopotamia. En febrero, una nueva expedición británica reconquista Kut y remonta el Tigris hacia Bagdad. El 11 de marzo, la caballería británi-

LA GUERRA EN EL ADRIÁTICO
Un hidroavión Macchi vuelve a la base y un grupo de marineros se prepara para amarrarlo. Los italianos y los austro-húngaros utilizan habitualmente los hidroaviones como cazas y como antisumergibles. Los Macchi italianos de las bases de Grado, Goro y Venecia se enfrentan a los Hansa-Brandenburg de los austriacos.

ARMAS

EL SUBMARINO

El 7 de mayo de 1915, frente a las costas irlandesas, el submarino alemán U-20 torpedea al transatlántico *Lusitania*. El hundimiento de la nave, con más de mil pasajeros muertos, es uno de los episodios más notables de la guerra. En él se unen la fuerza de la nueva arma submarina con el terror de ser acechado desde las profundidades, en una guerra que empieza a no distinguir límites y objetivos.

Al comienzo del conflicto casi todas las marinas de guerra disponían de submarinos para tareas de reconocimiento y misiones audaces de infiltración en los puertos enemigos. Su arma más importante es el torpedo.

Sin embargo, son lentos y vulnerables; por eso su principal objetivo son los mercantes, a los que un submarino que emerge de improviso puede ordenarles detenerse y hundirlos a cañonazos. En algunos casos de caballerosidad, se les da tiempo para que desalojen a la tripulación. Todas las marinas utilizan esta nueva arma. En julio de 1915, en una semana los austriacos torpedean a los cruceros italianos *Amalfi* y *Garibaldi*. En los Dardanelos, ingleses y franceses utilizan los submarinos para paralizar el comercio turco en el mar de Mármara, arrasando el puerto de Estambul. Sin embargo, es sobre todo Alemania la que desarrolla el uso de la nueva arma desde el punto de vista estratégico, después de que la Batalla de Jutlandia demuestra que la flota de superficie no vence a los ingleses.

Los U-Boote son el arma ideal para forzar el bloqueo de los ingleses, llevando el desafío al Atlántico, desbaratando las rutas mercantiles, amenazando la seguridad de las conexiones con Estados Unidos y las colonias, difundiendo el terror y la inseguridad entre las distintas tripulaciones. Las protestas estadounidenses y la indignación internacional por el hundimiento del *Lusitania* obligan a limitar el uso del arma a blancos «legítimos». Sin embargo, en febrero de 1917, el Gobierno alemán, dirigido por Ludendorff, declara la guerra submarina indiscriminada, iniciando la Primera Batalla del Atlántico. Sólo en abril de 1917, los U-Boote hunden 395 barcos,

pero en noviembre, el número de buques torpedeados en un mes desciende a 116. A los submarinos se les responde recurriendo al reconocimiento de la zona de navegación, utilizando cargas de profundidad, organizando convoyes que pueden ser defendidos por unos pocos destructores y construyendo más mercantes: en los últimos meses de la guerra, la relación entre navíos hundidos y nuevos navíos en circulación es de uno a tres. La Primera Batalla del Atlántico se ha perdido. Los submarinos alemanes buscarán la revancha 30 años después.

Interior de un submarino alemán, y el submarino inglés E-11 recibido triunfalmente tras el hundimiento del acorazado turco Haireddin Barbarossa *en el mar de Mármara. Es el año 1915, durante la campaña de Gallípoli.*

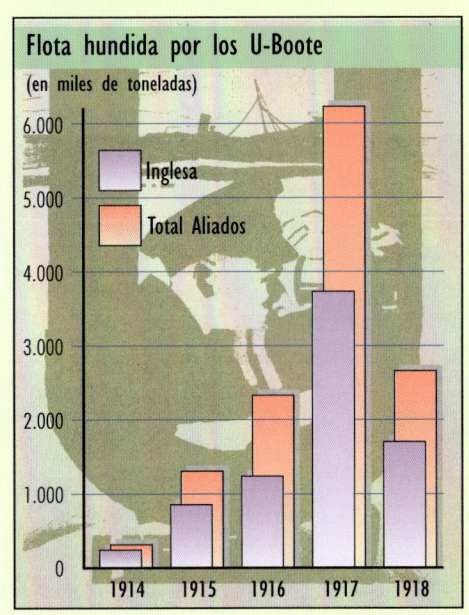

Sopwith
Triplanos ingleses Sopwith en una base francesa.

La importancia de la defensa
La ametralladora asume cada vez mayor importancia en el transcurso de la guerra. Los alemanes (la fotografía está tomada en el fuerte de Vaux, en Verdún) son de los primeros en descubrirlo.

ca entra en la ciudad. Las tropas otomanas también retroceden ante el ímpetu de los árabes de Lawrence de Arabia, que en julio conquistan el puerto de Aqaba en el mar Rojo, considerado inexpugnable. Con el apoyo de la guerrilla árabe, los ingleses del general Edmund Allenby dirigen la ofensiva hacia Palestina y Siria. Al Toro, como apodan a Allenby los suyos, Lloyd George le ordena algo muy sencillo: tomar Jerusalén en Navidad. La campaña de Palestina es durísima por las difíciles condiciones climáticas y la falta de agua, pero en diciembre la caballería de Allenby entra en Jerusalén.

En el transcurso del año, además de Estados Unidos, los Aliados ganan a Grecia para la causa, país que entra en guerra después de que Francia y Gran Bretaña apoyen el derrocamiento del monarca Constantino, de tendencias filoalemanas; y también a China, cuya intervención no se refleja significativamente en el terreno militar.

El infierno de Chemin des Dames

En el frente occidental, a lo largo de la primavera, el enfrentamiento entre las fuerzas anglo-francesas y el ejército alemán parece inclinarse gradualmente a favor de los primeros. Alemania opta por una táctica tenazmente defensiva, y la retirada alemana es lenta y ordenada. En marzo, las tropas se repliegan a la línea Hindenburg, un complejo de fortificaciones, búnkers enterrados y posiciones atrincheradas que, fácilmente defendibles y con una menor dispersión de fuerzas, permiten una larga resistencia.

Por el contrario, cada día parece más difícil mantener el espíritu combativo de los soldados franceses, entre cuyas filas, debido a las enormes pérdidas sufridas y a los sacrificios inútiles, se desata un creciente descontento. En otoño de 1916, el joven y audaz general Robert Nivelle sustituye a Joffre al frente del ejército francés, prometiendo una decisiva y rápida victoria.

PROTAGONISTAS

ROBERT GEORGES NIVELLE

Nace en Francia, en 1856. Entre 1914 y 1916 asciende desde el mando de un regimiento de artillería al de un cuerpo del ejército. Dirige con éxito el contraataque francés en Verdún y reconquista la plaza fuerte de Douaumont en una brillante acción que combina artillería e infantería. En 1917 se compromete a destruir las líneas enemigas utilizando su método ofensivo a mayor escala, y el primer ministro inglés, Lloyd George, al que no le gusta Haig, acepta poner bajo su mando las tropas inglesas para este ataque masivo. A causa del sangriento fracaso de la ofensiva en Chemin des Dames, es inmediatamente sustituido por el general Pétain. Enviado al norte de África, deja de participar en el frente occidental. Muere en 1924.

BENEDICTO XV
Giovanni Della Chiesa sube al solio pontificio a la muerte de Pío X, en 1914, e intenta hasta el último momento preservar el papel mediador de la Iglesia.

EL HÉROE DE VERDÚN
Henri Philippe Pétain dialogando con Jorge V.

En abril, Nivelle lanza un ataque masivo en la Champagne, al norte de Reims. Las posiciones alemanas están bien defendidas, pero la necesidad de transportar grandes cantidades de materiales impide el lanzamiento de la ofensiva francesa. A pesar de las promesas de Nivelle, la Batalla de Chemin des Dames, por el nombre de la carretera que bordea el río Aisne, termina en la enésima carnicería.

A consecuencia del fracaso, Nivelle es sustituido por otro héroe de Verdún, Henri Philippe Pétain, pero los esfuerzos por mantener a raya a las tropas desmoralizadas y los graves actos de insubordinación que se producen convulsionan a más de la mitad de sus divisiones. Entre julio y noviembre, el Cuerpo Expedicionario Británico, ahora al mando de Douglas Haig, vuelve a lanzarse a una violenta ofensiva en Flandes. También la Tercera Batalla de Ypres, o de Passchendaele, en cuyos alrededores se combate, supone pérdidas enormes y no comporta resultado alguno.

LA VOZ DE BENEDICTO XV

En agosto, la autorizada voz del papa Benedicto XV, elevado al solio pontificio en 1914 a la muerte de Pío X, se alza condenando la terrible masacre que está ensangrentando Europa. En los enfrentamientos de la guerra, el papado siempre ha mantenido, hasta este momento, una postura neutral, censurando al mismo tiempo el hundimiento del *Lusitania* y el bloqueo marítimo que está llevando el hambre a Alemania. Sin embargo, ahora el Vaticano ve con creciente preocupación la suerte, cada vez más incierta, del catoliquísimo Imperio Austro-húngaro, y, temiendo su disolución, promueve una negociación de paz con la intención de devolver el equilibrio de las potencias europeas al estado prebélico.

El documento del pontífice, enviado «a los dirigentes de los países beligerantes», suscita fuertes protestas por parte de las potencias Aliadas, especialmente en los am-

LA COLINA DE LOS CANADIENSES
Un destacamento canadiense avanza en la zona de Arras. En abril de 1917, los batallones canadienses que forman parte del Cuerpo Expedicionario Británico ocupan los altos de Vimy. La ofensiva tiene como finalidad diversificar el centro principal de operaciones en Aisne, pero la conquista de Vimy resultará muy importante para la campaña del año siguiente.

Primera Guerra Mundial

LA VIDA COTIDIANA
La vida del soldado no es solamente un combate tras otro. La vida en el frente también está llena de tareas rutinarias, como en el caso de estos soldados de infantería austriacos, que están pelando patatas.

KOMMANDO
El escudo de un comando militar austriaco.

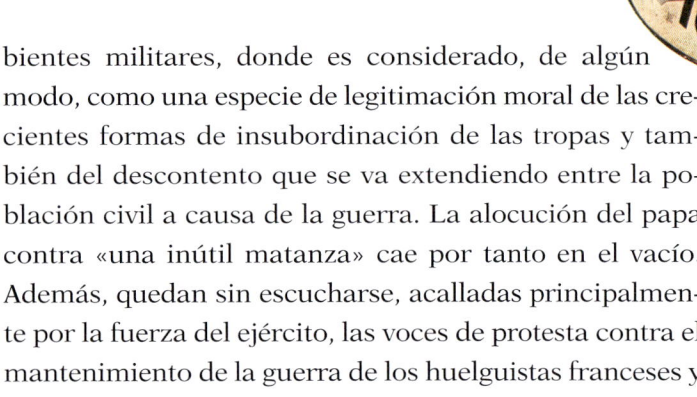

bientes militares, donde es considerado, de algún modo, como una especie de legitimación moral de las crecientes formas de insubordinación de las tropas y también del descontento que se va extendiendo entre la población civil a causa de la guerra. La alocución del papa contra «una inútil matanza» cae por tanto en el vacío. Además, quedan sin escucharse, acalladas principalmente por la fuerza del ejército, las voces de protesta contra el mantenimiento de la guerra de los huelguistas franceses y de los obreros de Turín que se amotinan en agosto.

LA PÁGINA NEGRA DE CAPORETTO

Aún está lejos el momento en que la carnicería llegue a su fin. En Isonzo, Cadorna, indiferente al desgaste a que se somete al ejército combatiente, persevera en la táctica de los envites, y en 1917 se lanzan tres nuevas ofensivas contra las líneas enemigas.

En junio, entre la décima y Undécima Batalla de Isonzo, Cadorna intenta reconquistar la cima de la Ortigara, situada entre Asiago y la Valsugana, una posición ocupada por los austriacos durante la *Strafexpedition* del año anterior. «La tumba de los alpinos», como es recordado el monte a partir de ahora, se convierte en el escenario del enésimo enfrentamiento inútil, cuyo resultado supone la pérdida de la flor y nata de los batallones italianos.

La Undécima Batalla de Isonzo, el combate más sangriento de todos y también la operación militar italiana más significativa, lleva a la conquista de la meseta de la Bainsizza. Sin embargo, los soldados están extenuados, y Cadorna responde a la insubordinación con tribunales militares y fusilamientos.

Mientras tanto, en el lado contrario, en marzo de 1917 el mariscal de campo Conrad, tras la derrota sufrida en

STURMTRUPPEN
En el transcurso de la guerra los alemanes perfeccionan el uso de las patrullas de asalto. Se trata de batallones que reciben adiestramiento y equipamiento superiores al de la infantería de línea. También utilizadas por el ejército austro-húngaro, las Sturmtruppen juegan un papel determinante en la derrota de las líneas italianas en Caporetto.

BATALLAS

CAPORETTO

Al amanecer del 24 de octubre de 1917, un ejército austro-alemán ataca a los italianos en el sector de Plezzo y Tolmino, en la conjunción entre el I y II Ejércitos. Unidades especiales, entre las que se encuentra la del teniente Erwin Rommel, arrollan las defensas aún atónitas, rompen el frente y amenazan cercar al III Ejército.

Es el caos. En pocos días una multitud en desbandada, que ya no obedece a las órdenes y que los altos mandos no pueden reorganizar, se retira hacia el Piave. Las cifras son impresionantes: 11.000 muertos, 29.000 heridos, casi 300.000 prisioneros y 300.000 prófugos. El Friuli ha sido ocupado.

Cuando Napoleón explicaba la derrota de sus soldados en Waterloo, decía que en un momento el pánico puede apoderarse de los soldados y debilitar las tropas más aguerridas. Al día siguiente de Caporetto, en un comunicado anulado con retraso Cadorna responsabiliza a las tropas del desastre: «La falta de resistencia de las unidades del II Ejército, que se retiraron vilmente sin combatir o ignominiosamente se rindieron al enemigo...».

Sin embargo, Caporetto no es una derrota militar como las demás, sino el episodio clave de la Gran Guerra italiana. Convulsiona la retaguardia reavivando los altercados y las polémicas entre los defensores de la neutralidad y los defensores de la intervención. Obliga a replantearse la estrategia ofensiva a ultranza y a reorganizar la economía de guerra sobre bases más sólidas. Se trata de una derrota con consecuencias militares (la sustitución de Cadorna impuesta por los Aliados) y políticas (la formación de un nuevo Gobierno). Como había sucedido con ocasión del desastre africano en Adua en 1896, la guerra, la derrota, se convierten en la prueba del propio Estado unitario, de sus límites y sus pecados originales.

Caporetto no es ni el fenómeno de la vileza descrito por el mando supremo ni un ejemplo de amotinamiento. Es el derrumbe de un ejército cansado y desmoralizado, llevado a la guerra sobre la base de una disciplina férrea, al que se le pide una obediencia ciega.

Los soldados no disparan contra los oficiales; simplemente no escuchan, desahogan el cansancio moral y físico, de cada uno y de todos, dirigiéndose hacia la llanura. Una vez llegados al Piave se dejan reorganizar por los oficiales y vuelven de nuevo al ataque. Planteada con el objetivo de defender el país, después de 1917, la Gran Guerra de los italianos será distinta.

Arriba, material abandonado por el ejército italiano en retirada en noviembre de 1917. A la izquierda, prisioneros en un campo de concentración austriaco.

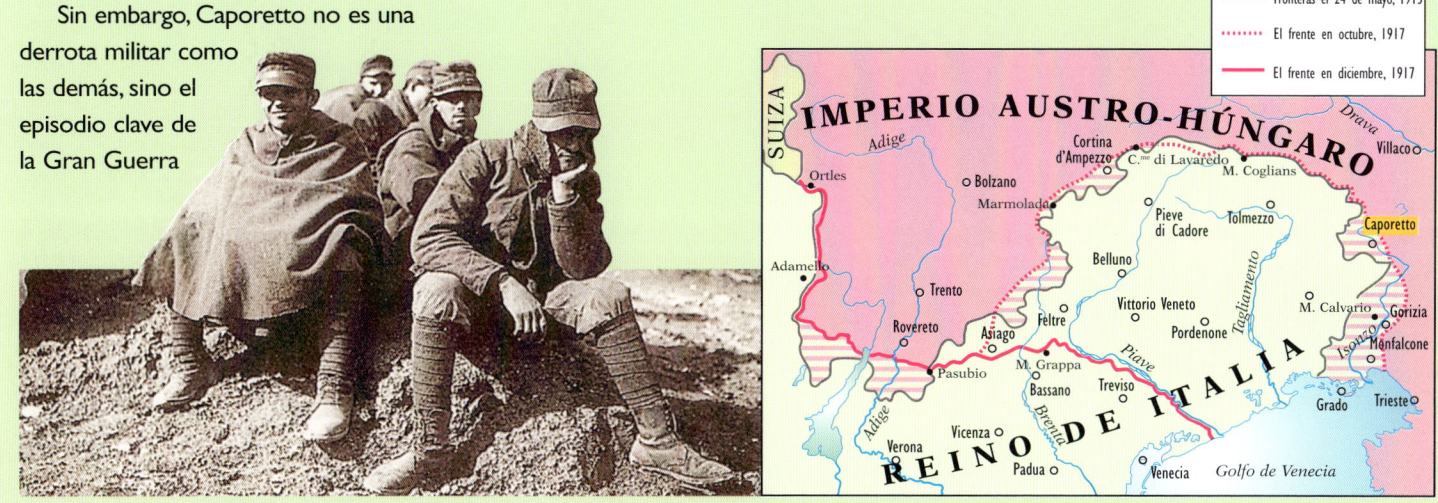

Primera Guerra Mundial

CAPORETTO
Tras la derrota del 24 de octubre, la retirada italiana se detiene en el Piave, en diciembre de 1917.

ALBERT THOMAS
El ministro socialista de Armamento, Albert Thomas, emprende un viaje a Rusia, en marzo de 1917, para hacer propaganda de la continuación de la guerra al lado de los Aliados.

Trentino, la pérdida de Gorizia y la retirada de Galitzia en su enfrentamiento con los rusos, es destituido por el mando supremo de las fuerzas austro-húngaras y su puesto es ocupado por el general von Straussenberg.

Como consecuencia del derrumbe político en Rusia, que desde marzo vive pendiente de los sucesos revolucionarios, los Imperios Centrales han visto cómo ha disminuido la presión en el frente oriental y pueden hostigar con más fuerza el frente italiano. En octubre, en Isonzo, una masiva ofensiva austro-alemana, dirigida por el general Below, arrolla en las proximidades de Caporetto las líneas italianas del general Capello. El frente se rompe y el enemigo irrumpe sin oposición en la llanura véneta.

La guerra de trincheras y las estériles ofensivas de la estrategia de Cadorna, así como el férreo autoritarismo de los mandos, han abatido a las tropas italianas. Los soldados tiran las armas y los oficiales ya no se arriesgan a retenerlos. Boselli es sustituido por Vittorio Emanuele Orlando, y en estas circunstancias críticas todas las fuerzas políticas se unen en torno al nuevo ministro. También es destituido Cadorna y Armando Diaz ocupa su puesto. Sin embargo la derrota no provoca, como esperan los Imperios Centrales, el colapso italiano. Con gran esfuerzo se reorganiza el ejército con el aporte de nuevas levas jovencísimas («los muchachos del 99») y la defensa italiana se consolida en la línea Grappa-Montello-Piave.

EL FIN DE LA AUTOCRACIA ZARISTA

Durante el último año la situación interna de Rusia se va agravando cada vez más. Después de las victorias alemanas y austro-húngaras en Galitzia, las tropas están desmoralizadas, la cosecha de cereales es escasa, la cadena de distribución ha desaparecido, los precios no hacen más que subir

SCHWARZLOSE 08/15
La ametralladora austriaca más famosa del conflicto es un arma sólida, eficaz y económica, cuya producción empieza en 1907. Se reconoce por su característico apagallamas cónico, destinado a reducir la llamarada del disparo. Su cadencia máxima de tiro es de 350 disparos por minuto y tiene un alcance máximo de 2.400 metros.

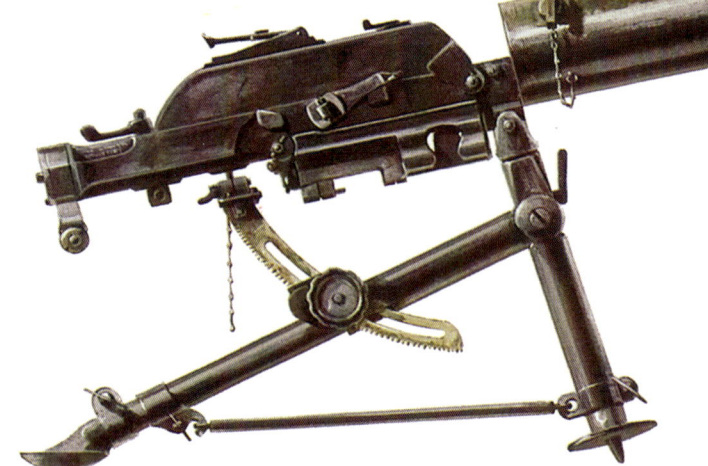

EL AÑO MÁS LARGO

RUSIA DIVIDIDA
Después de la revolución de febrero, Rusia queda dividida: mientras los defensores de la guerra (arriba, a la derecha) se manifiestan para que el conflicto prosiga, los bolcheviques de Lenin (arriba, a la izquierda, en 1918) hablan de paz.

«LA CHISPA»
El encabezamiento del Iskra, *fundado por Lenin en el exilio, en 1900.*

en un país en guerra que no puede contar con estructuras productivas.

La autocracia del zar reúne todos los elementos negativos del autoritarismo sin poseer ninguna de sus ventajas, como pueden ser la eficacia, la capacidad organizativa o la disciplina, aspectos que caracterizan, por ejemplo, el sistema alemán. El armamento y los transportes son inadecuados, y la burocracia imperial es ineficaz y corrupta. Aunque entre los obreros se propagan las ideas anarquistas y socialistas, es el propio ejército, reclutado casi en su totalidad entre la masa campesina y que conoce los reveses militares, el que expresa un creciente descontento que desemboca en una auténtica hostilidad a la corona. Una serie de huelgas en las fábricas de los alrededores de San Petersburgo, llamado Petrogrado a partir de 1914, y después de diversas manifestaciones populares bajo el grito de «Abajo la guerra», precipitan la situación.

En 1905 la revolución se detiene porque el ejército sigue siendo fiel al zar. En esta ocasión, el 12 de marzo la guardia imperial confraterniza con la revuelta. Tres días después, Nicolás II abdica en favor de su hermano Miguel, que renuncia a la corona. La renacida Duma forma un Gobierno provisional que garantiza las libertades civiles y políticas, y que ampara, en un insoluble dualismo de poderes pleno de consecuencias, un soviet de obreros y campesinos.

El nuevo Gobierno del príncipe L'vov, con el socialista revolucionario Kerenski como ministro de la Guerra, empujado por la diplomacia británica y francesa, decide no salir del conflicto. El objetivo es garantizar al país el apoyo de los Aliados.

Sobre la cuestión del mantenimiento del esfuerzo bélico, mencheviques y bolcheviques están divididos. Los primeros ven la continuación de la guerra como el medio de tutelar la

PROTAGONISTAS

ALEKSEI BRUSILOV
Nace en 1853. Oficial de caballería, su carrera militar comienza en la guerra ruso-turca de 1877-1878. En 1914 manda el VIII Ejército contra los austriacos en Galitzia. Hasta 1916 no logra tener bajo su mando efectivos suficientes para poder emprender ataques siguiendo sus iniciativas. La ofensiva desencadenada al sur de los pantanos del Pripet sorprende a los austriacos, atraviesa las líneas del frente y reconquista una parte de Galitzia y Bucovina. Se trata de la victoria rusa más importante, y la última. La «apisonadora» de Brusilov se detiene por falta de medios. Al año siguiente, Brusilov es uno de los generales que, tras la revolución de febrero, aconsejan al zar su abdicación. Después de la revolución de octubre toma partido por los soviets, pero no obtiene ningún puesto de mando y se retira. Muere en 1926.

PROTAGONISTAS

ALEKSANDER KERENSKI

Nace en Simbirsk en 1881. Inicia su carrera como abogado, entrando en la Duma como socialista moderado. Exponente de los socialistas revolucionarios y ministro de justicia en el Gobierno provisional de febrero

de 1917, llega después a ministro de la Guerra y defiende la necesidad de proseguir el conflicto al lado de los Aliados. Tras el fracaso de la ofensiva en Galitzia y los intentos de insurrección en Petrogrado contra la participación en la guerra, el 24 de julio recibe la oferta de dirigir el Gobierno provisional. Obtiene poderes extraordinarios, pero no consigue cambiar la suerte de la revolución democrática. Derrocado por la revolución bolchevique, en 1918 emigra a Estados Unidos, donde desarrolla una intensa labor propagandística contra el régimen soviético. Muere en Nueva York en 1970.

Arriba, Aleksander Kerenski en la época de la revolución de febrero.
Abajo, Lenin representado de acuerdo con la iconografía postrevolucionaria.

NIKOLAI LENIN

Vladimir Ilich Ulianov, conocido como Nikolai Lenin, nace en Simbirsk en 1870. Su hermano Aleksander es ajusticiado en 1887 por participar en un atentado contra el zar. El pensamiento político de Lenin se desarrolla y dirige hacia la crítica del populismo y el terrorismo, a los que contrapone la necesidad de una acción consciente y organizada de las masas.

Por su actividad revolucionaria en los círculos obreros de San Petersburgo, Lenin es arrestado y enviado a Siberia, donde permanece de 1897 a 1899. Al ser puesto en libertad, se refugia en Suiza y Alemania. Durante estos años elabora su teoría sobre el partido revolucionario. Según Lenin, la conciencia revolucionaria no surge espontáneamente y se necesita, por lo tanto, la acción de una vanguardia revolucionaria, organizada en un partido, preparada para derrocar al zar y consolidar la alianza entre campesinos y obreros. Bajo la organización del partido, teniendo en cuenta las condiciones de la revolución en Rusia, el Partido Obrero Socialdemócrata ruso se divide en bolcheviques, de ideas leninistas, que posee la mayoría, y mencheviques, de ideología marxista reformista.

En 1905 Lenin vuelve a Rusia y se empeña en vano en que se consolide un amplio frente común entre obreros y campesinos. Tras la derrota de la revolución, es expatriado de nuevo entre 1907 y 1912, rompiendo definitivamente con los mencheviques.

Al estallar la revolución vuelve a Rusia y en las Tesis de abril propone el derrocamiento del Gobierno provisional y el paso de la fase democrático-burguesa a la revolución socialista. Tras un primer intento fallido de insurrección en julio de 1917 y un nuevo periodo de clandestinidad, el éxito de la Revolución de Octubre le proporciona la dirección del nuevo Gobierno. A partir de entonces la historia de su vida se confunde con la de los gobiernos de la Rusia soviética.

Minado en su salud por las secuelas de un atentado y de un ataque de apoplejía, muere en 1924.

En los últimos años su compromiso se centra principalmente en oponerse a la involución burocrática del Gobierno soviético, en el que ve apagarse la idea de democracia proletaria, por la que ha luchado toda su vida.

EL GOLPE DE OCTUBRE
La noche del 7 al 8 de noviembre (25-26 de octubre según el calendario ortodoxo), los bolcheviques de Petrogrado ocupan el Palacio de Invierno (a la izquierda), sede del Gobierno de Kerenski. Los detalles del golpe de Estado han sido organizados por Lev Davidovich Bronstein, más conocido por el pseudónimo de Trotski (a la derecha).

revolución de los Estados reaccionarios. El líder de los bolcheviques, Lenin, propone en su lugar el abandono inmediato de las armas. También entra en juego la diplomacia de las potencias beligerantes: los Aliados apoyan la corriente menchevique mientras Alemania favorece a los bolcheviques. En abril, desde Suiza, Lenin llega a Petrogrado en un tren que ha podido atravesar los territorios del Reich con el beneplácito del Gobierno alemán, pues Berlín espera que la acción desestabilizadora de Lenin le sea útil para resolver, sea como sea, la situación en el frente oriental.

Mientras tanto la guerra continúa, y en julio el general Brusilov lanza en una nueva gran ofensiva los últimos contingentes con los que cuenta. Sin embargo, en esta ocasión las tropas, hambrientas y agotadas, contagiadas por la ilusión que la revolución les aporta sobre el fin de la guerra, se niegan a avanzar. La «apisonadora» de Brusilov se estanca y, cuando el 19 de julio comienza la contraofensiva alemana, el frente se deshace. En agosto se pierde Finlandia. El 1 de septiembre los alemanes llegan a Riga y amenazan la capital. El ejército se dirige hacia su completa disolución. Para Kerenski, que ha asumido la dirección del Gobierno, es el fin. Un golpe de Estado reaccionario del general Kornilov fracasa gracias a la movilización de los bolcheviques, a los que el Gobierno ha declarado fuera de la ley en julio, con la excusa de que actúan como mercenarios de los alemanes. Para Lenin y Trotski, fortalecidos por el papel jugado por los bolcheviques en la derrota de Kornilov y por la debilidad del Gobierno provisional, es el momento de organizar la revolución armada para la conquista del poder. Entre el 6 y el 8 de noviembre, el golpe de Estado bolchevique elimina la Duma y el Gobierno de Kerenski. El 15 de diciembre Trotski firma el armisticio con Alemania y Austria, preludio de las humillantes condiciones de paz suscritas en Brest-Litovsk el 3 de marzo de 1918. Para salir del conflic-

EL PALACIO DE INVIERNO
El destacamento femenino al que se confía la última defensa del Palacio de Invierno. Pocas horas después, los bolcheviques ocupan militarmente la sede del Gobierno de Kerenski. Prácticamente el Gobierno provisional no ofrece resistencia. En Petrogrado mueren 20 personas.

LA PAZ DE BREST-LITOVSK

Al día siguiente de la victoriosa revolución, el nuevo Gobierno soviético presidido por Lenin envía, a través del ministro de Asuntos Exteriores Trotski, una carta a los embajadores de los estados beligerantes en la que les comunica que el pueblo ruso desea una «paz democrática, sin anexiones ni indemnizaciones, basada en la autodeterminación de los pueblos».

De este modo el Gobierno soviético cumple una promesa hecha durante los meses anteriores, que traduce una exigencia manifestada por el pueblo ruso: poner fin al estado de guerra con los demás pueblos beligerantes, obteniendo una paz sin conquistas territoriales.

Jacques Sadoul, miembro de la misión militar francesa en Rusia, capta perfectamente el estrecho vínculo entre la revolución, la guerra y el deseo de paz: «La revolución es la paz, y por lo tanto resulta injusto intentar contraponer los gloriosos ejércitos de la revolución francesa a las desalentadas tropas de la revolución rusa.
En 1793 la guerra brota de la revolución y en 1917 la revolución ha brotado de la guerra».

En Brest-Litovsk, en Bielorrusia, sede del cuartel general alemán, se firma, en marzo de 1918, el tratado de paz entre la Rusia soviética y Alemania, después del armisticio de diciembre del año anterior. Para poner fin a la guerra, el Gobierno soviético acepta una paz onerosa, que priva a Rusia de Finlandia, los territorios polacos y bálticos, Ucrania y parte del Cáucaso. Hasta el final de la guerra, con la derrota de Alemania, la República soviética no conseguirá recuperar una mínima parte de los territorios perdidos.

El tratado significa para Rusia conseguir la paz, pero a un precio altísimo. En el comité central del partido bolchevique se produce un duro debate sobre la posibilidad de firmarlo. El ala más internacionalista se opone, efectivamente, a las negociaciones insistiendo en la necesidad de dirigir una «guerra revolucionaria» contra Alemania.

En cambio, la opinión de Lenin es eliminar la ilusión, sea cual sea, de dirigir una guerra revolucionaria contra el propio ejército alemán mientras las fuerzas contrarrevolucionarias se estén reorganizando. Impone como primera exigencia la salvación bolchevique, convencido de que los sacrificios de Brest-Litovsk durarán poco, porque inmediatamente la chispa soviética prenderá fuego a la revolución internacional. Al final de largas discusiones se elegirá la tesis de Lenin, aunque le costará la retirada del Gobierno de los socialrevolucionarios de la izquierda.

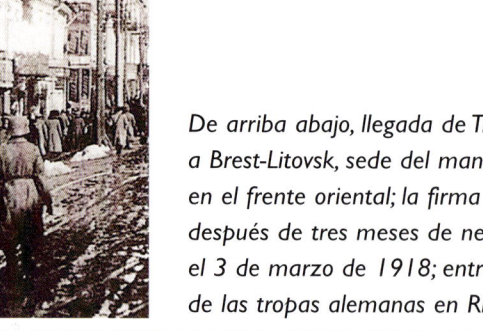

De arriba abajo, llegada de Trotski a Brest-Litovsk, sede del mando alemán en el frente oriental; la firma del tratado, después de tres meses de negociaciones, el 3 de marzo de 1918; entrada de las tropas alemanas en Riga.

EL AÑO MÁS LARGO

LA RETAGUARDIA
Cartel alemán para recaudar fondos destinados a la guerra.

SUBMARINOS
La guerra submarina indiscriminada es la respuesta alemana al bloqueo de los Aliados.

RACIONAMIENTO
Cartilla de racionamiento para hacer frente a la escasez de alimentos entre los civiles.

to, la Rusia de los soviets está dispuesta a renunciar a Polonia, Finlandia, Ucrania y las provincias bálticas, y se compromete a pagar una enorme indemnización de guerra. Rusia cierra el capítulo de la Gran Guerra para abrir una de las páginas más importantes de la historia del siglo XX.

EL ECO DE LA REVOLUCIÓN

En un primer momento, los Aliados acogen con optimismo el desarrollo de los acontecimientos en Rusia. La revolución de febrero elimina la molestia de un aliado como el zar, sobre todo ante la posibilidad de que Estados Unidos entre en el conflicto. Durante un breve tiempo se ve en Kerenski el símbolo de la democratización del atrasado Imperio Ruso. A partir de ese momento se puede presentar la guerra sin sombras, como una cruzada de las democracias, incluida la propia Rusia, contra los Estados autoritarios. Sin embargo, cuando llegan las primeras y confusas noticias de que divisiones enteras rusas han tirado los fusiles, el problema principal para todas las potencias en guerra es oponerse, en el seno de ejércitos agotados, a que surja la tentación de hacer «como en Rusia». Y cuando, más tarde, Lenin saca al país de la guerra, la propaganda aliada se empeña en sostener que el conflicto continúa porque Rusia los ha traicionado, que todo es obra de los alemanes por haber consentido –incluso organizado– la vuelta de Lenin desde Suiza y que los austro-alemanes han podido romper el frente de Caporetto gracias a los refuerzos disponibles del frente oriental.

Detrás de estas verdades a medias se esconde la intención de prolongar la guerra, pues 1917 es el año en que los contendientes se ratifican en la decisión de luchar hasta la victoria final.

ETAPLES
Los Aliados construyen campos de adiestramiento para los reclutas, que también sirven de lugares de descanso para los batallones que se turnan en el frente. Entre el 9 y el 12 de septiembre, el campo inglés de Etaples se convierte en escenario de diversos desórdenes, rápidamente sofocados, provocados por una disciplina demasiado rígida y la violencia de la policía militar.

PRIMERA GUERRA MUNDIAL

BENEFICENCIA
Un cartel húngaro anunciando un concierto de beneficencia para los huérfanos de la guerra.

LA SITUACIÓN RUSA
El título de este cartel de 1917 dice: «La situación en Rusia está perfectamente clara».

LUGER
Modelo de pistola PØ8 con cargador para 32 disparos.

En agosto de 1918, cuando el conflicto aún no ha terminado, contingentes ingleses, franceses y norteamericanos desembarcan en Arkángel y Vladivostok para apoyar a la Rusia «blanca» en una guerra civil que desgarra el país hasta 1921. Sólo el cansancio de cuatro años de guerra impide a Francia y Gran Bretaña llegar hasta el fondo en su implicación en Rusia.

El principal problema es controlar a los soldados, y protegerlos de los discursos derrotistas, más que de los revolucionarios. En realidad, las noticias que llegan del este son pocas y exageradas. A pesar de todo, no debe sobrevalorarse la influencia de la renacida propaganda pacifista de los partidos socialistas que, especialmente en Italia, buscan salir del inmovilismo de la orden de «ni adherirse ni sabotear», en la que están atrincherados desde el inicio de la guerra, ni de las palabras de Benedicto XV contra la guerra, que influyen enormemente en la opinión de los católicos, hasta entonces confusos con las «uniones sagradas».

AMOTINAMIENTOS Y REPRESIÓN

Todo el año 1917 se caracteriza por el descontento por la guerra, aunque sólo en Rusia el agotamiento desemboca en una revolución. Sin embargo, también en Francia y en Italia la crisis se deja sentir en automutilaciones para huir del frente, insubordinaciones y resistencia al alistamiento.

Los primeros amotinamientos se producen entre los soldados franceses. No tienen un origen ni un perfil político y en la mayoría de los casos la revuelta se concreta simplemente en la negativa a volver a primera línea. Lo mismo sucede entre los soldados italianos, cuya combatividad se ha agotado en las carnicerías de los reiterados asaltos y las aterradoras jornadas en las trincheras. Solamente se

EL BOSQUE PETRIFICADO
Lo que queda de los bosques de Passchendaele, después de la Tercera Batalla de Ypres, en octubre de 1917. La guerra, con sus devastadores disparos de artillería, destroza el paisaje. Tendrán que pasar años hasta que la naturaleza pueda curarse de heridas como éstas.

EL AÑO MÁS LARGO

PÉTAIN
El comandante francés visita las trincheras, y la propaganda difunde ampliamente su imagen tranquilizadora.

¡HUELGA!
La policía alemana interviene frente a una fábrica de pólvora. El año 1917 está marcado por continuas agitaciones obreras, tanto en los Imperios Centrales como en los países Aliados.

PROTAGONISTAS

MATA-HARI

Margarita Gertrudis Zelle, más conocida como Mata-Hari, nace el 7 de agosto de 1876 en Leeuwarden, Holanda. En 1895 se casa con un oficial 20 años mayor que ella, pero el infeliz matrimonio sólo dura cinco años. Después del divorcio, Margarita se traslada a París y comienza a exhibirse en un local de dudosa reputación, el Salón Kireevsky. Su «danza sagrada», a medio camino entre orientalismo, seducción, art nouveau y espectáculo, es acogida con éxito en media Europa. Con el nombre de Mata-Hari, que en lengua malaya quiere decir «ojo del día», Margarita entra en los salones y en las alcobas de París, Milán y Berlín. Fascinante, misteriosa y frágil, amante de la buena vida, Mata-Hari recoge confidencias de muchos oficiales, hastiados de las grandes maniobras y poco inclinados a la vida de cuartel. Es reclutada por los servicios secretos de Francia y Alemania. Un agente «doble» es un arma perfecta de información y desinformación, aunque carece de lealtad.

Durante la guerra, el aún incipiente juego del espionaje empieza a pulirse: los ingleses conspiran en Oriente Medio; los rusos se infiltran en Armenia; y en Berlín actúa Anne Marie Lesser, alias Fraulein Doktor, alias I-4GW, un agente secreto capaz de apoderarse de la lista de los agentes franceses en los países neutrales.

Los italianos, entre tanto, descubren los secretos militares de Viena, mientras saboteadores austriacos actúan contra los cruceros italianos *Benedetto Brin* y *Leonardo da Vinci*. La guerra secreta provoca la angustia de la inseguridad dentro de las líneas, porque se trata de un enemigo que lo ve todo. En aquel año terrible de 1917, en el que el ejército francés queda minado por las deserciones, Mata-Hari se convierte en el «enemigo interno» a eliminar. Quizá fue realmente el agente H-21 de Berlín o tal vez no. Lo cierto es que el proceso a Mata-Hari es utilizado para consolidar la retaguardia.

Al amanecer del 15 de octubre de 1917, en el Bois de Vincennes, a las afueras de París, el pelotón de ejecución pone fin a la aventura de la bella y joven espía.

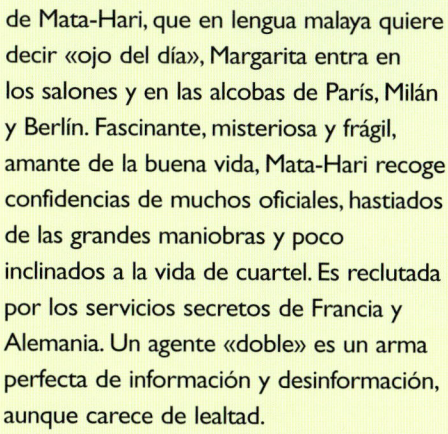

A la izquierda, Mata-Hari posa con uno de sus trajes de escena; arriba, dos carteles de propaganda que invitan a los civiles y militares alemanes y franceses a desconfiar de los espías enemigos.

133

SIN PIEDAD
En los casos de insubordinación, el Estado Mayor francés opta por la ejecución. Sin embargo las penas de muerte siguen siendo discutidas, pues con ocasión del octogésimo aniversario de la guerra, en 1998, Francia sigue dividida y duda si recordar o no, con todos los honores, a los fusilados de Chemin des Dames entre los héroes caídos.

registra un episodio de auténtica revuelta, que desemboca en un enfrentamiento armado entre los soldados y los oficiales en julio de 1917, en la brigada Catanzaro.

En todas partes las autoridades responden con dureza ante estos hechos; se teme que al descontento de las tropas en el frente se sumen las protestas de las fuerzas que operan en la retaguardia, con efectos difícilmente controlables. En los años de la guerra, la justicia militar vive una expansión excepcional y una transformación de sus funciones. En los frentes franceses, donde el fenómeno de la insubordinación alcanza a casi 40.000 militares, las penas de muerte, ejecutadas entre junio y diciembre de 1917, alcanzan la cifra de 629, mientras a otros 367 se les conmuta por penas menores. En la Italia de Cadorna, la persecución de todo comportamiento que pueda considerarse como una forma de resistencia a la guerra es, en proporción, igualmente dura. Al final del conflicto se ejecutan 750 penas de muerte y hay 350.000 procesos, de los cuales 210.000 son condenas, 15.000 de ellas de cárcel.

La oposición a seguir en la guerra también crece en el otro bando. Sobre todo la moral de las tropas austro-húngaras es la que se muestra más deteriorada (especialmente la de los contingentes de etnias no germanas porque se sienten menos motivados), mientras la eficacísima maquinaria de guerra alemana parece por el momento inmune a la insubordinación y a los motines sediciosos, con excepción de la marina, teniendo en cuenta que la flota alemana se encuentra bloqueada en el Báltico, inactiva tras la Batalla de Jutlandia. Los marineros del *Prinzregent Liutpold*, nerviosos por el hastío de la vida a bordo, maltratados por la rigidez de la disciplina, protagonizan en julio de 1917 una revuelta inmediatamente sofocada con penas de muerte y arrestos. El hecho no llega a ningún fin, pero es un anticipo del amotinamiento general de 1918.

PROTAGONISTAS

GEORGES CLEMENCEAU

Nacido en 1841 en Vandée, hijo de un médico, estudia medicina antes de dedicarse a la política. Diputado en el Senado en 1871, se une a la extrema izquierda radical y lucha por la enseñanza obligatoria y laica, así como por la separación entre Iglesia y Estado. Senador en 1902, ministro del Interior en 1906, a pesar de sus diferencias con los sindicatos intenta llevar a cabo su programa de justicia social. Desde su periódico *L'Aurore* defiende la causa de Dreyfus y Zola. En 1913 funda el periódico *L'homme libre*, cuyo nombre, al estallar la guerra, cambia por *L'homme enchaîné* por la censura bélica. Ataca la dirección de las operaciones militares y cualquier forma de derrotismo. En 1917 se le ofrece la presidencia del Consejo. En un último esfuerzo por elevar la moral de la tropa, Francia confía en el hombre cuyos adversarios y amigos llaman el Tigre. Recuperando también el cargo de ministro de la Guerra, reafirma el control del parlamento sobre los asuntos militares. Desarrolla un papel decisivo en los tratados de paz y en el orden postbélico de Europa, logrando una paz punitiva en los enfrentamientos con Alemania. Derrotado inesperadamente en las elecciones de 1920, se retira de la vida política. Muere en 1929.

ARCHIVOS DE GUERRA: LOS PERIÓDICOS

La guerra es un gran tema para la prensa. Al principio, las vicisitudes del conflicto ofrecen temas sobre todo a las revistas ilustradas y las publicaciones por entregas. Sin embargo, con el paso del tiempo, nacen periódicos y revistas que buscan su público entre los soldados. A veces, como es el caso de los periódicos de trinchera, se trata de productos elaborados en las unidades combatientes.

1. LA GUERRA ILUSTRADA. Portada de la revista austriaca *Der Krieg*, crónica ilustrada de la guerra (1914). **2. *EL MOSQUETÓN*.** *Die Muskete* es una revista ilustrada de gran tirada difundida entre los soldados del frente. **3. IMPRENTA DE GUERRA.** En la retaguardia alemana se organiza una imprenta para un periódico de trinchera. **4. OLEOGRAFÍAS.** En octubre de 1915, esta portada de *La lettura*, revista mensual del *Corriere della Sera*, aún puede ofrecer una oleografía del conflicto. **5.6. PERIÓDICOS DE TRINCHERA.** *La tradotta*, semanario del III Ejército y el *Teatro della guerra*, se cuentan entre los más interesantes ejemplos de periódicos de trinchera italianos.

PRIMERA GUERRA MUNDIAL

SOSPECHOSOS
Ciudadanos de origen alemán son acusados, por la policía de Nueva York de sospechosos de actividades a favor de los Imperios Centrales. La entrada en la guerra de Estados Unidos se presenta como la ocasión perfecta para poner a prueba a una sociedad multiétnica como la norteamericana.

UNA CONCLUSIÓN DESPÓTICA

Principalmente es en la retaguardia donde se advierten, en Alemania, los primeros indicios de crisis, especialmente entre las masas trabajadoras. En 1917 se reprime con dureza una ola de huelgas violentas en las fábricas de armamento de Berlín, Bremen, Hamburgo y Essen. También se siente aquí la repercusión de lo que sucede en Rusia. Efectivamente, la caída del zar proporciona menos excusas para la propaganda alemana, que presenta la guerra en términos de un combate justo contra la «barbarie zarista».

La necesidad de cerrar filas para el esfuerzo definitivo conlleva un final de la guerra despótico en la vida política de todos los países implicados en el conflicto. Es la respuesta que dan las fuerzas favorables a la «victoria total» frente al nacimiento de una voluntad pacifista cada vez más difusa. En Gran Bretaña, Lloyd George, asistido por un restringido comité de guerra, concentra en sus manos el poder y lo mantiene hasta que acaba el conflicto. En Francia, el radical Clemenceau, llamado el Tigre por la determinación que muestra en la dirección del compromiso bélico, reafirma el control de la política sobre los asuntos militares y, a partir de noviembre de 1917, impone al país una especie de dictadu-

LA COLA PARA EL CARBÓN
No sólo los Imperios Centrales padecen la falta de materias primas. En París, el carbón es una mercancía escasa, y apenas se extiende la noticia de la llegada de un nuevo cargamento, el barrio entero hace cola para conseguir un poco. En este caso, en Faubourg Saint-Denis.

PROTAGONISTAS

FERDINAND FOCH

En los Inválidos de París hay un monumento funerario majestuoso y sombrío. Es la tumba del único general que Francia ha permitido que esté junto a la de Napoleón y su hijo.

Ferdinand Foch nace en 1851 en Tarbes, cerca de Lourdes. Su profundo catolicismo será un obstáculo en su carrera durante la reacción anticlerical que sigue en Francia al caso Dreyfuss.

Alumno de la Escuela Politécnica, en 1873 pertenece a la artillería. En 1870 se enrola como soldado raso, pero no toma parte en los combates de la guerra franco-prusiana, por lo que no tendrá

experiencia directa en combate hasta 1914. Su vocación parece encaminarle a la teoría militar; en la misma escuela de guerra a la que ha pertenecido como alumno en 1885, es primero profesor de Estrategia y Táctica (1895-1900) y después comandante (1907). En 1903 sintetiza en *Los principios de la guerra* la teoría que luego aplicará: superioridad psicológica sobre el enemigo como clave del éxito y voluntad de conquista del terreno que se desea en una serie de ofensivas continuas.

La guerra desmentirá esas teorías, caras tanto a Foch como a otros: en 1914, en el sector de Morhange, el ímpetu de su XX Cuerpo se estrella contra las ametralladoras alemanas. No obstante, Foch, junto a la fortaleza de ánimo, posee una gran inteligencia y una humanidad que le hace ser respetado por sus soldados. Además sabe adaptar la teoría a la práctica. En el Marne comienza su mito: «Mi ala izquierda está cediendo, la derecha se retira, la situación es excelente, voy a atacar», comunica a Joffre durante la batalla que salva a París. Entre octubre y noviembre de 1914 mantiene relaciones con los ingleses, mostrando excelentes dotes de coordinación.

En 1915, comandante del Ejército del norte, lanza la ofensiva de Artois. Un año después dirige la ofensiva del Somme, pero como la guerra se alarga, disminuye su reputación al mismo tiempo que la de Joffre, y se le «promociona» a un cargo de escasa relevancia. No obstante, a finales de 1917 es elegido jefe del Consejo Interaliado constituido en Versalles para coordinar los esfuerzos tras el desastre italiano de Caporetto.

Pocos meses después, el 21 de marzo de 1918, Ludendorff desencadena su Batalla Imperial y rompe el frente inglés en Montdidier. Haig, que necesita refuerzos franceses, solicita la creación de un mando supremo unificado. Lloyd George, contrario a Haig, y Clemenceau, se acuerdan de Foch; a él se le encomienda, por encima de Haig, Pershing y Pétain, detener la ofensiva alemana en Chemin des Dames y organizar el contraataque general de agosto y septiembre, que terminará el 4 de octubre de 1918 en la línea Hindenburg.

Ferdinand Foch muere en 1929. Su nombre se inscribe entre los grandes soldados del siglo XX, más por sus dotes —humanidad, fuerza moral y coraje— que por sus acciones militares. Delante de la Estación Victoria de Londres, desde la que habían partido centenares de miles de ingleses hacia el frente, una estatua rememora al mariscal Foch. El trozo de tierra sobre el que se apoya es territorio francés. «Soy consciente de servir a Gran Bretaña de la misma forma que he servido a mi país».

Dos imágenes del general francés Ferdinand Foch; a la izquierda junto al general norteamericano John Pershing.

PROTAGONISTAS

JOHN PERSHING

Cuando en la primavera de 1917 se nombra a John Pershing comandante en jefe de las fuerzas norteamericanas en Francia, todo está por organizar. John Pershing insiste en que Estados Unidos debe enviar a Europa un contingente digno de la gran nación a la que los soldados representan y organiza el entrenamiento de las tropas para el desembarco en Europa. Nacido en Missouri en 1860, Pershing es oficial de caballería a los 26 años y luego profesor de Ciencias Militares. Cuando Estados Unidos hace su aparición en la escena de las luchas imperialistas, Pershing participa en la guerra de Cuba contra España en 1898 y combate en Filipinas. En marzo de 1905 sigue como observador militar las operaciones de los japoneses contra los rusos en Manchuria. En 1916, mientras Europa ya está convulsionada por la guerra, manda una expedición de castigo a México después de que Pancho Villa saqueara la ciudad estadounidense de Columbus. Luego, la Gran Guerra. Tras desembarcar en Europa, Pershing se empeña en que el contingente norteamericano pueda operar, a ser posible unido, sin ser reducido a la función de mero complemento de los ejércitos aliados. Logra su objetivo, superando la resistencia de los mandos franceses e ingleses.

Tras la derrota de mayo de 1918, y aún más durante la contraofensiva, la aportación del ejército norteamericano se revela decisiva. Llegan soldados norteamericanos en gran número y, como carecen de la experiencia de largos años de trinchera, tienen la moral alta y enormes ansias de victoria. Cerca de St. Mihiel se levanta una fortaleza y, más allá discurre la vega del Mosela, vía natural que conduce directamente al corazón de Alemania. En el verano de 1918 ésta es la zona de Pershing y su I Ejército. Haig y Foch piden a Pershing que traslade su ejército unos cien kilómetros hacia Verdún, para facilitar una contraofensiva interaliada. Pershing está de acuerdo con el plan del desplazamiento pero sugiere atacar a los alemanes en su sector. Y en St. Mihiel, en la primera ofensiva independiente de las tropas norteamericanas, los alemanes se ven obligados a replegarse en medio de una gran confusión. Es el nacimiento de una nueva y gran potencia militar.

Arriba, John Pershing a su llegada a Francia; soldados norteamericanos de infantería avanzando en julio de 1918 y el manifiesto del Tío Sam invitando al reclutamiento. Abajo, una medalla conmemorativa para las madres de los soldados norteamericanos.

LLOYD GEORGE
Ministro de Armamento y luego primer ministro en 1916, David Lloyd George (a la izquierda) intenta equilibrar las injerencias de los militares en los asuntos políticos.

EL TIGRE
En el momento de máxima dificultad para el ejército francés, sacudido por las rebeliones, Francia sigue confiando en Clemenceau, el Tigre.

ra personal. También en Italia, el nuevo gobierno de Orlando se muestra mucho más enérgico que el anterior.

En Alemania, el canciller Bethmann-Hollweg, crítico con la ofensiva submarina, se enfrenta a Hindenburg y Ludendorff. Considerado demasiado débil por el Estado Mayor, en julio de 1917 el emperador lo invita a dimitir, siendo sustituido por Georg Michaelis, un instrumento dócil en manos de los militares.

LA INTERVENCIÓN DE ESTADOS UNIDOS

La primera división del Cuerpo Expedicionario que Estados Unidos ha decidido enviar a Europa del lado de los Aliados desembarca en Francia el 26 de junio de 1917. La declaración de guerra a Alemania se remonta al 2 de abril, y al Imperio Austro-húngaro no llegará hasta el 7 de diciembre, mientras que Washington mantendrá relaciones normales con Bulgaria y el Imperio Otomano. El presidente Wilson no pretende identificar la guerra de Estados Unidos con la de los Aliados, prefiriendo que la intervención norteamericana mantenga sus características.

Por lo demás, la entrada en la guerra de Estados Unidos llega después de muchos titubeos. En 1914, con el estallido del conflicto, el país ve cómo prevalecen las cautelas de los «aislacionistas» y los neutrales. E incluso en el curso de los tres primeros años de guerra el gobierno estadounidense prefiere mantener una posición «por encima del bien y del mal», afirmando su propio peso político en el escenario internacional, asumiendo un papel mediador, a pesar de las tensiones con Alemania tras el incidente con el *Lusitania* en 1915.

En realidad se trata de una neutralidad que favorece a los Aliados, a los que Estados Unidos aporta una importante ayuda económica (cerca de dos mil millones de dólares). Sin embargo, aún en 1916, el presidente Woodrow

PROTAGONISTAS

WOODROW WILSON
Nace en 1856 en Stauton, Virginia, hijo de un pastor presbiteriano. Profesor de derecho y ciencias políticas, de 1902 a 1910 es rector de la universidad de Princeton. En 1910 es elegido gobernador de New Jersey y en 1912, apoyado por el ala progresista del partido demócrata, gana las elecciones presidenciales. Durante sus dos mandatos refuerza los poderes presidenciales y se empeña en restablecer los valores de la América del siglo XIX. Sin embargo, su fama de progresista se oscurece por sus repetidas intervenciones en Centroamérica y por su intromisión en la guerra civil mexicana. Al principio defiende la neutralidad estadounidense en el primer conflicto mundial; en 1917, tras su reelección, decide intervenir; si bien busca mantener una posición de Estados Unidos distinta de los Aliados. Al fin de la guerra intenta comprometer a las potencias europeas en la «nueva diplomacia» de la Sociedad de Naciones pero, obligado por el acuerdo y sin el apoyo del Congreso, es derrotado a las elecciones de 1920. Muere en Washington en 1924.

PRIMERA GUERRA MUNDIAL

MARINES
Cartel para el reclutamiento en el Cuerpo de Marines de Estados Unidos.

LA VISITA
Representantes norteamericanos visitando las líneas austriacas en el frente oriental. La declaración de guerra al Imperio Austro-húngaro no llega hasta el 7 de diciembre de 1917, y Wilson pretende que se distinga la posición de Estados Unidos de la de los Aliados.

Wilson, recién reelegido, es requerido por Alemania como posible mediador en un intento por conseguir una solución diplomática al conflicto.

Los intereses económicos y políticos son los que sostienen la posición neutral. El comercio hacia Sudamérica puede, en efecto, aportar grandes ventajas dada la desaparición de Europa occidental, mientras que si persiste la guerra, Francia e Inglaterra dependerán más de las importaciones norteamericanas. En 1916 la balanza comercial de Gran Bretaña con Estados Unidos es deficitaria, invirtiendo una tendencia histórica. Tampoco hay que olvidar que se trata de una sociedad multirracial que contempla rusos, italianos, alemanes, polacos, irlandeses y familiares de personas llegadas de los Estados europeos en guerra, cuya fidelidad a los valores norteamericanos de la unidad nacional se duda en poner a prueba. Y en 1916 Wilson se enfrenta a la reelección.

LAS RAZONES DE WILSON

El cambio llega con la reelección de Wilson a la presidencia. El 1 de febrero de 1917 Alemania declara la guerra submarina indiscriminada. Esta vez la respuesta estadounidense es decidida; el mismo 3 de febrero se rompen las relaciones diplomáticas con el Reich, y en abril se le declara la guerra. A las presiones intervencionistas de la opinión pública, que vive la declaración de la guerra total alemana como una provocación, se añaden las del partido republicano, las de las fuerzas económicas y militares, que ven en la intervención una ocasión para afirmar el papel de guía de Estados Unidos en los enfrentamientos del capitalismo mundial.

Lo que ahora impulsa al país a entrar en el conflicto son, pues, los mismos motivos económicos y políticos que se han invocado para favorecer la neutralidad. Una Entente destrozada y arruinada nunca podrá pagar la deuda de guerra, y los bancos norteamericanos advierten previamente que se

LOS SAMMIES
Reclutas norteamericanos a su llegada a Francia. los muchachos del Tío Sam, los «sammies», como pronto son rebautizados, son recibidos en Francia con manifestaciones de entusiasmo. A lo largo de 1918, 1.500.000 norteamericanos desembarcarán en Europa.

LAS MUJERES EN LA GUERRA

Los hombres van al frente y si vuelven es tras meses o años de ausencia. Las mujeres se encuentran solas, con viejos y niños, y toda una vida por inventar.

La enorme aceleración de la producción industrial, especialmente en el sector armamentístico, necesita cada vez más hombres. Sin embargo también son llamados para ser soldados. No se puede sacar de las labores de los campos a los viejos y a los muchachos demasiado jóvenes; los brazos que quedan no son suficientes. Quedan las mujeres, que en pocos años se convierten en protagonistas de una profunda transformación. Ya no sólo van a ser madres o hijas, pues se convierten en obreras asalariadas. Si eran campesinas se transforman en obreras, si viven en el campo deben ir a las ciudades. En Gran Bretaña llega a haber 800.000 obreras, mientras en Italia el número de mujeres empleadas en la industria bélica se duplica en un par de años.

Nuevas responsabilidades empujan a las mujeres a un recorrido doloroso de independencia y compromiso también político. En esos años muchas de las manifestaciones de descontento para obtener pan y ayuda están dirigidas por las mujeres. En los países en los que la emancipación está más avanzada, y el peso del modelo femenino de ascendencia católica es menor, ya habían aparecido en el siglo XIX asociaciones feministas, como la fundada en Inglaterra por Emmeline Pankhurst, que luchaban por la igualdad de sexos y por la concesión del voto a las mujeres. En el momento de entrar en guerra, las feministas inglesas y las norteamericanas se ponen de parte de los intervencionistas, en un intento de rechazar las sospechas de pacifismo sugerido por su condición o por las batallas anteriores, o por demostrar la madurez política y la confianza de las mujeres, partícipes en el esfuerzo común de la nación.

De arriba abajo, de izquierda a derecha, en el metro parisino; construyendo trincheras, en una mina inglesa; en una fábrica de armas alemana; Emmeline Pankhurst, líder del movimiento de emancipación de las mujeres.

CHECOSLOVACOS
Soldados checoslovacos (con uniformes franceses) en el frente occidental. los Aliados organizan varios batallones de checoslovacos en Francia, Italia y Rusia (contra los bolcheviques), incluyendo desertores y prisioneros del ejército austriaco.

SI FUERA UN HOMBRE...
«Me enrolaría en la marina», cartel norteamericano a favor del reclutamiento.

defiendan los créditos concedidos a Francia, Gran Bretaña e Italia; la guerra submarina amenaza los beneficios comerciales estadounidenses con los Estados europeos; la victoria de Alemania le reforzaría el poder de competencia en cuanto a capacidad de expansión en los mercados internacionales, mientras que la obstinada neutralidad corre el riesgo de erosionar el prestigio político y la posibilidad de mediación norteamericana. De esta forma Wilson puede presentar la intervención en la guerra como una cruzada de la democracia contra los Gobiernos autoritarios de los Imperios Centrales y confiar a Pershing, veterano de Cuba y México, la dirección de un cuerpo expedicionario que en 1918 cuenta con cerca de 1.500.000 de hombres.

La presencia en el campo de batalla de Estados Unidos refuerza a los Aliados, no sólo militarmente y bajo el perfil de una potencia industrial implicada en el esfuerzo bélico, sino también en el plano ideológico. Wilson, que abandera la intervención como una misión de defensa del derecho internacional, la democracia, la libertad y la autodeterminación de los pueblos, ofrece una clara cobertura ideológica a los motivos imperialistas que sustentan el conflicto, cobertura que será una constante de la política exterior hegemónica expresada por la nación norteamericana.

La reorganización del ejército ya estaba aprobada por el Congreso de Estados Unidos en agosto de 1916, a pesar de que el reclutamiento obligatorio no se introduce hasta después de la declaración de la guerra, lo que requiere tiempo para que los efectos de la entrada en la guerra de la nueva potencia se aprecien de forma concreta. La aportación estadounidense tiene un peso considerable, sobre

EL INTERROGATORIO
Interrogatorio de un grupo de oficiales rusos, hechos prisioneros por los austriacos. La salida de la guerra de la Rusia bolchevique permite a los Imperios Centrales desplazar a occidente gran parte de las divisiones ubicadas en el frente oriental. De este modo, tanto Alemania como el Imperio Austro-húngaro consiguen equilibrar durante un tiempo la intervención norteamericana.

EL AÑO MÁS LARGO

UNA NUEVA DISCIPLINA
A Armando Díaz (arriba, a la derecha) le corresponde reorganizar el ejército italiano tras la derrota de Caporetto, incluida una consideración diferente hacia los soldados, para los cuales se prevén rotaciones más frecuentes e iniciativas que «humanicen» la vida en las trincheras: permisos periódicos y representaciones teatrales (arriba, a la izquierda).

todo en el frente occidental. Sin embargo, lo determinante no son tanto las consecuencias inmediatas en el plano militar como los efectos para infundir nueva fuerza en el escenario de la guerra, donde todos los países beligerantes están agotados. Las tropas norteamericanas están frescas, con un optimismo y una fe en la victoria que los soldados europeos han perdido hace tiempo en las trincheras, y sobre todo llevan al campo de batalla la certeza de que Estados Unidos está dispuesto a desplegar el potencial de hombres y recursos en el caso de que la guerra se prolongue.

LA GUERRA DE LOS PRISIONEROS

La Gran Guerra también es la guerra de los prisioneros; al principio sólo decenas y luego centenares de miles. Ningún país está preparado para acogerlos. Aunque la Convención de La Haya, firmada antes del estallido de la guerra, establece condiciones mínimas de subsistencia y respeto, los campos de prisioneros son un lugar de auténtico tormento. Aún no se conocen las atrocidades de la Guerra Mundial (salvo excepciones, como el trato otorgado a los soldados ingleses y anglo-indios capturados por los turcos en Mesopotamia, que mueren a miles por las enfermedades y el hambre), pero en los campos reina, de todas formas, la hambruna y la degradación por las pésimas condiciones higiénicas y sanitarias.

A menudo, para sustituir a los hombres que han sido llamados al frente, se emplea a los prisioneros en los campos, las fábricas o en funciones públicas. Especialmente en los Imperios Centrales, a finales de 1916 la situación es dramática, pues el bloqueo marítimo golpea con dureza, y el hambre se extiende por los campos de prisioneros, desde Mauthausen a Rastatt. En 1917 la dieta de un prisionero condenado a trabajos forzados no supera las 700 o 1.000 calorías diarias. La Cruz Roja organiza envíos de ví-

---

PROTAGONISTAS

ARMANDO DIAZ

Nace en Nápoles en 1861. De familia de militares y magistrados, estudia en la academia militar de Turín, con una rápida carrera en el ejército. Comandante de un regimiento en la guerra de Libia, primero es secretario del general Pollio, jefe del Estado Mayor del ejército, y luego de Cadorna, sustituto de Pollio. En 1915 está al mando del XXIII Cuerpo del Ejército en Carso. Demuestra notables dotes profesionales y un constante empeño por obtener el máximo resultado con las mínimas pérdidas. Se distingue por su atención a las necesidades de los soldados, convencido de que se manda con el corazón más que con la fuerza. Después de la derrota de Caporetto sustituye a Cadorna en el mando supremo y se revela como el hombre adecuado para el puesto adecuado en la fase final de la guerra. Prudente y sereno, no tiene la inflexible voluntad ni la personalidad dominante de Cadorna; pero la comprensión de los horrores de la guerra, la atención a los soldados y la capacidad de colaborar con las fuerzas políticas lo convierten en una figura muy popular. Senador en 1918, es ministro de la Guerra en el primer gobierno de Mussolini, y en 1924, cuatro años antes de su muerte, es nombrado mariscal.

PRIMERA GUERRA MUNDIAL

UN PROBLEMA APREMIANTE
Dos imágenes de prisioneros rusos en el frente oriental. Ningún Estado beligerante está dispuesto a hacer frente al problema del extraordinario número de prisioneros de guerra.

veres y ropa, mientras Francia e Inglaterra abren sus propios canales de abastecimiento que, previo pago, ponen a disposición de Rusia y Serbia. A finales de 1917, gracias a un acuerdo firmado en Berna, se pueden intercambiar prisioneros cuya edad sea superior a 48 años y lleven al menos 18 meses apresados.

Respecto a sus prisioneros, Italia escribe la página más oscura de toda la guerra. El fantasma de la traición es una obsesión para el mando supremo italiano. Las autoridades no permiten el intercambio de prisioneros, ni activan posibilidades de apoyo a aquellos que D'Annunzio llama desdeñosamente «emboscados transalpinos».

Se autoriza a la Cruz Roja para que haga llegar la ayuda sólo a los oficiales, y para los demás sólo se permiten los paquetes enviados por las familias. Por ello, muy frecuentemente, cuando regresan están al límite de sus fuerzas. También se prohíben colectas en favor de los prisioneros de guerra. Tras la retirada de Caporetto, estas medidas se exacerbarán aún más, con la clara intención de «castigar» a los presuntos responsables de la derrota.

Las cifras son estremecedoras: de los 600.000 soldados italianos hechos prisioneros, unos 100.000 (que equivalen a la cuarta parte de los muertos en combate) no regresan a sus casas, y de ellos 90.000 mueren de frío y hambre. El que vuelve se ve obligado a sufrir la humillación de un nuevo internamiento en los campos dispuestos en Emilia y Puglia: un periodo de agotadores interrogatorios e investigaciones para demostrar que no es un desertor y que en la prisión no se ha contagiado del virus bolchevique.

En ambos bandos, los civiles de nacionalidad enemiga también son considerados prisioneros de guerra. Casi 4.000 ingleses son internados en un circuito de coches en las cercanías de Berlín durante todo el conflicto; y a su vez, algunos alemanes residentes en suelo británico son

NIEUPORT 28
Provisto de un motor Gnome Monosoupape de 160/170 CV., alcanza una velocidad máxima de 196 kilómetros por hora y está armado con dos ametralladoras Vickers. Estados Unidos adquiere 297 de estos aeroplanos franceses, producidos en junio de 1917 y utilizados por las escuadrillas norteamericanas en Francia. Los colores del aeroplano reproducido son los del teniente Douglas Campbell.

LOS CAMPOS DE PRISIONEROS
El cautiverio significa el inicio de una nueva guerra para sobrevivir en los campos, donde el hambre y las enfermedades matan a miles de hombres.

desterrados a Wakefield, en Yorkshire. Caso aparte es el de la Bélgica ocupada –donde la distinción entre civiles y militares es menos clara a los ojos de los ocupantes, pues la propaganda aliada exagera los actos de violencia–, pero sobre y la población armenia sobre la que, en una de las páginas más atroces del conflicto, se abate de forma indiscriminada la represalia turca.

Entre las imágenes de los internamientos forzosos, algunas terribles, que la guerra conlleva, hay una imborrable para los que están familiarizados con la historia. Es la del belga Henri Pirenne, desterrado a Holzminden. No es un soldado sino un medievalista, cuyo hijo de 19 años ha caído en los primeros días de la invasión luchando como voluntario en Yser. Los alemanes quieren forzar la reapertura de la Universidad de Lieja quebrando la resistencia pasiva de los belgas. Quien se opone es desterrado. Entre los 8.000 prisioneros de Holzminden, que improvisan una ciudad hecha de refugios, tiendas y escuelas, Pirenne da un curso de historia y lo reproduce en notas sueltas. Dichos cuadernos, reconstruidos de memoria, se convierten en su obra maestra, la *Historia de Europa*.

La Gran Guerra de los prisioneros es también este fruto amargo.

ALAMBRADAS
La enfermedad, el hambre y el tedio son los enemigos de los soldados prisioneros, obligados a vivir en condiciones terriblemente duras. A lo largo de 1917, la situación se vuelve especialmente grave para los prisioneros de los campos alemanes, donde las provisiones, a causa del bloqueo naval, llegan de forma cada vez más irregular.

1918
Los últimos disparos

En el último año de guerra, el cansancio, la impaciencia y las protestas se dejan sentir tanto entre los combatientes como en la retaguardia. Al final de la primavera de 1917, una ola de huelgas sacude Europa. El incremento de los precios y los bajos salarios hacen imposibles las condiciones de vida, ya de por sí bastante duras por los años de guerra. Los trabajadores de todos los sectores y las mujeres se amotinan por doquier. Quieren pan y paz. A principios de 1918 todas las zonas están exhaustas.

Cualquier intento de encontrar una solución negociada se ve frustrado sin que se modifique en modo alguno la situación. Así por ejemplo surge, en enero de 1916, la mediación «no oficial» de Estados Unidos; en diciembre de 1916 la carta de paz alemana, y las veleidosas, aunque importantes, señales llegadas de la conferencia de la Internacional Socialista en Estocolmo (junio de 1917); o del Reichstag alemán que, en julio de 1917, vuelve a votar una resolución que pide una paz sin anexiones.

PRIMERA GUERRA MUNDIAL

TROPAS DE ASALTO
(Página anterior).
A pesar de la crisis económica, el ejército alemán de 1918 sigue siendo una máquina muy eficaz.

EDDIE RICKENBACKER
Este norteamericano consigue 26 victorias en cuatro meses.

LA GUERRA DE GROSZ
Soldados atacando, en un dibujo de George Grosz.

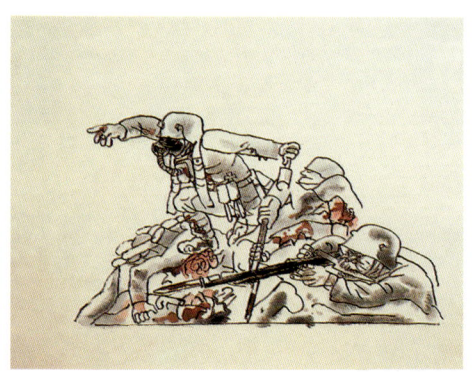

LOS «CATORCE PUNTOS» DE WILSON

El 8 de enero de 1918, el presidente Wilson, subrayando el papel de Estados Unidos como árbitro de la paz europea, difunde su propuesta. Los catorce puntos prevén, además de la libertad de navegación y la supresión de las barreras aduaneras, la restitución a Francia de Alsacia y Lorena, la autonomía de los pueblos del Imperio Austro-húngaro, una salida al mar para Serbia (restablecida en su autonomía junto con Montenegro y Rumania), la independencia de Polonia y una no muy definida rectificación de las fronteras italianas respecto a las naciones colindantes.

Sin embargo, mientras Alemania ocupe Bélgica y las zonas industriales de Francia, cualquier negociación está destinada al fracaso. Los Imperios Centrales están al borde del colapso, aunque siguen intentando doblegar a sus adversarios. Los alemanes creen haber vencido la resistencia anglo-francesa antes de la llegada de los contingentes norteamericanos, y los austriacos confían en hundir la línea del Piave en el frente italiano, pero los dos planes están condenados al fracaso.

Hombres y medios norteamericanos desembarcan en Francia. La guerra en Oriente Medio, a pesar de los esfuerzos de los consejeros alemanes por retrasar el avance inglés, está perdida. Arrollados en Caporetto, los italianos se han reorganizado en el Piave y con un frente más reducido parecen capaces de afrontar la guerra con mayores garantías; en enero el nuevo comandante en jefe Diaz está preparado para contraatacar en los altiplanos. Alemania y Austria se encuentran al límite, la población está hambrienta, mientras ahora los Aliados disponen no sólo del almacén de las colonias sino también del de Estados Unidos.

LA ÚLTIMA OFENSIVA
El arrastre de una pieza de artillería de 200 mm en el frente del Somme. La ofensiva de Ludendorff se produce a las 9,40 h. del 21 de marzo de 1918. La infantería se dirige a atacar el frente del Somme, después de un bombardeo preparatorio de cinco horas con granadas de grueso calibre y bombas de gas.

LOS ÚLTIMOS DISPAROS

ARMAS

 **LOS MEDIOS DE ASALTO**

Antes de la guerra, cuando Italia pertenece a la Triple Alianza, la marina italiana prevé llevar a cabo operaciones, sobre todo contra los puertos franceses y en defensa del mar Tirreno. Después de su entrada en la guerra del lado de los Aliados, su principal escenario de guerra pasa a ser el Adriático.

En 1915 a la marina italiana se le encomienda organizar la evacuación a gran escala del ejército serbio. Sin embargo, la tarea que la marina italiana debe resolver es sobre todo defender los barcos de carga nacionales y aliados que transportan a los hombres, material y víveres, acechados por los submarinos y otras unidades ligeras enemigas, que aparecen de repente en mar abierto, atacando por sorpresa. Lo que acaece en el Adriático son correrías rápidas y mortíferas, a las que los italianos responden de forma brillante y eficaz. Así, en 1918, en los últimos días de la guerra, Rafael Paolucci y Rafael Rossetti entran en el puerto de Póla con un torpedo de velocidad lenta y hunden el acorazado *Viribus Unitis*.

Sin embargo, la guerra en el Adriático se relaciona principalmente con las lanchas torpederas. La Sociedad Veneciana de Automóviles y Náutica (SVAN) desarrolla una lancha veloz y bien armada, destinada a la caza de submarinos.

Las características principales del medio ideado por Attilio Bisio son su poco calado, su silueta aerodinámica y una quilla ideada para las olas que se levantan a derecha e izquierda del casco durante la navegación a toda velocidad. Entre 1916 y 1918 entran en servicio 244 lanchas armadas, de distintos modelos, situadas en nueve bases: tres en la laguna véneta, una en Ancona, una en Bari y cuatro en el canal de Otranto, paso obligado de los submarinos austriacos que se dirigen al Mediterráneo. Tras el hundimiento de dos barcos en el puerto de Durrës, el 7 y el 26 de junio de 1916, el 10 de diciembre de 1917 el comandante Luigi Rizzo entra en el puerto de Trieste y torpedea al acorazado *Wien*. Sin embargo el éxito más famoso de las MAS es el obtenido en el Adriático entre el 9 y el 10 de junio de 1918, en la isla de Premuda. Dos lanchas al mando de Rizzo y Giuseppe Aonzo se topan por casualidad con una flotilla austriaca compuesta por dos acorazados, el *Szent Istvan* y el *Tegetthoff*, que salen del puerto de Pula con una escolta compuesta por un cazatorpedero y seis torpederos para llevar a cabo una acción contra la barrera antisubmarina que desde el principio de la guerra cierra el canal de Otranto.

Las dos minúsculas unidades entran en combate y obtienen un éxito inesperado: alcanzado por dos torpedos, el *Szent Istvan*, emblema de la marina austriaca, se inclina sobre uno de sus costados y se hunde tras una hora de agonía. La victoria tiene un doble resultado: desanimar posteriores salidas de los austriacos al Adriático y conseguir un nuevo instrumento de propaganda de cara a la siguiente ofensiva austriaca sobre el Piave.

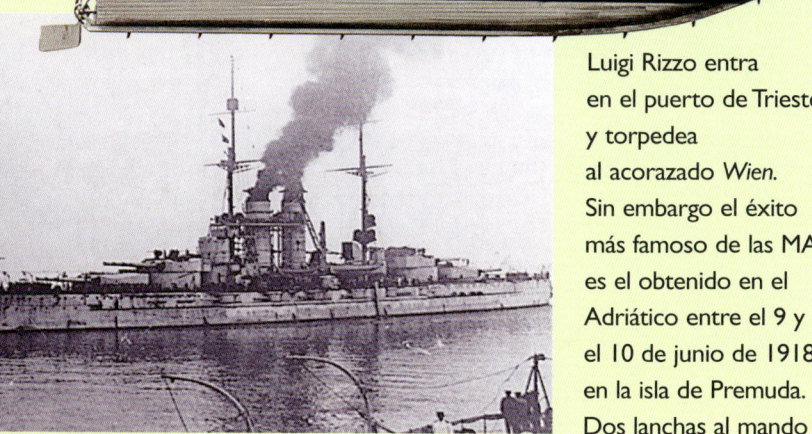

Arriba, hundimiento del Szent Istvan, *llevado a cabo por los MAS de Rizzo, en una tarjeta conmemorativa; a la izquierda, un MAS modelo Grillo construido por la marina en 1917; abajo, el acorazado* Szent Istvan.

PRIMERA GUERRA MUNDIAL

FOSAS COMUNES
Un capellán norteamericano realiza el servicio fúnebre de 12 soldados muertos.

LANZALLAMAS
Soldados alemanes entrenándose en el uso de un lanzallamas. Durante la guerra los lanzallamas van evolucionando desde los modelos sobre ruedas hasta unas armas más ligeras y manejables.

LA BATALLA IMPERIAL

A pesar de las pérdidas sufridas, el ejército alemán sigue siendo poderoso y se ha reforzado con las tropas procedentes del frente oriental, tras la firma, el 3 de marzo, del tratado de Brest-Litovsk. De esta forma el Estado Mayor alemán está dispuesto a jugar todas sus cartas, lanzando una serie de ataques en los que se unen la táctica del hundimiento y la sorpresa, con breves pero intensos bombardeos preparatorios y rápidos asaltos de la infantería.

En marzo, Ludendorff se embarca en la Batalla Imperial de primavera. Ha desarrollado una nueva táctica, una técnica de ataque móvil, que prevé el empleo de pequeños grupos de soldados transportados por un gran número de camiones por detrás de las líneas, desde un extremo al otro del frente. De esta forma puede trasladar sus fuerzas de choque a aquellos puntos en los que el enemigo se muestra más débil.

El ataque lanzado contra las líneas anglo-francesas, entre Arras y La Fère, es arrollador. En una semana las tropas alemanas rompen las líneas del frente y avanzan 65 kilómetros. No había sucedido nada parecido en cuatro años de guerra.

La estrategia de Ludendorff obtiene buenos resultados en Picardía y Champagne, donde los alemanes arremeten repetidamente contra el frente aliado, obteniendo una serie de brillantes victorias parciales. Los alemanes atacan a los ingleses en el sector de Montdidier (21 de marzo a 6 de abril), extienden la ofensiva a Flandes (9 de abril) y de nuevo sobre Aisne y Chemin des Dames (27 de mayo).

En junio han hecho centenares de miles de prisioneros y se han apoderado de más de 2.500 cañones. Avanzan, pero no rompen el frente enemigo, que se retira en orden. Aún nadie puede saberlo, pero la capacidad ofensiva de los alemanes se está consumiendo en estas operaciones.

FIAT 18 BL
El camión más utilizado por el ejército italiano. El puesto del conductor se protege con una capota de tela y los neumáticos son macizos. Provisto de un motor Fiat de 40 caballos, tiene una velocidad máxima, en carretera, de 22 kilómetros por hora. Seguirá estando en servicio hasta la Segunda Guerra Mundial.

LA LITERATURA Y LA GUERRA

La Gran Guerra anima a los hombres a escribir cartas y memorias, poesías y novelas, obras escritas durante el conflicto o pasados los años, por combatientes o excombatientes. Algunas son obras convencionales y efímeras, otras, como *El fuego*, de Henri Barbusse (1916) se hacen muy populares. No faltan pequeñas obras maestras, obras de poetas soldados como Apollinaire, que publica *Caligramas* en 1918 o Ungaretti, que en 1916 escribe sus primeras poesías recogidas en *Il porto sepolto*, una de las más sublimes expresiones poéticas de la guerra.

Entre muchas obras mediocres publicadas por veteranos, hay algunas novelas importantes, escritas por los protagonistas de los hechos que en ellas se narran y que recuerdan cuán feroz y absurda era la guerra. Se trata de libros que alcanzan una gran popularidad, como *Sin novedad en el frente*, del alemán Erich M. Remarque (1929). También las experiencias de Robert Graves en *Adiós a todo eso*, y T. E. Lawrence, recogidas en *Los siete pilares de la sabiduría*, obtienen un gran éxito de crítica y público.

La generación de soldados-escritores de la Primera Guerra Mundial supo crear textos que van más allá de un mero informe de la experiencia de la vida militar, empleando un lenguaje amargo, duro e irónico, que caracterizará a la narrativa posterior. Algunas obras, que no han tenido por qué llegar a ser *best seller* de la narrativa mundial, se dirigen con acento más profundo e intimista a la sensibilidad del lector. Así ocurre en Italia con la obra de Pietro Jahier *Conmigo y con los alpinos* (1919) o con *Un año en el altiplano*, de Emilio Lussu (1937).

Además, las obras literarias inspiradas en la Primera Guerra Mundial han permitido que algunos escritores afronten un tema muy querido por la poesía y la narrativa del siglo XX: la soledad del hombre inmerso en la violencia de la historia, tal como se encuentra en la poesía de Thomas S. Eliot *(Tierra baldía*, 1922) o en las novelas de Ernest Hemingway *(Adiós a las armas*, 1929) y de Boris Pasternak *(El doctor Zhivago*, escrita entre 1946 y 1955).

De izquierda a derecha y de arriba a abajo: Giuseppe Ungaretti, Robert Graves, Rupert Brooke, Erich Maria Remarque, Guillaume Apollinaire, Wilfred Owen, Henri Barbusse y Ernest Hemingway. Brooke y Owen, así como Charles Peguy en Francia y Scipio Slataper en Italia, murieron en el frente.

PRIMERA GUERRA MUNDIAL

OBRA MAESTRA
Desde el punto de vista táctico, la «Batalla Imperial» de primavera, lanzada por Ludendorff contra el frente occidental, es una inútil obra maestra. A pesar de los éxitos y del nuevo avance sobre el Marne, los alemanes ya no tienen fuerzas para llevar a cabo un golpe decisivo.

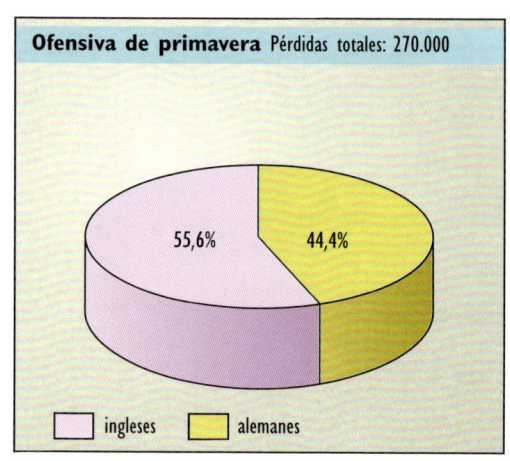

LOS ALIADOS RESISTEN

El ejército alemán ya no dispone de medios para sacar provecho del éxito inicial, y en el verano los Aliados llevan a cabo su contraataque. Las tropas de Ludendorff están agotadas, casi sin suministros y ya no creen en la posibilidad de una victoria. Al mismo tiempo los franco-británicos reorganizan sus Estados Mayores, confiando el mando supremo a Foch, mientras los norteamericanos envían más tropas. A pesar de sus brillantes victorias, la situación estratégica de Alemania no mejora sustancialmente. El frente occidental no cede y París no ha caído.

En el frente italiano los Imperios Centrales tampoco se arriesgan a lanzar el golpe decisivo. En el Adriático sufren los ataques de las MAS de Luigi Rezzo, que el 10 de diciembre de 1917 entra en el puerto de Pula y hunde el acorazado *Wien*. El 10 de julio de 1918, también las MAS, mandan a pique al acorazado *Szent Istvan*. Estos victoriosos ataques italianos sirven tanto para la propaganda como para subir la moral de las tropas ubicadas en el Piave.

Los austriacos, como ya no se preocupan por Rusia, concentran sus fuerzas contra el ejército italiano. El inicio de la Batalla del Solsticio, para la que han dispuesto dos grupos de ejércitos, se fija para el 15 de junio. El objetivo es el hundimiento en las mesetas de Asiago y la Grappa a la vez, con el cruce del río Piave hacia Treviso. Durante varios días los austriacos intentan atravesar por varios puntos el Piave, tratando de envolver a las divisiones italianas y aliadas, pero una y otra vez son repelidos y obligados a tener que atravesar de nuevo el río. Los italianos se han reorganizado y han reencontrado su orgullo y su valor. El 23 de junio las tropas austriacas son obligadas a una desastrosa retirada mientras una providencial crecida del río y los cañonazos enemigos destruyen los puentes sobre el Piave.

RETIRADA
Las tropas alemanas avanzadas cruzan el canal del Mosa-Aisne, utilizando lo que queda de uno de los puentes, destruidos por los Aliados durante su retirada. El avance de los alemanes será finalmente detenido por los australianos en la última cumbre, antes de Amiens.

LOS ÚLTIMOS DISPAROS

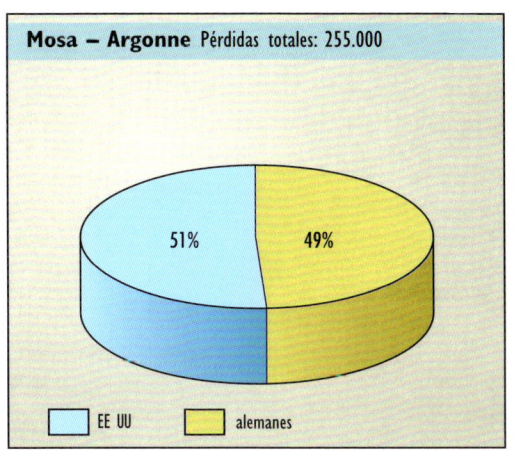

Mosa – Argonne Pérdidas totales: 255.000
- EE UU 51%
- alemanes 49%

TANQUE A7
Oficiales británicos delante de un tanque alemán que ha quedado fuera de uso. Durante la guerra, los alemanes no fabrican tanques eficaces: con un cañón de 57 mm, seis ametralladoras y una tripulación de 18 hombres, es una máquina vulnerable, lenta y poco fiable.

BATALLAS

PIAVE

Primavera de 1918. A pesar de las dificultades de los Imperios Centrales, los resultados de la ofensiva alemana han sido notables: 140.000 franceses fuera de combate y la capital cada vez más próxima al frente. La opinión pública está conmocionada, sobre todo en Francia. Es el momento en que los austriacos van a desencadenar la ofensiva en el frente italiano.

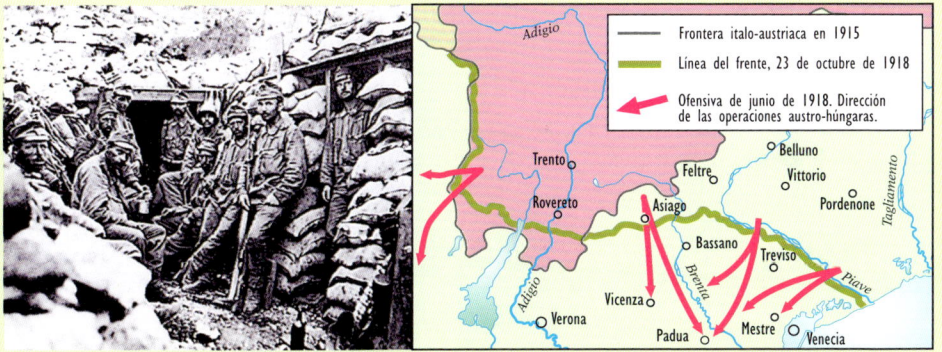

La derrota de Caporetto ha sacudido en lo más hondo, no sólo a las fuerzas armadas italianas, sino también al Gobierno. Poco a poco el país y el ejército han ido levantando cabeza y ya en la primavera de 1918 están recuperados: 300.000 hombres y 3.000 cañones han reforzado el frente. En la primavera de 1918 se siente en el ambiente la proximidad de un ataque austro-húngaro. Diaz decide prudentemente prepararse para la batalla del modo más adecuado, rechazando la hipótesis de Foch, encargado de la coordinación aliada, de llevar a cabo una ofensiva preventiva. La elección de una estrategia defensiva se revela sabia y vencedora. Del 15 al 23 de junio las divisiones austriacas, al mando de los mariscales de campo Conrad von Hotzendorff y Boroevič von Bojna, atraviesan por varios puntos el Piave, intentando envolver a las divisiones italianas y aliadas. Sin embargo una y otra vez son rechazados y obligados a volver a la otra orilla. En la tarde del 23 de junio Diaz puede al fin anunciar la victoria.

En la Batalla del Piave, más propiamente denominada «del Solsticio», los austriacos pierden 150.000 hombres; los italianos, 90.000. La victoria, que arrebata la iniciativa al Imperio Austro-húngaro y salva la llanura véneta de la invasión, construye unas sólidas bases para el éxito aliado de Vittorio Veneto, determinante para la caída definitiva de los Imperios Centrales, y se convierte en el símbolo de la liberación italiana tras la abrumadora derrota de Caporetto.

Izquierda, una columna italiana en marcha en las mesetas de Asiago; arriba, una posición del ejército austriaco en 1918 en la vertiente alpina.

BATALLAS

AMIENS

Las batallas de 1918 tienen poco en común con las de 1914; para muchos entendidos, más bien representan un ensayo general de las tácticas que se aplicarán en la Segunda Guerra Mundial. Los alemanes llevan buena parte de las innovaciones al campo de batalla. Pero las lecciones, aprendidas a un alto precio por ingleses y franceses, son asimiladas con rapidez por los Aliados, tal como se ve en el frente de Amiens el 18 de agosto de 1918, recordado como el «día negro» del ejército alemán.

En un frente que se extiende a lo largo de 20 kilómetros, a las 4,20 de la mañana, sin haber bombardeado previamente, 414 tanques aparecen de improviso entre la niebla seguidos por siete divisiones de infantería. En las jornadas precedentes un par de divisiones han movido sus unidades de una parte a otra del frente y un intenso tráfico de comunicaciones por radio, hábilmente creado por dos divisiones canadienses en Flandes, han intentado engañar a los alemanes, que esperan el asalto aliado muchos kilómetros más al norte. Además, la zona en torno a Amiens ha sido puesta bajo estrecho control a fin de mantener un secreto absoluto de la ofensiva confiada a franceses e ingleses, pero sobre todo a las tropas de los dominios (australianos, neozelandeses y canadienses).

La sorpresa es total. La artillería del general Budworth despeja la carretera a los tanques, alargando el tiro a medida que se avanza. Los aeroplanos de la RAF se lanzan en picado para ametrallar las trincheras enemigas. Los carros ligeros Whippet, armados con tres o cuatro ametralladoras, capaces de avanzar a una velocidad de 13 kilómetros por hora (el doble de la velocidad alcanzada por los Mark IV), corren a lo largo del frente seguidos por la infantería. La radio lo hace todo más fácil: los aeroplanos identifican los grupos de resistencia, dirigen el tiro de la artillería y los tanques pueden pedir el apoyo de la aviación. Todo funciona muy lentamente; sin embargo, una relación más estrecha entre las distintas armas empieza a dar sus frutos. También es verdad que el ejército alemán, exhausto tras la ofensiva de primavera, no es el mismo que el de 1917. Incluso la caballería británica tiene su momento de gloria: el XV y el XIX de húsares organizan una incursión adentrándose un kilómetro y medio, desmontan de los caballos y se atrincheran esperando refuerzos.

En las primeras horas de la tarde todas las unidades se han reunido en las posiciones establecidas en los mapas: el grueso de los australianos ha avanzado 10 kilómetros.

Las pérdidas de la jornada para los alemanes son impresionantes: 27.000 entre muertos y heridos, y 16.000 prisioneros. El ejército de Ludendorff se está deshaciendo; el avance aliado ya no volverá a detenerse.

Izquierda, una columna de prisioneros alemanes se dirige a la retaguardia; arriba, un tanque ligero Whippet utilizado en 1918 en el sector de Amiens.

LOS ÚLTIMOS DISPAROS

SIR JOHN MONASH
Las ocho divisiones del cuerpo del ejército australiano de sir John Monash juegan un papel de primer orden en la victoria aliada de Argonne.

NIEUPORT BEBÉ
Llamado Bebé por su reducido tamaño, el Nieuport 11 es muy utilizado en Italia, donde es construido por Macchi con licencia francesa.

LA OFENSIVA FINAL

En julio los alemanes están en el Marne, como en 1914. E igual que entonces, están estancados. El comandante aliado Foch lanza una contraofensiva con la que divisiones francesas y marroquíes expulsan a los alemanes al otro lado del Marne. La Segunda Batalla del Marne (15-26 de julio) marca el comienzo del fin de Alemania. La iniciativa a partir de ahora es de los Aliados y hasta el armisticio los alemanes deberán bailar al compás de Haig y Foch.

Las tropas aliadas pueden contar con una aplastante superioridad de medios, sobre todo tanques y aeroplanos, y con las nuevas fuerzas del contingente norteamericano. No sólo es la aportación del ejército estadounidense en número de combatientes lo que modifica la situación en favor de los Aliados, sino también la conciencia general de que en caso de una prolongación de la guerra, los norteamericanos pueden suministrar medios y hombres no agotados por años de combate. Tras el ataque del 25 de julio, un soldado alemán escribe: «No creo que salgamos de ésta. El ejército norteamericano esta aquí con un millón de hombres. Todo esto es demasiado». Para las fuerzas aliadas es el comienzo de una contraofensiva que no terminará hasta la victoria final.

Foch entiende que ha llegado el momento de llevar a cabo un ataque a fondo contra el enemigo. El 8 de agosto los Aliados desencadenan la Batalla de Amiens, el frente alemán de repente se quiebra. Los ingleses abren una profunda brecha en las líneas enemigas y por primera vez hay señales de claudicación por parte de los soldados de Guillermo II. El avance se transforma en una lenta e inexorable retirada en masa y todos, tanto en el frente de combate como en la retaguardia, se preguntan qué sentido tiene continuar una guerra que va inexorablemente a la derrota.

EL SALIENTE DE SAINT MIHIEL
Artillería norteamericana en acción en el saliente de St. Mihiel. La Batalla de St. Mihiel acaba con la derrota alemana. Entre las tropas norteamericanas que participan en el ataque, se encuentran dos futuros protagonistas de la Segunda Guerra Mundial: Douglas McArthur, al mando de una brigada, y Georges Patton, a la cabeza de un batallón de tanques franceses y norteamericanos.

PRIMERA GUERRA MUNDIAL

¡ECHADLOS!
Después de Caporetto, la propaganda italiana cambia el tono de sus mensajes, insistiendo en la necesidad de defender el territorio nacional.

CHÂTEAU THIERRY
Verano de 1918, en la zona de Château Thierry, los soldados estadounidenses combaten duramente.

El 12 de septiembre, tropas norteamericanas, flanqueadas por contingentes coloniales franceses y con el apoyo de más de 1.000 aeroplanos, arrasan a los alemanes en Saint Mihiel. En septiembre, otras ofensivas empujan el frente hacia el norte, ganando posiciones que en cuatro años han sido irreductibles. Los alemanes retroceden, abandonando las zonas ocupadas del norte de Francia y el occidente belga.

LA CAÍDA DE LOS IMPERIOS CENTRALES

Lo demás sólo es el rápido e imparable colapso, militar y político a la vez, de los Imperios Centrales. En agosto Guillermo II, para ganar tiempo y reorganizar las tropas, propone un armisticio, rechazado por los Aliados, que quiere una rendición total. El 14 de septiembre los Aliados rompen el frente búlgaro en el sector macedonio; el 29 Bulgaria pide el armisticio. La pérdida de Bulgaria priva a Alemania de las reservas de petróleo, esenciales para mantener una guerra cada vez más mecanizada. El alto mando alemán se da cuenta de que las reservas no durarán más de una semana. Ludendorff, consciente de que la victoria ya no es posible y de que por razones de orden interno hay que poner fin a las hostilidades, aconseja al káiser que forme un nuevo gabinete responsable de cara al Reichstag, para entablar inmediatamente negociaciones de paz.

De esta forma Ludendorff intenta separar las responsabilidades militares de las políticas y salvarse de la derrota. El mito de la «puñalada» por la espalda al ejército por parte de la revolución socialista, que afectará a Weimar y marcará la revancha alemana, empieza a echar raíces. En realidad el ejército alemán ya ha sido derrotado militarmente, pero gracias a que el derrumbe político del Reich, contrariamente a lo que sucederá en la Segunda Guerra Mundial, precede a la inevitable victoria militar de los Aliados, Alemania evita la ocupación. Cuando el 3 de

LA LIBERACIÓN DE TRENTO
El 3 de noviembre de 1918, el escuadrón de caballería de Alejandría entra en Trento. Es el momento culminante de la ofensiva italiana contra Vittorio Veneto. Al mismo tiempo, un batallón de cazadores desembarca en el puerto de Trieste, y, al día siguiente, el Imperio Austro-húngaro firma el armisticio.

ARCHIVOS DE GUERRA: LOS PRÉSTAMOS

La guerra consume enormes recursos económicos y todos los países beligerantes recurren a tipos de préstamos asegurados para obtener liquidez y mantener el déficit. El recurso al préstamo continúa después de la guerra en forma de préstamos para la reconstrucción.

1. Fonciére. Cartel que anuncia la seguridad del préstamo de guerra emitido por el Instituto húngaro Fonciére en 1918. **2. Préstamo de la victoria.** Invertir en el Préstamo de la victoria significa contribuir a la guerra de los convoyes para la libertad de comercio: se trata de un cartel estadounidense. **3. Navidad en el campo.** En Alemania se lanza una campaña para obtener regalos y enviarlos al frente en la Navidad de 1917. **4. Coro de beneficencia.** En Nueva York un coro femenino apoya el Préstamo norteamericano por la libertad. **5.6. Apelar a la conciencia.** Dos mensajes distintos para reclamar préstamos de guerra italianos: en el primer caso se recuerda la pertenencia de Italia a una coalición internacional, y en el segundo se apela a la conciencia de quienes se han quedado en casa.

PRIMERA GUERRA MUNDIAL

EN LA LÍNEA HINDENBURG
Tropas canadienses marchando hacia el ataque final de la línea Hindenburg.

KIEL, EL ROJO
Los marineros de la base alemana de Kiel abren el camino a la llamada revolucionaria.

COLT 1911
Funda para cargadores, para una Colt 1911, de los oficiales norteamericanos.

octubre se nombra al príncipe Max von Baden canciller de un Gobierno de coalición, los Aliados ya se están abriendo paso a través de la línea Hindenburg.

EL FIN DE LOS HABSBURGO

En Oriente Medio, Allenby combate contra los turcos en Megiddo, batalla considerada su obra maestra. Megiddo constituye un conjunto de acciones hábilmente combinadas: el 19 de septiembre comienza un bombardeo furibundo mientras dos cuerpos del ejército de infantería abren paso a la caballería. Los jinetes, apoyados por blindados, galopan en persecución de los turcos. Allenby marcha sobre Damasco y Beirut, que caen el 12 de octubre. A su lado están los árabes de Faysal, organizados por Lawrence. El 30 de octubre Turquía firma el armisticio en Mudros.

Mientras tanto, en el frente italiano, Diaz espera hasta el 24 de octubre, aniversario de la derrota de Caporetto, para lanzar su ofensiva. Tras durísimos enfrentamientos en el Grappa y el Piave, los italianos infligen una dura derrota a los austriacos y el 30 de noviembre ocupan Vittorio Veneto. Mientras en las bases de la marina austriaca en el Adriático, desde Trieste a Pula, los soldados forman soviets, el 3 de noviembre los italianos entran en Trento y desembarcan en Trieste; al día siguiente Italia y Austria firman el armisticio.

El 11 de noviembre el emperador Carlos I, sucesor en 1916 del viejo emperador Francisco José, renuncia al trono de un imperio multinacional que en realidad ya no existe. En los últimos meses del conflicto las nacionalidades oprimidas se rebelan contra el imperio, mientras los representantes políticos de las distintas etnias (croatas, eslovenos, eslovacos, checos y húngaros) intensifican los contactos con los Aliados buscando para ellos un lugar en la autodeterminación de los pueblos abanderada por Wilson.

PROTAGONISTAS

FRANCESCO BARACCA

Nacido en Lugo di Romagna en 1888, estudia en la escuela militar de Módena, de donde sale como subteniente de caballería. Muy pronto entra en la aviación, intuyendo sus posibilidades. Entrenado para pilotar distintos tipos de aeroplanos y muy hábil en la técnica de la acrobacia, en 1915 se le encomienda la organización de la defensa contra la aviación austriaca. Su escuadrilla lleva a cabo acciones excepcionales: su habilidad acrobática crea desconcierto y admiración en sus enemigos. Durante la retirada de Caporetto, Baracca y los suyos se distinguen por las audaces y arriesgadísimas acciones de cobertura, ametrallando en vuelo rasante al enemigo. Abatirá a su último adversario, el número 34, el 15 de junio de 1918, en plena Batalla del Piave. Cuatro días después, en medio de una acción en Montello, el aeroplano de Baracca es alcanzado por dos proyectiles de fusil: uno da en el depósito, el otro en la cabeza del caballero italiano del aire, que muere en el acto.

BATALLAS

VITTORIO VENETO

La Batalla de Vittorio Veneto cierra el conflicto italo-austriaco y su desenlace contribuye de modo determinante a la victoria de los Aliados. Tras el derrumbe del frente búlgaro, a mediados de septiembre de 1918, Diaz considera que es el momento de desencadenar un ataque decisivo: el intento fallido de derrotar el frente italiano en el Piave, en junio, ha supuesto enormes pérdidas en el ejército austriaco, en dificultades también por los negativos resultados en el frente occidental, donde los alemanes se están retirando.

Son meses en los que los Aliados y el Gobierno italiano intentan convencer

a Diaz de que pase a la ofensiva, pero el comandante italiano quiere estar seguro de poder contar con un ejército adecuado en cuanto a hombres y artillería.

En otoño las fuerzas italianas reúnen 57 divisiones (51 italianas y 6 aliadas), con 7.700 cañones y 1.745 morteros. Las fuerzas austriacas son más o menos equivalentes. Las lluvias persistentes obligan a retrasar la ofensiva italiana, que se desencadena el 24 de octubre. Ha transcurrido un año desde la derrota de Caporetto. El plan dispuesto por Pietro Badoglio, subjefe del Estado Mayor, y Ugo Cavallero, jefe de la oficina de operaciones, prevé un ataque sobre el Grappa y luego el forzamiento del Piave en su curso medio, a fin de provocar la ruptura de los dos grupos del ejército adversario, el del Trentino y el del Veneto. Los dos primeros días de la ofensiva son los más duros. El Piave viene crecido por las lluvias y rompe los puentes que los italianos construyen para pasar a la otra orilla. En la noche entre el 24 y el 25 de octubre, las cabezas de puente italianas de la margen izquierda del río están a punto de ser destruidas. Luego los austriacos empiezan a ceder. Vittorio Veneto, centro ferroviario y objetivo principal de la ofensiva, es ocupado el 29 de octubre. El ejército austriaco queda cortado por la mitad. El avance pasa a ser arrollador, debido también a que el ejército enemigo, en la práctica, ha dejado de existir como complejo armado el 30 de octubre. En sólo cinco días los italianos llegan a Trento y, en la misma fecha, el 3 de noviembre, desembarcan en Trieste. El armisticio entre Italia y el Imperio Austro-húngaro se firma el 3 de noviembre en Villa Giusti, junto a Padua: a las 15 h. del 4 de noviembre de 1918 las hostilidades en el frente italiano han terminado.

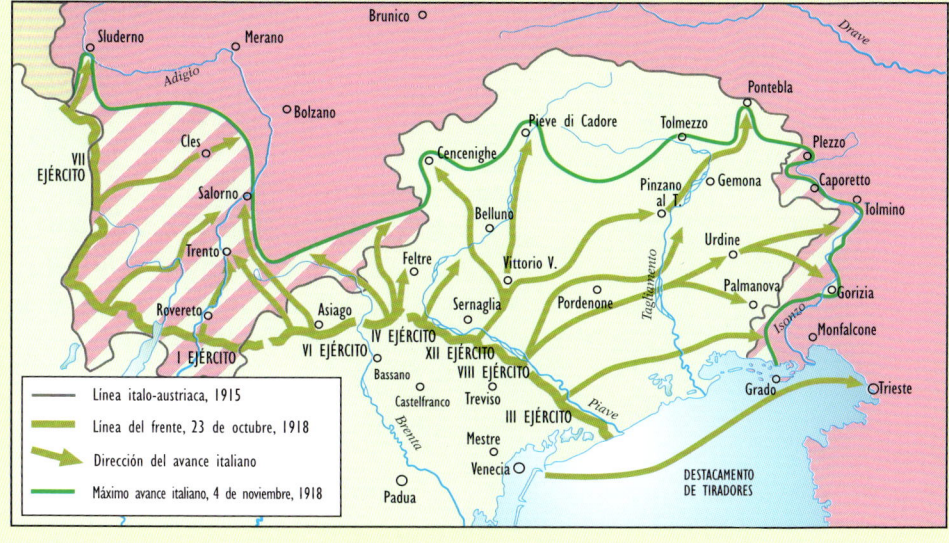

Arriba, portada de La Ghirba, *uno de los periódicos de trinchera del frente italiano. A la izquierda, el general Diaz con uno de los comandantes de las divisiones inglesas encuadradas en el X Ejército desplegado en el Piave. En el centro, medalla conmemorativa de los soldados del IV Ejército.*

PRIMERA GUERRA MUNDIAL

UNA GENERACIÓN PERDIDA
Al final de la guerra, el recuento de las pérdidas es escalofriante. Además de los casi nueve millones de muertos de las dos partes, están los heridos, desaparecidos y prisioneros, que reflejan el desastre que se abatió sobre Europa.

ALIADOS				IMPERIOS CENTRALES			
Bélgica	267.000	13.716	93.061	Austria-Hungría	7.800.000	1.200.000	7.020.000
Gran Bretaña	8.904.467	908.371	3.190.235	Bulgaria	1.200.000	87.500	266.919
Francia	8.410.000	1.357.800	6.160.800	Alemania	11.000.000	1.733.700	7.142.558
Grecia	230.000	5.000	27.000	Turquía	2.850.000	325.000	975.000
Italia	5.615.000	650.000	2.197.000	**TOTAL**	**22.850.000**	**3.386.200**	**15.404.477**
Japón	800.000	300	1.210				
Montenegro	50.000	3.000	20.000				
Portugal	100.000	7.222	33.291				
Rumania	750.000	335.706	535.706				
Rusia	12.000.000	1.700.000	9.150.000				
Serbia	707.343	45.000	331.106		Total movilizados	Total muertos	Pérdidas
Estados Unidos	4.355.000	116.516	323.018				
TOTAL	**42.188.810**	**5.142.631**	**22.064.427**				

LA ÚLTIMA REBELIÓN

En Alemania, Max von Baden invita a Guillermo II a abdicar a fin de salvar la monarquía, pero el soberano no acepta. La rebelión estalla, una rebelión que llevaba tiempo incubándose en el país; ya en enero de 1917 se habían reprimido duramente las huelgas en Berlín, Bremen, Essen y Hamburgo. Se llevan a cabo actos de sabotaje; muchos marineros se niegan a embarcar, y otros intentan apoderarse de un torpedero y huir. Los actos de amotinamiento se transforman en auténticas revueltas. En noviembre, la tripulación del *Kiel* iza la bandera roja y poco después se les une el resto de la flota. Rápidamente el movimiento revolucionario se extiende; Bremen, Hamburgo y Lübck están en manos de marinos y obreros. El 7 de noviembre se proclama la República de Baviera y al día siguiente también estallan revueltas en Colonia, Düsseldorf, Coblenza y Maguncia. La Liga Espartaquista, organizada por Rosa Luxemburgo y Karl Liebknecht, ante la decadencia de la vieja clase dirigente, intenta la revolución proletaria.

El emperador se ve obligado a huir. Es el fin de la dinastía Hohenzollern y el comienzo de la república, proclamada el 9 de noviembre. El 11 de noviembre el nuevo Gobierno, presidido por el socialdemócrata Ebert, firma el armisticio con los Aliados.

Nunca se sabrá con certeza el número de hombres muertos en el conflicto; se estima en unos nueve millones la cifra de soldados que perdieron la vida en los campos de batalla; otros seis millones quedaron mutilados. Se calcula que en la mayor parte de los países beligerantes cada familia ha perdido al menos un pariente o un amigo.

La Gran Guerra ha terminado, pero su finalización abre nuevos y graves problemas de orden social, político y económico para Europa y el mundo entero. El primero de todos es una paz justa.

LA GUERRA HA TERMINADO
El 11 de noviembre de 1918, la primera página del periódico londinense Evening Standard *anuncia el fin de las hostilidades. El armisticio se firma a las 5,05 h. en un vagón de tren, en Rethondes, en el bosque de Compiègne (norte de Francia), y se hace efectivo a las 11 de la mañana.*

LOS ÚLTIMOS DISPAROS

¡REVOLUCIÓN!
Ante la orden de zarpar, recibida el 29 de octubre, los marineros del Kiel *se amotinan. Es el inicio de la revolución, que obliga al káiser a huir el 9 de noviembre.*

LA RENDICIÓN
Prisioneros alemanes se dirigen a la retaguardia. La resistencia de los Imperios Centrales ha terminado.

EL CEMENTERIO DE SCAPA FLOW

Bahía de Scapa Flow, en el archipiélago de las islas Orcadas, al norte de Escocia, ante el puerto de Stromnes. Por su posición estratégica, la bahía que se abre en este remoto rincón de Europa se convierte, durante las dos guerras mundiales, en una base perfectamente equipada de la *Royal Navy*. Actualmente, en el canal de entrada a la bahía, el fondo guarda un fascinante museo sumergido, objetivo de submarinistas, pues posee multitud de restos militares, entre los que se encuentran algunos buques alemanes de la Primera Guerra Mundial. Es todo lo que queda de aquella marina de guerra que se atrevió a disputar el dominio de los mares a la *Grand Fleet* británica.

Tras la Batalla de Jutlandia, la flota alemana queda prácticamente intacta al final del conflicto. Entregada a los vencedores como garantía del armisticio, el 25 de noviembre de 1918 la flota entra en la bahía de Scapa Flow. Se trata de nueve navíos de guerra, cinco cruceros pesados, ocho cruceros ligeros, 50 cazatorpederos, desarmados y con las tripulaciones a bordo vigiladas por los ingleses.

El 21 de junio de 1919, al firmarse el armisticio entre Alemania y los vencedores, y al no recibir noticias de Berlín, el almirante Reuter teme que Alemania esté de nuevo en guerra y que los ingleses quieran apoderarse de la flota. No sabe que sólo se trata de un fallo en las comunicaciones y que el armisticio ha sido prorrogado dos días para permitir la clausura de los tratados de Versalles.

Entonces Reuter ordena el hundimiento de la flota, y más de 400.000 toneladas son tragadas por el mar. Nueve marinos alemanes mueren en la operación, los últimos caídos de la guerra.

No se salvan los cruceros ligeros *Dresden, Brummer* y *Koln,* el crucero pesado *Karlsruhe* ni ninguna de las naves de guerra *Kronprinz, Wilhelm, König* y *Margraf,* las reinas de la *Hochseeflotte,* abandonadas para siempre en el fondo de la bahía de Scapa Flow.

Imágenes del hundimiento voluntario de la flota alemana en la bahía de Scapa Flow. Al lado, los restos del Baden. *En el centro, de izquierda a derecha, marineros alemanes recogidos por los buques ingleses; la llegada de las tripulaciones a bordo de los botes de salvamento; y los restos del* Seydlitz, *inclinado hacia un lado.*

Los problemas de la paz perdida

Del horror de la guerra, los distintos pueblos del mundo salen con expectativas y esperanzas completamente distintas, cuando no opuestas. La característica común es el deseo de dar un giro radical que aleje los fantasmas de posibles nuevos conflictos, pero al final el camino conduce a atribuir a los derrotados la exclusiva responsabilidad de la guerra. Es un camino que realmente no favorece la posibilidad de una pacificación sólida y profunda.

Ya en enero de 1918, Woodrow Wilson, presidente de Estados Unidos, hace públicos los «catorce puntos» en los que se resume la posición norteamericana respecto al conflicto mundial y que constituirán la base de sucesivos tratados de paz. Los ejes del programa wilsoniano son el respeto a la nacionalidad y el derecho de los pueblos a la autodeterminación, así como la voluntad de establecer con todos los pueblos, en contra de cualquier proteccionismo aduanero, una absoluta libertad de co-

PRIMERA GUERRA MUNDIAL

DE FIESTA
(Página anterior).
La guerra ha terminado, todo París lo celebra.

UN ACONTECIMIENTO HISTÓRICO
Soldados y oficiales aliados observan la llegada de las delegaciones que se dirigen a Versalles para la conferencia de paz, a la que Le Petit Journal *dedica su portada, el 25 de mayo de 1919.*

mercio e intercambio. Un programa sin duda noble pero ligado a los intereses de un gran país capitalista, como es Estados Unidos, que con la liberalización de los intercambios tiene todas las de ganar.

LOS TRATADOS DE PAZ

La conferencia de paz se abre en París en enero de 1919. Los vencedores son los únicos que se sientan a la mesa de negociaciones, y como las potencias derrotadas no son admitidas en las conversaciones, se ven obligadas a firmar los cinco tratados que acaban siendo una paz impuesta. Los países representados en la conferencia son 30, pero en realidad las decisiones fundamentales las toman los cuatro grandes: Wilson, Lloyd George, Clemenceau y Orlando.

En junio de 1919 el Tratado de Versalles obliga a Alemania a devolver a Francia Alsacia y Lorena, a abandonar Bélgica, a renunciar a todo su imperio colonial, a ceder la Posnania a la recién nacida Polonia y una salida al mar hasta Danzig, habitada por alemanes y constituida como «ciudad libre», que separa Prusia oriental del resto de los territorios alemanes. Alemania es obligada a declararse responsable de la guerra y a comprometerse por tanto en el resarcimiento de los daños provocados durante el conflicto; además se le impone una drástica reducción de sus fuerzas armadas, la renuncia a tener artillería pesada, aviones y submarinos y, por último, la cesión de la flota a Inglaterra (como se sabe, los buques alemanes ubicados en Scapa Flow habían preferido hundirse voluntariamente).

En septiembre de 1919 le toca firmar a Austria el Tratado de Saint Germain-en-Laye. De las ruinas del Imperio de los Habsburgo surgen la República de Austria, la República de Che-

LA MESA DE LOS VENCEDORES
28 de junio de 1919, los delegados de Alemania, Johannes Bell y Herman Müller, firman el Tratado de Versalles frente a los representantes de los países vencedores. Detalle del cuadro de sir William Orpen.

LOS PROBLEMAS DE LA PAZ PERDIDA

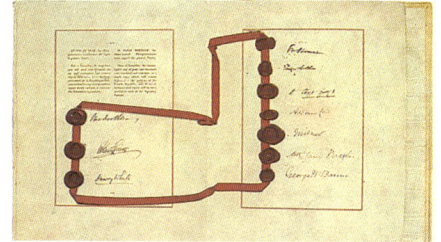

VITTORIO EMANUELE ORLANDO
La delegación italiana está encabezada por el presidente del Consejo, Vittorio Emanuele Orlando, a la izquierda pasando revista a un destacamento francés.

FIRMAS INÚTILES
Las firmas de los delegados norteamericanos en el Tratado de Versalles sirven de muy poco, pues el Congreso se niega a ratificar el documento.

coslovaquia y el Reino de Yugoslavia, que reúne los territorios de Serbia, Montenegro y las regiones eslavas pertenecientes a Austria. A Italia se le cede el Trentino, el sur del Tirol, el Alto Adigio, Gorizia, Trieste e Istria, mientras queda en suspenso la cuestión de Dalmacia que, de acuerdo con el Pacto de Londres, debía ser asignada a Italia, aunque también la reivindica Yugoslavia.

En noviembre de 1919, Bulgaria firma el Tratado de Neuilly que le impone la reducción de su territorio en favor de Rumania, Yugoslavia y Grecia. En junio de 1920 el Tratado de Trianon regula la cuestión de Hungría, donde los Aliados acaban, utilizando los ejércitos checo y rumano, con el experimento bolchevique de Béla Kun, surgido de la disolución de la doble monarquía.

Por fin, el Tratado de Sèvres, de agosto de 1920, sanciona el definitivo desmembramiento del Imperio Otomano, de cuyas ruinas surgen los nuevos Estados de Siria, Palestina, Transjordania e Irak, confiados, sin embargo, en forma de «mandatos», a Francia e Inglaterra. Turquía queda reducida a la Anatolia septentrional y el territorio de Estambul, mientras la zona de Esmirna es cedida a Grecia.

EL FRACASO DE WILSON

Durante la elaboración de los tratados de paz, en abril de 1919 también se aprueba el Estatuto de la Sociedad de Naciones, organismo que deberá ocuparse de reorganizar el sistema de las relaciones internacionales y resolver los conflictos entre los Estados, de forma que en el futuro pueda evitarse tener que recurrir a la guerra. Las declaraciones del estatuto, sugerentes pero abstractas, lejanas de la realidad de las relaciones internacionales y contradictorias en

LA SOCIEDAD DE NACIONES

La conferencia de París, inaugurada el 18 de enero de 1919 con la sola participación de 27 países vencedores, rediseña el mapa geográfico de Europa. Durante la guerra, los Aliados habían proclamado el principio de autodeterminación de los pueblos. En la mayor parte de los casos se mantienen fieles a este principio. Lo más complejo es la aplicación de los «catorce puntos» de Wilson para crear las condiciones de una «paz perpetua». La primera es crear un organismo internacional capaz de dirimir los conflictos entre los pueblos sin recurrir a la guerra.

Para este objetivo se crea la Sociedad de Naciones. En realidad el nuevo organismo queda paralizado desde su creación, en 1920, cuando el Senado norteamericano rechaza el Tratado de Versalles. La Sociedad de Naciones, con sede en Ginebra, comete otro error limitando el poder de decisión del Consejo, compuesto por cuatro miembros permanentes: Francia, Reino Unido, Italia y Japón, y por otros cuatro miembros que se van eligiendo por turno.

El reparto del Imperio Otomano y la reorganización de Oriente Medio revelan ya la incapacidad de la Sociedad de Naciones de convertirse en un interlocutor de peso: el área se divide en «mandatos» confiados a las dos principales potencias europeas: Siria septentrional y Líbano para Francia; Irak, Siria meridional, Arabia y Palestina para el Reino Unido. Las fronteras de dichos Estados se trazan de acuerdo con los intereses petrolíferos de Occidente, que tampoco renuncia al control directo de Adén, Yemen y Kuwait.

Palestina se convierte de repente en objeto de una controversia destinada a adquirir un relieve cada vez más creciente a consecuencia de las declaraciones de Arthur J. Balfour el 2 de noviembre de 1917, según las cuales, el ministro de Asuntos Exteriores inglés se compromete a ofrecer al movimiento sionista la posibilidad de crear en Palestina un «hogar hebreo» bajo protección inglesa.

Sobre éste, como sobre otros temas, la Sociedad de Naciones renuncia a una acción de mediación. Además, el organismo incorpora más tarde a los países vencidos. Alemania es admitida en 1926, y establece un «cordón sanitario» en torno a la Rusia soviética (Unión Soviética a partir del 30 de diciembre de 1922).

Sin medios militares adecuados a sus ambiciones, el organismo se convierte en una especie de asamblea consultiva incapaz de tomar decisiones operativas, como lo demostrará trágicamente frente al ascenso del nazismo en los años treinta. Queda disuelta en 1946.

LOS PROBLEMAS DE LA PAZ PERDIDA

LA VICTORIA MUTILADA
Vittorio Emanuele Orlando (a la izquierda conversando con Lloyd George, junto a Clemenceau y Wilson) y la delegación italiana abandonan Versalles para protestar contra las posiciones de los Aliados en el Fiume. Italia lo recibe como un vencedor y Beltrame le dedica la portada de la Domenica del Corriere.

parte con el espíritu punitivo de Versalles, no se tradujeron sin embargo en una voluntad política concreta.

En realidad la Sociedad de Naciones nace con muchas limitaciones, sin instrumentos para poder intervenir. Y aunque Estados Unidos ha impulsado la constitución del nuevo organismo, enseguida lo abandona. A pesar de los propósitos de Wilson, la opinión pública norteamericana y el Congreso no estiman necesario que haya que prolongar el compromiso norteamericano en política exterior. En las elecciones de 1920, el candidato del partido demócrata, que mantiene los principios de Wilson, es derrotado por el republicano Warren Harding. Una vez más prevalecen las tendencias aislacionistas, que tienden a una política de alejamiento de las cuestiones europeas, para concentrarse exclusivamente en los intereses de la zona del Pacífico y el resto del continente americano.

ILUSIONES DESVANECIDAS

Al final de las negociaciones de paz, son muchas las ilusiones desvanecidas. En Versalles, los delegados italianos piden la aplicación integral del Pacto de Londres, al que el presidente norteamericano no se siente vinculado. Orlando y su ministro de Asuntos Exteriores chocan con la hostilidad de Wilson (que acusa a los italianos de tener pretensiones que violan los derechos de otros pueblos) y con la frialdad de Lloyd George y Clemenceau.

La cuestión adriática suscita las diferencias más profundas: Dalmacia, reivindicada por razones expansionistas contra los principios de nacionalidad, y Fiume, que en 1918 se autoproclama italiana. Los delegados italianos abandonan la conferencia. Un gesto teatral de consecuencias desastrosas, porque, efectivamente, durante la ausencia de la delegación italiana, se decide la suerte de las antiguas colonias alemanas que van a repartirse entre las demás potencias.

PROTAGONISTAS

V. EMANUELE ORLANDO

Nace en Palermo en 1860. Vittorio Emanuele Orlando pertenece a la nueva generación de políticos del Reino de Italia nacidos después del Risorgimento. A los 22 años es doctor en derecho constitucional y muy pronto participa en la política. Elegido diputado liberal en 1897, es sucesivamente ministro de Justicia, de Instrucción Pública y del Interior en los Gobiernos de Giolitti, Salandra y Boselli. Después del desastre de Caporetto en 1917, se le confía la presidencia del Consejo. Tras la victoria en la Primera Guerra Mundial, mantiene el cargo hasta 1919, año en el que dimite a consecuencia de un duro

enfrentamiento con el presidente norteamericano Wilson en Versalles. En 1931, por no prestar juramento al fascismo, se retira a la enseñanza universitaria. En 1946 es elegido para la Asamblea Constituyente y nombrado senador de derecho en la primera legislatura republicana. Muere en Roma en 1952.

LA REVUELTA ESPARTAQUISTA
En enero de 1919, las tropas del Gobierno alemán (a la derecha en la Alexanderplatz de Berlín) reprimen con dureza la revuelta del movimiento espartaquista, entre cuyas víctimas se cuentan Karl Liebknecht y Rosa Luxemburgo (a la derecha).

El nacionalismo está presente en la cuestión del Fiume y, en septiembre de 1919, D'Annunzio ocupa la ciudad. La no aceptación por parte de las potencias aliadas de las peticiones italianas crea el mito, alimentado por el extremismo nacionalista, de una victoria mutilada, precursora de futuras desgracias.

EQUILIBRIO INESTABLE

El asunto de la autodeterminación parece dominar los tratados, aunque en realidad se aplica de forma contradictoria y con total discrecionalidad. Al final, tres millones de alemanes de los Sudetes se encuentran incorporados a Checoslovaquia, así como 500.000 húngaros. Por lo demás, el mismo principio wilsoniano es sabiamente utilizado por croatas y eslovenos, que habiendo luchado del lado de Viena, se convierten en Estados dispuestos a atarse al carro de los vencedores serbios para dar vida a aquel reino de los eslavos del sur, que hasta ese momento representaba el sueño del romanticismo ilírico.

En general, el problema de las nacionalidades oprimidas, en cuyo nombre los partidos democráticos de los Aliados han conferido a la guerra un aura de conflicto nacional, no se resuelve con los tratados de paz; más bien se complica posteriormente. También se desvanecen las ilusiones de los árabes. En 1920, Faysal toma las armas, esta vez contra los Aliados y las potencias mandatarias. La derrota de Maysalun contra los anglo-franceses enseña a quiénes pertenece ahora Oriente Medio.

Por último, la paz no ha resuelto el problema alemán. La joven república socialdemócrata –nacida en 1918 de las convulsiones revolucionarias de Kiel, Munich y Berlín, y de las represiones del intento espartaquista de Rosa Luxemburgo y Karl Liebknecht de enero de 1919– es débil y se siente políticamente humillada. Sin embargo los Alia-

¿CONTINUAR LA GUERRA?
Soldados norteamericanos a bordo del crucero Des Moines *con destino a Arkángel. Se trata de 8.500 soldados aliados enviados a Rusia contra el Gobierno bolchevique. Solamente el cansancio de la guerra recién terminada impedirá a las potencias Aliadas llevar a cabo una intervención a fondo contra los soviéticos.*

LOS PROBLEMAS DE LA PAZ PERDIDA

FIUME Y D'ANNUNZIO

Hoy se llama Rijeka y forma parte de la República Croata, pero en su existencia de ciudad fronteriza, este puerto del Adriático ha llevado, al menos una vez en la historia, el nombre de Fiume.

En el Pacto de Londres de 1915 Italia no reclama Fiume, de mayoría italiana. En las intenciones de las potencias firmantes la ciudad permanece como único puerto del Imperio Austro-húngaro. Sin embargo, al final del conflicto, con la disgregación del imperio y el nacimiento de un Estado nacional en Yugoslavia el cuadro político se modifica. Yugoslavia reclama los territorios asignados a Italia por el Pacto de Londres. Mientras tanto el nacionalismo furibundo, que se ha reforzado en el transcurso de la guerra, se sitúa ya en posiciones de protesta abierta y radical contra el orden existente. Tras el abandono de la conferencia de paz de los delegados italianos, el mito de la victoria mutilada y las ansias expansionistas en el Adriático se convierten en líneas de fuerza del movimiento que recoge las desesperadas tensiones de una franja social heterogénea y fragmentada, para la que sólo una minoría de valientes, capaces de gestas intrépidas y espectaculares, puede resolver los problemas creados por la tímida postura del Gobierno.

El 12 de septiembre de 1919, Gabriel D'Annunzio, al frente de un grupo de excombatientes, radicales, oficiales y soldados del ejército, ocupa la ciudad. Es un duro golpe para el Gobierno de Nitti, pues la iniciativa es apoyada por los militares más conservadores y por poderosos grupos empresariales. Sin embargo, también algunos grupos del sindicalismo revolucionario observan con interés y esperanza la experiencia de Fiume. Sólo con la caída de Nitti y con el nuevo Gobierno de Giolitti, la cuestión parece desbloquearse. En noviembre de 1920 se alcanza un acuerdo con los yugoslavos por el que se reconoce Fiume como ciudad independiente. El tratado, aprobado por el parlamento, no es aceptado por D'Annunzio, que es obligado a abandonar la ciudad en diciembre.

Arriba, Giovanni Giolitti en 1920; una imagen de Fiume durante la ocupación italiana y una manifestación nacionalista en Roma; a la izquierda, Gabriel D'Annunzio con uniforme de legionario.

PRIMERA GUERRA MUNDIAL

DIKTAT
La Alemania humillada no acepta las duras condiciones del Tratado de Versalles, el Diktat *impuesto por los vencedores a los vencidos no hace sino alimentar el deseo de revancha. A la derecha, un veterano de guerra pide limosna en las calles de Berlín; a su lado, una manifestación contra el Tratado de Versalles en 1919.*

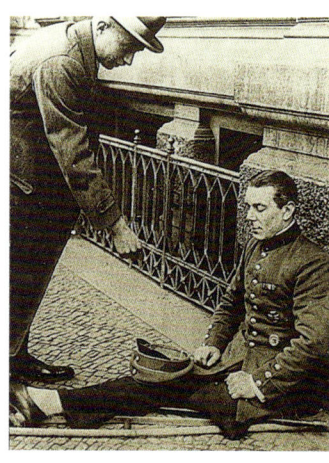

dos no pueden ignorar a Alemania en su papel anticomunista, pues la estructura económica y social del país está intacta, dejando la puerta abierta al revanchismo militar.

Alemania se somete pero no acepta la ratificación del Tratado de Versalles. Además, mientras las fronteras occidentales quedan fijadas definitivamente por el Tratado de Locarno, el 16 de octubre de 1925, no ocurre así con las orientales, ni ha quedado claro el destino de las minorías alemanas que viven fuera de la patria.

El nuevo orden europeo no garantiza una estabilidad política y una convivencia pacífica entre los pueblos, representa una situación aún más explosiva que la que precedió a la guerra. Los años por venir conocerán el auge de los nacionalismos de la Turquía de Ataturk, la Polonia de Pilsudsky, la Hungría del almirante Horthy, y verán nacer, de las desilusiones italianas y las humillaciones alemanas, las nuevas y aún más trágicas ilusiones del fascismo y del nazismo.

LA LARGA SOMBRA DE LA GUERRA

Al concluir la guerra, la geopolítica europea está completamente alterada. La Rusia de los zares y los Imperios Centrales, pilares del orden oriental, han desaparecido. En su lugar, surge la Rusia de los soviets, donde el antiguo fantasma del comunismo va tomando el aspecto de una gran potencia, mientras Austria ha sido reducida a un pequeño Estado y Alemania abandonada a las rebeliones y la ruina del militarismo. Inglaterra vuelve a su espléndido aislamiento, mientras Francia, que aspira a ser el eje del equilibrio europeo, está agotada por el esfuerzo bélico.

La guerra se ha abatido con sus secuelas sobre los pueblos europeos. A los caídos en los campos de batalla se añaden las víctimas de las epidemias que, a causa del empeoramiento de las condiciones alimenticias e higiénicas, se propagan fácilmente. Entre 1918 y 1919 hay más de seis millones de muertos en Europa a causa de una terri-

EL RESCATE DE TURQUÍA
En 1923 se celebra en Lausana una conferencia de paz para resolver el problema turco. Después de dos años de guerra, el ejército turco de Mustafá Kemal ha liberado al país de la ocupación griega impuesta por el Tratado de Sèvres. La conferencia concluye con el reconocimiento de Turquía en sus límites actuales.

LOS PROBLEMAS DE LA PAZ PERDIDA

EL RECLAMO DE OCTUBRE
Cartel soviético de apoyo a la campaña de alfabetización promovida por el Gobierno.

UN MUNDO NUEVO
Foto publicitaria de un Ford T Roadster de 1926. En la postguerra, Estados Unidos abandera el progreso económico.

LA EPIDEMIA DE 1918

Los contemporáneos ven el primer conflicto mundial como una inmensa carnicería. Sin embargo, entre 1918 y 1919, el mundo se ve acechado por una terrible enfermedad, que en pocos meses cosecha más muertos que la guerra: la llamada gripe española. Las únicas epidemias comparables a la de 1918 son la peste, que en el siglo VI mata a cientos de miles de personas, y la peste negra entre los años 1347 y 1350, que segó la población europea.

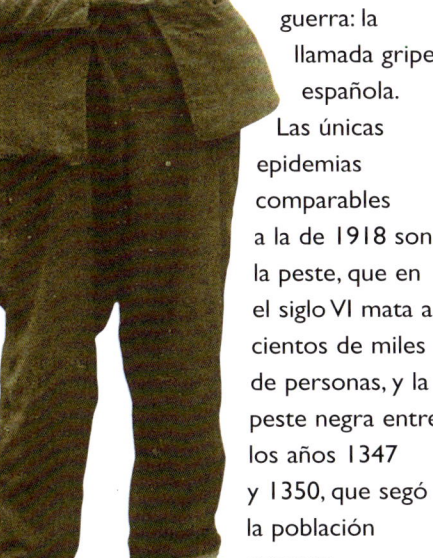

El número de víctimas de la epidemia de gripe de 1918 es, según algunas estimaciones, de 20 millones; tal vez más, dado que las tasas más altas de mortalidad se registraron en Asia y África, donde no existían registros regulares de fallecimientos.

Se trata de terribles estragos causados por un virus misterioso, que los científicos no consiguen aislar con seguridad y que en cuatro meses contagia a la mitad de la población del planeta. Quizá sea un virus animal asociado a otro humano, y esta combinación mortal genera otro virus, capaz de atacar los pulmones de los hombres. Entre otros tantos misterios que envuelven a la gripe española está también el de su origen. A pesar de su nombre, no procede de España. Parece, más bien, que la primera manifestación del virus se dio en Kansas, en un abarrotado campo del ejército. Ahí, en marzo de 1918, se acogen 107 pacientes con síntomas de una fuerte gripe. En poco tiempo el virus se extiende por el campo; los supervivientes son enviados a Europa, donde propagan la enfermedad.

Inexplicablemente el virus llega y desaparece sin dejar rastro. Según algunos científicos, no se excluye que el virus permanezca latente en cualquier lugar de la Tierra, pudiendo volverse activo y epidémico.

Después de varios años se ha vuelto a estudiar la gripe española gracias al hallazgo en Noruega de seis cadáveres de víctimas de esta gripe sepultados más allá del círculo polar. Al estar preservada por el frío la estructura molecular del virus, quizá pueda al fin comprenderse.

Izquierda, entre las inútiles precauciones contra la epidemia de gripe de 1918 está la de esparcir desinfectante por las calles de Londres. En el centro, publicidad de un jabón en la época de la guerra.

PRIMERA GUERRA MUNDIAL

LA CUESTIÓN JUDÍA
El 2 de noviembre de 1917, la declaración de Balfour, ministro inglés de Asuntos Exteriores (a la derecha) sanciona el reconocimiento del proyecto sionista en Palestina. Durante la guerra, Zeev Jabotinsky (a la derecha) había organizado un batallón judío en el ejército británico: se habían sembrado las semillas del problema judío en Palestina.

ble epidemia de gripe. La tuberculosis, el tifus y el cólera se extienden por doquier, principalmente en Europa central.

Los años de la guerra están presentes en todos, vencedores y vencidos. Durante cuatro años el comercio europeo se ha paralizado, fértiles zonas agrícolas han sido destruidas o han quedado inutilizadas por mucho tiempo. El aparato industrial se ha potenciado, pero casi exclusivamente para la producción bélica, inútil en tiempo de paz. Muchas industrias se han destruido o están cerradas por falta de materias primas. Durante cinco largos años, los países Aliados han dependido de las importaciones y, al final del conflicto, todos los Estados deben continuar importando muy por encima de lo que pueden pagar con las reservas y las exportaciones. Las consecuencias son una subida generalizada de precios y una inflación que recorta ahorros y salarios.

EL NUEVO MUNDO

A mediados del siglo XIX, Europa era la forja del mundo. Los demás países, desde Estados Unidos al lejano Oriente, eran un lugar donde vender los productos acabados en Europa y de abastecimiento de materias primas. En los años veinte del siglo pasado, Europa es un continente empobrecido y los centros del poder económico han cambiado.

Japón vende a China, a la India y a Indochina las manufacturas que Europa no puede proporcionar. Rusia comienza a imponerse como una potencia de primer orden. En América latina, ya a lo largo del conflicto, se ha producido un notable alejamiento de los intereses económicos, desde Europa a Estados Unidos, y, tras la guerra, las inversiones estadounidenses crecen en el área latinoamericana, al mismo tiempo que los in-

LAS SECUELAS DE LA GUERRA
Las víctimas de la guerra no son sólo los casi nueve millones de muertos, sino también cientos de miles de mutilados e inválidos que se retiran a las ciudades y a los campos de Europa. También con ellos –a pesar de ser muy activos en la constitución de asociaciones de excombatientes– quedan abiertas las heridas de la guerra.

LOS PROBLEMAS DE LA PAZ PERDIDA

LOS MONUMENTOS A LOS CAÍDOS

En muchos países, aún hoy se recuerda a los soldados caídos, a menudo muy jóvenes, durante la Primera Guerra Mundial. Los días de las ceremonias conmemorativas se llaman *Días del Armisticio* en Francia, *ANZAC Day* en Australia, y *Remembrance Day* en Estados Unidos. En Italia, el recuerdo de los caídos es el 4 de noviembre, aniversario de la victoria. En estos días, autoridades y asociaciones de excombatientes llevan flores a los monumentos a los caídos, erigidos en todas partes durante la posguerra.

En Italia, durante los gobiernos liberales y luego bajo los fascistas, se construyen muchísimos monumentos, sobre todo en las plazas de las ciudades y de los pueblos, incluso en los más pequeños. En Francia, en uno de los campos de batalla más sangrientos del conflicto, el de Verdún, se erige un grandioso monumento a los caídos, entre más de 35.000 estelas, obeliscos y otras construcciones. El fascismo italiano se erige como intérprete y custodio de la memoria, añadiendo a estas efigies de mármol y bronce su propia retórica. Es sobre todo entre 1925 y 1928 cuando el fascismo se compromete en Italia con el planteamiento y realización de algunos de los más notables monumentos oficiales de la guerra. El más importante es el complejo monumental de Redipuglia, donde, junto a la zona sacra del Monte San Miguel, el cementerio de los invictos del III Ejército de 1923 se amplía con una imponente Escalinata de los cien mil, inaugurada en 1938.

En los monumentos, pequeños y grandes, levantados durante aquellos años, los nombres aparecen habitualmente listados por jerarquía, desde el primer oficial al último soldado, con lo que, de este modo, siguen sin ser iguales aun después de la muerte. En los epitafios se pone el acento en el patriotismo y el heroísmo de los soldados más que en el dolor por su muerte. Las estatuas de los monumentos se yerguen altivas por las acciones llevadas a cabo por los caídos, en vez de postrarse con recogimiento por su desaparición.

En los monumentos a los caídos franceses, los tonos retóricos y patrióticos están menos acentuados. Un menor control del poder deja que se desarrolle un sentimiento pacifista en las asociaciones de excombatientes, cosa que no pudo suceder en la Italia fascista. Por ello la memoria de la guerra se desarrolla de forma menos dogmática y más variada, quizá por ello más duradera, y aún hoy conmovedora. Así se pueden encontrar, grabadas en el mármol, incluso palabras que maldicen la guerra, pues sólo generan muerte y desesperación.

Arriba, flores sobre la tumba del soldado desconocido en París, en los años veinte; a la izquierda, un cementerio británico y uno de los muchos monumentos a los caídos erigido en Italia en los años treinta.

PRIMERA GUERRA MUNDIAL

LAS NUEVAS MUJERES
Un cartel francés de 1925 reivindica el derecho al voto para las mujeres. Al acabar la guerra, surge el intento de que la mujer regrese a su papel tradicional, aunque con significativos cambios en la condición femenina. En Inglaterra las mujeres consiguen el derecho al voto en 1918, en cambio, en Francia, no lo obtendrán hasta 1945.

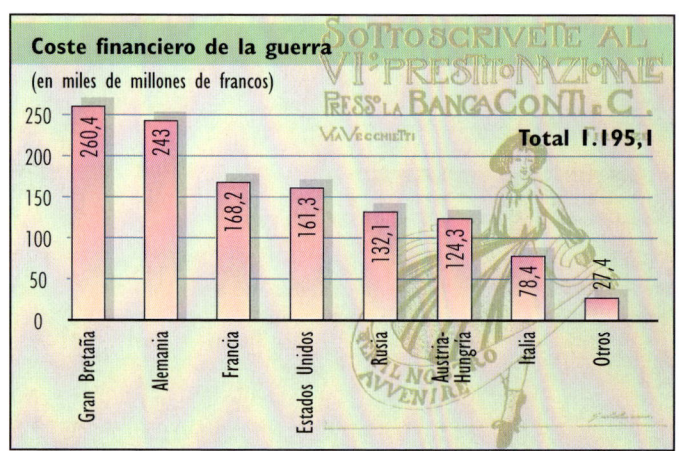

Coste financiero de la guerra (en miles de millones de francos) — Total 1.195,1
- Gran Bretaña: 260,4
- Alemania: 243
- Francia: 168,2
- Estados Unidos: 161,3
- Rusia: 132,1
- Austria-Hungría: 124,3
- Italia: 78,4
- Otros: 27,4

tercambios comerciales. Estados Unidos, dueño de casi la mitad de las reservas de oro del mundo, se convierte en el verdadero centro del poder económico y financiero.

La capacidad europea de controlar el mundo políticamente también ha cambiado. A partir de 1919, empieza a ser contestado el dominio inglés en la India y lo mismo sucede en la Indochina francesa. Oriente Medio se ve invadido por el empuje del nacionalismo turco y árabe. Un poco en todas partes, el mundo colonial sufre una ola de enfrentamientos entre una serie compleja de elementos en torno a los cuales se condensan los primeros movimientos independentistas: la participación de muchos indígenas de las colonias en el conflicto mundial, los ideales wilsonianos de la autodeterminación de los pueblos, las promesas hechas a las colonias para asegurarse su apoyo, y nunca mantenidas por los vencedores, y, no en menor grado, el gran mensaje de la revolución de octubre.

La revolución bolchevique actúa como un poderoso reclamo, en especial en el proletariado de los países occidentales, donde la depresión económica también adquiere tintes de profunda crisis política, de división entre los grupos y las clases sociales, en una sociedad que tras el conflicto ha cambiado profundamente.

Los campesinos, siempre al margen de la historia, transformados en soldados y enviados a las trincheras de las regiones más periféricas, han descubierto en el frente, junto con los horrores de la guerra, una nueva solidaridad y una conciencia política, aunque sea elemental.

También el movimiento obrero conoce un momento de gran desarrollo y toma conciencia de su importancia como elemento esencial en cada país. El enfrentamiento de clases se radicaliza, se lucha por conquistar poder frente a la burguesía, considerada clase parásita e inútil, y responsable de la guerra. La creciente conciencia de clase lle-

PROTAGONISTAS

MUSTAFÁ KEMAL

Atatürk, el padre de los turcos, nace en Salónica en 1881 y acude a las escuelas militares del Imperio Otomano. De ideas progresistas, en 1904 es arrestado por sedición, pero prosigue su actividad política, y en 1906 funda la sociedad secreta Patria y Libertad. Sin embargo, después de la revolución de 1908, está disconforme con los líderes de los Jóvenes turcos, entre los que se encuentra Enver bajá, de los que desaprueba sus tendencias filoalemanas y el panislamismo. Participa en la guerra de 1911-1912 contra Italia en Libia, y en la segunda guerra balcánica en 1913. Durante la Primera Guerra Mundial envía tropas a los principales frentes, desde el Cáucaso a Gallípoli y Palestina. Tras la derrota de 1918 llega el punto de referencia del orgullo nacionalista turco. Designado jefe de Gobierno en 1920, en dos años libera con las armas al país de la ocupación griega y de la tutela de los Aliados. En 1923 es elegido presidente de la recién estrenada República Turca, dando paso a una profunda transformación del país en una dirección laica y occidental. Muere en 1938.

LOS PROBLEMAS DE LA PAZ PERDIDA

LA PARTICIPACIÓN DE LAS COLONIAS
Tropas indochinas en Francia, en 1918. El tributo de sangre pagado por las colonias se convierte en la postguerra en una de las banderas de los nacientes movimientos independentistas.

EL LÍBANO
En Beirut, ante el general Gouraud, se proclama el nacimiento del Líbano (bajo la tutela francesa).

va a los obreros a demandar nuevos derechos y a utilizar medios políticos para mejorar sus condiciones económicas. La huelga se convierte en una eficaz arma de presión política, además de salarial.

Así mismo, una nueva fuerza asoma a la sociedad de la inmediata posguerra: las mujeres. Llamadas durante el conflicto a llenar el vacío dejado por los hombres en actividades productivas que antes les eran negadas, las mujeres regresan a condiciones de vida más tradicionales, pero entre tanto ha madurado una nueva conciencia de su valor y se empiezan a dar los primeros pasos de la larga marcha hacia la emancipación. En Inglaterra, las mujeres conquistan el derecho al voto en 1918. A pesar de todo no lo asumen del mismo modo los Gobiernos autoritarios, y así por ejemplo la Turquía de Kemal Atatürk no concede el voto a las mujeres hasta 1934.

Durante el conflicto, para mantener alta la moral de la tropa, los Gobiernos habían hecho muchas promesas a los soldados, como distribución de tierras, participación de los obreros en las ganancias de las empresas mediante acciones o reformas en favor de las clases más pobres. Promesas que de algún modo habían creado expectativas en el que combatía por su país. Sin embargo, terminada la guerra, la situación económica es dramática: desempleo, inflación, caída de los salarios y de los ahorros.

De ahí surge una inmensa oleada de enfrentamientos sociales y una conflictividad que, en Italia o Alemania, parece tender hacia acciones revolucionarias. De nuevo la intensificación de la lucha de clases provoca desasosiego en la burguesía, que para evitar que la explosión de la revuelta se transforme en el incendio de una revolución, moviliza a todas sus fuerzas, dando paso a la más violenta represión.

EL REINO DE LOS ESLAVOS
Prófugos serbios en una fotografía de Lewis Hine. El reino de los serbios, croatas y eslovenos, la Yugoslavia nacida de la disolución de la doble monarquía, tiene que hacer frente, no sólo a los problemas que plantea la reconstrucción, sino también a las intenciones del Gobierno italiano en la región.

PRIMERA GUERRA MUNDIAL

GUERRA Y CINE

Pronto el cine se apodera de la Gran Guerra. Ya en 1918 Abel Gance (*J'accuse*) y Charles Chaplin (*Armas al hombro*) afrontan el tema, cada uno con sus medios. El cine se inspira en las novelas, así, por ejemplo, *Adiós a las armas,* de Hemingway (1929) es llevada a la gran pantalla por Frank Borzage (1932) y por Charles Vidor (1957), y *El diablo en el cuerpo,* de Radiguet (1923) inspira en 1947 a Claude Autant-Lara. También el cine se deja encandilar elaborando aventuras y pseudobiografías como en *Mata-Hari,* de Fitzmaurice (1930) con Greta Garbo; *Mademoiselle docteur,* de Pabst (1936) recuperada por *Salónica nido de espías,* de Lattuada (1979) y *El barón rojo,* de Corman (1971). También los cineastas ponen la guerra de fondo en sus melodramas (*El puente de Waterloo,* de Le Roy, 1940) y sus comedias (*Darling Lili,* de Edwards, 1970), y en escenarios exóticos (*La Reina de*

África, de Huston, 1951). Raras veces una película ambientada en la Gran Guerra desmerece el cine de género. Principalmente las trincheras, como símbolo de la violencia de la guerra y la barbarie del siglo XX, aparecen donde menos se esperan. Por ejemplo en el viaje a través del tiempo (*Doce monos,* de Gilliam, 1996) el protagonista es lanzado desde el futuro a una trinchera de 1916, donde una cámara fotográfica congela su aterrorizada expresión. De una filmoteca basada en la Gran Guerra destacan las siguientes películas:

Armas al hombro (USA, 1918), de Charlie Chaplin. Convierte en amarga sonrisa una tragedia que el tommie Charlot afronta con un curioso equipamiento: junto al fusil, una cafetera, una batidora, un rallador y varias trampas para ratones.

Sin novedad en el frente (USA, 1930), de Lewis Mileston. La Gran Guerra vista con el espíritu de Weimar. Una película que no desmerece la novela (Remarque, 1029).

La gran ilusión (Francia, 1937), de Jean Renoir. Aristocracia y socialismo, tratados a la vez por el genio de Renoir.

El sargento York (USA, 1941), de Howard Hawks. La verdadera historia de Alvin York, cuáquero pacifista (e aislacionista) que se convierte en héroe de guerra.

Senderos de gloria (USA, 1957), de Stanley Kubrick. Se trata de la película por excelencia de la Gran Guerra.

Lawrence de Arabia (Gran Bretaña, 1962), de David Lean. Reticente sobre la ambigüedad del protagonista, queda una bella película construida con actores excepcionales.

Hombres contra la guerra (Italia, 1971), de Francesco Rosi. Su contenido político impide el intento –a veces conseguido– de traducir la complejísima novela de Emilio Lussu (*Un anno sull'altipiano,* 1937). •

Gallipoli (USA, 1981), de Peter Weir. Un emocionante y conmovedor homenaje del director australiano al sacrificio del ANZAC.

La vida y nada más (Francia, 1989), de Bertrand Tavernier. Philippe Noiret busca un cadáver para la tumba del soldado desconocido. Francia, que ha censurado a Kubrick, salda sus cuentas con su guerra.

Arriba, Lew Ayres (a la izquierda) en Sin novedad en el frente, *de Lewis Mileston. Abajo, Mel Gibson en* Gallipoli, *de Peter Weir.*

LOS PROBLEMAS DE LA PAZ PERDIDA

BERLÍN, 1928
El general alemán von Mackensen (a la izquierda), héroe de la Gran Guerra, participa en la organización paramilitar de Stalhelm (a la derecha). Es 1928 y el mito de la puñalada por la espalda, asestada por los políticos derrotados al ejército alemán, trata de desestabilizar la democracia de Weimar.

También la burguesía sale de la guerra profundamente transformada. El liberalismo económico y político, del que era portavoz y que había entrado en crisis a finales del siglo XIX, con la guerra ha sido refutado por los hechos. La intervención de las autoridades estatales está cada vez más presente en la vida civil, económica y política. Ahora la burguesía no sólo no busca limitar el poder de intervención del Estado, sino que demanda la ayuda de un Estado fuerte, capaz de defenderla en los conflictos sociales.

En efecto, en muchos países se afianzan los movimientos nacionalistas. En Francia, Alemania, Italia, Austria, Hungría y Polonia, en las filas de la pequeña burguesía van tomando cuerpo ideologías nacionalistas que defienden la violencia armada contra los revolucionarios o los reformistas de la izquierda, persiguiendo el mito de una nación unida, donde los conflictos de clase se acallan.

Esta Europa empobrecida y enloquecida ha perdido todas las características que poseía en el siglo XIX. Desde las costumbres a los sistemas productivos, desde las instituciones políticas a la forma de entender la vida, desde los valores morales a las relaciones sociales, en la moda y en la vida cotidiana, todo ha cambiado. Y la mayor novedad es la presencia de las masas en la vida política y social. Sin embargo, después de los horrores de la Primera Guerra Mundial, Europa tendrá que seguir viviendo un largo periodo de incertidumbres, ilusiones y falsas esperanzas, crisis y contradicciones, sin encontrar su equilibrio. Y después de 20 años volverá a caer en otra guerra mundial, todavía más devastadora que la anterior, cosa que no hará sino acelerar su decadencia.

COMPIÈGNE, 1940
Han pasado más de 20 años desde el final de la Gran Guerra, pero una parte de Alemania no ha olvidado. En el mismo vagón donde, en 1918, los alemanes habían firmado el armisticio con Francia, conservado como una reliquia nacional por el Gobierno francés, Hitler y sus generales imponen la capitulación de Francia. Es el mes de junio de 1940 y el inicio de una nueva pesadilla.

Tablas cronológicas
Índice onomástico y de fichas

1914

CRONOLOGÍA

28 de junio. El archiduque de Austria Francisco Fernando es asesinado en Sarajevo con su mujer Sofía por el estudiante serbio Gavrilo Princip.

23 de julio. El Imperio Austro-húngaro da un ultimátum a Serbia.

28 de julio. El Imperio Austro-húngaro declara la guerra a Serbia y comienza su invasión.

30 de julio. La Rusia zarista se moviliza en favor de Serbia.

1 de agosto. Alemania, unida a Austria e Italia por la Triple Alianza, declara la guerra a Rusia: se disparan los mecanismos de la Alianza.

2 de agosto. Francia, que ha firmado con Rusia y Gran Bretaña el pacto de la Entente, ordena la movilización. El Imperio Turco se alía en secreto con Alemania, mientras Italia, aunque pertenece a la Triple Alianza, se declara neutral.

3 de agosto. Alemania declara la guerra a Francia.

4 de agosto. Alemania invade Bélgica (plan Schlieffen). Puesto que los acuerdos internacionales no prevén la neutralidad, Gran Bretaña declara la guerra a Alemania. Estados Unidos se proclama neutral.

5 de agosto. El Imperio Austro-húngaro declara la guerra a Rusia. Montenegro declara la guerra al Imperio Austro-húngaro.

6 de agosto. Serbia declara la guerra a Alemania.

12 de agosto. Gran Bretaña y Francia declaran la guerra al Imperio Austro-húngaro.

20 de agosto. Tras la toma de Lieja, el ejército alemán entra en Bruselas.

21-23 de agosto. El ejército alemán derrota a las tropas francesas en Charleroi. Japón declara la guerra a Alemania.

26-30 de agosto. Hindenburg vence a las tropas rusas en Tannenberg. Los enfrentamientos en los lagos mazurianos alejan la amenaza rusa sobre Berlín a primeros de septiembre.

5-13 de septiembre. Contraofensiva victoriosa de los franceses en el frente occidental (Primera Batalla del Marne). Destitución de von Moltke, al que sucede von Falkenhayn.

8-12 de septiembre. Los rusos derrotan a los austriacos en Lvov, ocupando Galitzia hasta los Cárpatos.

9 de octubre. Cae Amberes, último baluarte frente a la invasión alemana.

17 de octubre. El ejército inglés se enfrenta al alemán en los alrededores de Ypres, en Flandes. La Primera Batalla de Ypres dura hasta el 22 de noviembre. El frente occidental se estabiliza en una guerra de posiciones.

1 de noviembre. La escuadra naval alemana de von Spee derrota a la inglesa de Cradock en la Batalla de Coronel, en las costas chilenas.

6 de noviembre. Las tropas austriacas entran en Belgrado.

Noviembre. Gran Bretaña, para oponerse a Turquía, se anexiona Chipre.

3 de diciembre. El general serbio Putnik libera Belgrado tras la Batalla de Kolubra.

8 de diciembre. Las naves inglesas, al mando de Sturdee, derrotan a la formación de von Spee en la batalla naval de Las Malvinas.

1915
CRONOLOGÍA

6 de enero. En el frente francés los voluntarios garibaldinos toman parte en los combates del Argonne.

24 de enero. En el Dogger Bank, en el mar del Norte, los cruceros ingleses derrotan a los alemanes.

Febrero. En el frente occidental, el ejército anglo-francés lanza sucesivos ataques sin resultados significativos. Las tropas de Hindenburg conquistan Prusia oriental. Alemania intensifica el uso de los submarinos.

22 de abril. En el frente occidental, en Ypres, el ejército alemán utiliza por primera vez gas de cloro contra los franceses.

25 de abril. El Cuerpo Expedicionario Aliado desembarca en Gallípoli, Turquía, pero no consigue derrotar a las tropas turcas y avanzar hacia Estambul.

26 de abril. El Gobierno italiano firma en Londres un pacto secreto con Francia y Gran Bretaña. A cambio de entrar del lado de los Aliados, Italia obtiene la promesa de compensaciones territoriales.

1 de mayo. Los alemanes lanzan una gran ofensiva contra los rusos en territorio polaco en el sector de Gorlice-Tarnów, derrotándoles y ocupando Galitzia.

4 de mayo. Italia denuncia la Triple Alianza.

7 de mayo. Un submarino alemán hunde el transatlántico *Lusitania*. Mueren 128 norteamericanos. Debido a la reacción de Estados Unidos los alemanes revocan la orden de guerra submarina total.

9 de mayo-25 de junio. Las tropas anglo-francesas atacan a los alemanes en Artois.

23 de mayo. Italia declara la guerra al Imperio Austro-húngaro. Al día siguiente las primeras tropas cruzan la frontera.

22 de junio. El ejército alemán reconquista Lvov.

23 de junio. Los italianos inician la Primera Batalla del Isonzo.

3 de julio. El ejército alemán, atacando el Vístula, llega a Varsovia.

18 de julio-3 de agosto. En el frente italiano se desarrolla la Segunda Batalla del Isonzo.

21 de agosto. Italia declara la guerra al Imperio Otomano.

5-8 de septiembre. Se reúnen en Zimmerwald, Suiza, representantes de los partidos socialistas contrarios a la guerra.

5 de octubre. Las tropas Aliadas desembarcan en Salónica en ayuda de Serbia y para contrarrestar la entrada de Bulgaria del lado de los Imperios Centrales. Durante el mes la ofensiva austroalemana consigue la ocupación de Serbia.

18 de octubre- 4 de noviembre. Las tropas italianas atacan a los austriacos en el Isonzo (Tercera Batalla).

10 de noviembre- 2 de diciembre. Nueva ofensiva italiana en el Isonzo (Cuarta Batalla).

10 de diciembre. Inicia su retirada de Gallípoli el Cuerpo Expedicionario Aliado, que termina en enero de 1916. El general Haig sustituye a French al mando del Cuerpo Expedicionario Británico en Francia.

Diciembre. Los turcos inician el asedio a la ciudad de Kut en Mesopotamia, donde se han refugiado las tropas inglesas de Townshend.

1916

CRONOLOGÍA

8-9 de enero. Las tropas Aliadas abandonan definitivamente Gallípoli y los Estrechos.

11 de enero. Los austriacos invaden Montenegro.

Febrero. Los rusos detienen a los turcos en Enver bajá y contraatacan en el Cáucaso, ocupando la ciudad armenia de Erzurum.

21 de febrero. Los alemanes inician la ofensiva de Verdún.

11-16 de marzo. Comienza la quinta ofensiva en el Isonzo contra los austriacos; esta vez también los resultados son insignificantes.

Abril. Los franceses y los ingleses conciertan el acuerdo de Sykes-Pykot sobre el reparto del Imperio Otomano cuando se logre la victoria final.

29 de abril. Se rinden las tropas inglesas asediadas por los turcos en la ciudad de Kut, Mesopotamia.

15 de mayo. Los austriacos inician la *Strafexpedition* contra los italianos, intentando hundir el frente en el sector de Asiago. Los italianos los detienen en el Pasubio y en la Valsugana.

31 de mayo. La flota alemana y la inglesa se enfrentan en la Batalla de Jutlandia. El resultado es incierto.

1 de julio. Para aliviar el asedio a la plaza fuerte de Verdún, los ingleses desencadenan la Batalla del Somme.

4-7 de agosto. Sexta Batalla del Isonzo; las tropas italianas y reconquistan Sabotino, Podgora, Oslavia y San Miguel.

8 de agosto. Los italianos entran en Gorizia, objetivo final de la ofensiva.

28 de agosto. Rumania rompe los acuerdos y entra en guerra del lado de los Aliados. Italia declara la guerra a Alemania.

29 de agosto. El general alemán von Falkenhayn, incapaz de tomar Verdún, es sustituido por Hindenburg.

Septiembre. Al término de una serie de ataques desencadenados desde junio, los rusos reconquistan muchos territorios que están en manos de los austriacos.

15 de septiembre. En el frente del Somme, los ingleses utilizan tanques por primera vez.

14-17 de septiembre. El ejército italiano ataca por séptima vez a los austriacos en el frente del Isonzo.

Octubre. El ejército ruso empuja a los austriacos hasta los Cárpatos. T. E. Lawrence llega a Arabia con el propósito de organizar la revuelta de los árabes contra el Imperio Otomano.

9-12 de octubre. Octava Batalla del Isonzo.

31 de octubre - 1 de noviembre. Novena Batalla del Isonzo.

19 de noviembre. Se desvanece la última ofensiva inglesa en el Somme.

22 de noviembre. Muere Francisco José emperador de Austria. Le sucede Carlos I.

6 de diciembre. Los alemanes ocupan Bucarest y Rumania queda fuera de la guerra.

13 de diciembre. El general Neville sustituye a Joffre en el cargo de comandante del ejército francés.

15 de diciembre. En el sector de Verdún, los franceses han reconquistado todas las posiciones y avanzado cinco kilómetros con respecto a febrero.

1917

CRONOLOGÍA

1 de febrero. Alemania declara la guerra submarina indiscriminada. A los dos días, como reacción, Estados Unidos rompe las relaciones diplomáticas con Berlín.

8 de marzo. Primeras agitaciones revolucionarias en Rusia.

11 de marzo. Ofensiva británica en Mesopotamia. Después de ocupar Kut, los ingleses entran en Bagdad.

15 de marzo. Abdica el zar Nicolás II.

2 de abril. Estados Unidos declara la guerra a Alemania, pero Wilson mantiene una posición distinta a la de los Aliados.

12 de abril. Décima Batalla del Isonzo.

16 de abril. Los franceses lanzan una ofensiva en el Aisne. Son derrotados en la Batalla de Chemin des Dames.

29 de abril. Pétain es nombrado jefe de Estado Mayor del ejército francés en sustitución de Nivelle.

26 de junio. Desembarca en Francia el primer Cuerpo Expedicionario Estadounidense de Pershing.

1 de julio. El general ruso Brusilov lanza una ofensiva con la intención de reconquistar Galitzia.

19 de julio. Los alemanes pasan al contraataque en el frente oriental. El ejército ruso se descompone.

31 de julio. Los ingleses emprenden la Tercera Batalla de Ypres, también conocida como de Passchendaele.

1 de agosto. El papa Benedicto XV lanza una llamada a las naciones beligerantes en contra de «una inútil matanza».

18 de agosto. Los italianos emprenden la Undécima Batalla del Isonzo, que termina con la conquista de la Bainsizza.

3 de septiembre. El ejército alemán ocupa Riga, en el Báltico.

15 de octubre. Margarita Gertrudis Zelle (Mata-Hari) es fusilada por los franceses bajo la acusación de espionaje al servicio de Alemania.

24 de octubre. Los austriacos descomponen el frente italiano en el sector entre Plezzo y Tolmino. El ejército italiano derrotado se repliega hacia la llanura.

6 de noviembre. En Rusia, los bolcheviques dan comienzo al golpe de estado contra el Gobierno de Kerensky.

7-8 de noviembre. Toma del Palacio de Invierno de Petrogrado y huida de Kerensky.

9 de noviembre. Armando Diaz sustituye a Luigi Cadorna al mando del ejército italiano que se está preparando en el Piave. Georges Clemenceau se convierte en primer ministro de Francia.

20 de noviembre. Violenta ofensiva aliada en el sector de Cambrai.

26 de noviembre. El Gobierno bolchevique pide a los Imperios Centrales entablar negociaciones de paz.

7 de diciembre. Estados Unidos declara la guerra al Imperio Austro-húngaro.

10 de diciembre. Luigi Rizzo entra en el puerto de Trieste y hunde el acorazado austriaco *Wien*.

15 de diciembre. Rusia y Alemania firman el armisticio en Brest-Litovsk, Bielorrusia.

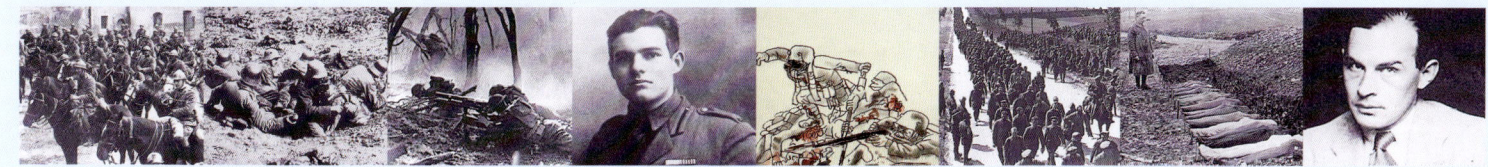

1918
CRONOLOGÍA

3 de enero. El presidente de Estados Unidos, Woodrow Wilson, expone los «catorce puntos».

3 de marzo. Rusia y Alemania firman el tratado de paz de Brest-Litovsk.

21 de marzo. Ludendorff lanza una ofensiva en el Somme, en el sector de Montdidier. Los Aliados se repliegan mientras los alemanes amplían su ataque a Flandes (9 de abril) y al Aisne (27 de mayo).

26 de marzo. El general Ferdinand Foch es nombrado comandante supremo de todas las fuerzas aliadas.

10 junio. Dos MAS italianas al mando de Luigi Rizzo hunden el acorazado austriaco *Szent Istvan*.

15 de junio. Los austriacos lanzan la Batalla del Solsticio con el vano intento de quebrar la resistencia italiana en el Piave.

16 de julio. En Ekaterinburgo el zar Nicolás II y su familia son fusilados.

8 de agosto. Los Aliados dan comienzo a la Batalla de Amiens.

12 de septiembre. Victoria aliada en la Batalla de Saint Mihiel.

29 de septiembre. Bulgaria firma el armisticio.

1 de octubre. Las tropas árabes de Faysal y Lawrence desencadenan la ofensiva final y entran en Damasco.

3 de octubre. En Alemania, el príncipe Max von Baden es nombrado canciller de un Gobierno de coalición.

24 de octubre. Los italianos lanzan la ofensiva final sobre Vittorio Veneto.

29 de octubre. En la base de Kiel se amotinan los marineros alemanes.

30 de octubre. El Imperio Otomano firma el armisticio en Mudros.

2 de noviembre. Rossetti y Paolucci hunden el acorazado *Viribus Unitis*.

3 de noviembre. Tropas italianas entran en Trento y desembarcan en Trieste.

4 de noviembre. El Imperio Austro-húngaro firma el armisticio de Villa Giusti. Movimientos revolucionarios en Alemania.

9 de noviembre. Abdicación del káiser Guillermo II. Se proclama en Berlín la República Alemana.

11 de noviembre. Alemania y las potencias Aliadas firman el armisticio en Rethondes. Carlos I de Austria renuncia al trono.

12 de noviembre. Se proclama la República Austriaca.

14 de noviembre. Se proclama la República Checoslovaca.

16 de noviembre. Se proclama la República Húngara.

21 de noviembre. La flota alemana de alta mar es recluida en Scapa Flow. El 21 de junio de 1919 el almirante Reuter ordena su hundimiento voluntario.

Enero de 1919. Se abre en París la Conferencia de Paz que debe poner fin al conflicto. Los cinco tratados de paz serán impuestos por las potencias vencedoras a los países derrotados. A Alemania, el Tratado de Versalles en junio; a Austria, el Tratado de Saint Germain-en-Laye en septiembre; a Bulgaria, el Tratado de Neuilly en noviembre; a Hungría, el Tratado de Trianon en junio de 1920; al Imperio Otomano, el Tratado de Sèvres en agosto de 1920.

1914 - 1918
LAS DECLARACIONES DE GUERRA

1914

28 julio	Austria a Serbia
1 agosto	Alemania a Rusia
3 agosto	Alemania a Francia
4 agosto	Alemania a Bélgica
4 agosto	Inglaterra a Alemania
5 agosto	Montenegro a Austria
5 agosto	Austria a Rusia
6 agosto	Serbia a Alemania
8 agosto	Montenegro a Alemania
12 agosto	Francia a Austria
12 agosto	Inglaterra a Austria
23 agosto	Japón a Alemania
25 agosto	Japón a Austria
28 agosto	Austria a Bélgica
4 noviembre	Rusia a Turquía
4 noviembre	Serbia a Turquía
5 noviembre	Inglaterra a Turquía
5 noviembre	Francia a Turquía

1915

23 mayo	Italia a Austria
3 junio	San Marino a Austria
21 agosto	Italia a Turquía
14 octubre	Bulgaria a Serbia
15 octubre	Inglaterra y Montenegro a Bulgaria
16 octubre	Italia y Francia a Bulgaria

1916

9 marzo	Alemania a Portugal
15 marzo	Austria a Portugal
28 agosto	Rumania a Austria
28 agosto	Italia a Alemania
28 agosto	Alemania a Rumania
30 agosto	Turquía a Rumania
1 septiembre	Bulgaria a Rumania

1917

2 abril	EE UU a Alemania
7 abril	Panamá y Cuba a Alemania
27 junio	Grecia a Austria, Bulgaria, Alemania y Turquía
22 julio	Siam a Alemania y Austria
4 agosto	Liberia a Alemania
14 agosto	China a Alemania y Austria
26 octubre	Brasil a Alemania
7 diciembre	EE UU a Austria
10 diciembre	Panamá a Austria
16 diciembre	Cuba a Austria

1918

23 abril	Guatemala a Alemania
8 mayo	Nicaragua a Alemania y Austria
23 mayo	Costa Rica a Alemania
12 julio	Haití a Alemania
19 julio	Honduras a Alemania

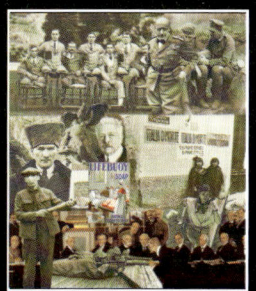

Índice onomástico

A
Abdulhamid II, sultán 32
Aguinaldo, Emilio 38
Albertini, Luigi 37, 76
Alberto I, rey de Bélgica 49
Alberto Vittorio,
 duque de Clarence 27
Aleksei Romanov 29
Alejandra,
 reina de Inglaterra 105
Alejandra de Rusia 29
Alejandro II, zar de Rusia 27
Alejandro III, zar de Rusia
 28, 29
Alejandro Obrenovic,
 Rey de Serbia 34
Allenby, Edmund 122, 158
Aonzo, Giuseppe 149
Apollinaire, Guillaume 151
Arnoux, Guy 112
Asquith, Herbert Henry 27, 86
Autant-Lara, Claude 176
Ayres, Lew 176

B
Baden, Max von 158, 160, 185
Badoglio, Pietro 159
Balfour, Arthur J. 166, 172
Baracca, Francesco 116, 158
Barbusse, Henri 151
Battisti, Cesare 76
Bava Beccaris, Fiorenzo 35, 36
Beatty, David 59, 99, 100
Bell, Johannes 164
Below, Otto von 126
Beltrame, Achille 11, 78, 167
Benedek, Ludwig August von 65
Benedicto XV (Giovanni
 Della Chiesa), papa 123, 132
Bethmann-Hollweg, Theobald
 von 20, 57, 84, 94, 139
Bettolo, Giovanni 45
Bishop, William Arvey 116
Bisio, Attilio 149
Bismarck, Otto von 18, 19, 20, 31
Boccioni, Umberto 36, 112
Boroevič von Bojna,
 Svetozar von 153
Borzage, Frank 176
Boselli, Paolo 97, 126, 167
Boulanger, Georges 23
Bresci, Gaetano 33, 35
Briand, Aristide 23
Brooke, Rupert 151
Brown, Arthur R. 116
Brusilov, Aleksei 90, 127, 129
Budworth, general 15
Bülow, Bernhard von 20

C
Cabrinovic, Nedjelko 16
Cadorna, Luigi 78, 80, 81, 86,
 94, 124, 125, 126, 134, 143
Cadorna, Raffaele 78
Campbell, Douglas 144
Capello, Luigi 126
Caprivi, Leo von 20
Carlos I, emperador de Austria
 108, 158
Carnegie, Andrew 38
Carrà, Carlo 36, 112
Castelnau, Édouard de Curières
 de 95
Cavallero, Ugo 159
Chamberlain, Joseph 26
Chaplin, Charlie 176
Chapman, Thomas 92
Churchill, Winston 25, 26, 72, 73
Clemenceau, Georges 23, 134,
 136, 137, 139, 164, 167
Cocteau, Jean 112
Conrad von Hötzendorf, Franz
 62, 65, 70, 71, 90, 94, 124,
 153
Corman, Roger 176
Constantino, rey de Grecia 122
Cradock, Christopher 58
Cuniberti, Vittorio 45

D
D'Annunzio, Gabriele 76, 79,
 144, 149, 168, 169
Dallolio, Alfredo 106, 111
De Chirico, Giorgio 112
De Robeck, John M. 72, 73
Diaz, Armando 78, 126, 143,
 148, 153, 158, 159
Dimitrijevic, Dragutin
 (Apis) 16
Disraeli, Benjamin 24
Dix, Otto 112
Draga, reina de Serbia 34
Dreyfus, Alfred 23, 95, 134, 137
Driant, Émile 95
Dufy, Raoul 112
Durnovo, Pëtr Nikolaevič 30

E
Ebert, Friedrich 160
Eduardo VII, rey de Inglaterra
 24, 27
Eduardo VIII, rey de Inglaterra
 27
Edwards, Blake 176
Einaudi, Luigi 106
Eisenstein, Sergei M. 29
Eliot, Thomas S. 151
Enver bajá 32, 90, 91, 174
Ernesto de Habsburgo 16

F
Falkenhayn, Erich von 43, 50, 51,
 54, 62, 70, 90, 93, 94, 95, 96, 97
Faysal al-Husayn 92, 158, 168
Federico el Grande,
 rey de Prusia 66
Fernando I, emperador
 de Austria 15
Fernando de Habsburgo 15
Fischer, John 45, 58, 100
Fitzmaurice, George 176
Foch, Ferdinand 69, 105, 110,
 137, 138, 152, 153, 155
Fonk, René 116
Francisco, duque de Teck 27
Francisco Carlos
 de Habsburgo 15
Francisco Fernando
 de Habsburgo 9, 10, 11, 15,
 16, 34
Francisco José, emperador
 de Austria 10, 14,
 15, 17, 65, 78, 108, 158
French, John D. 49, 86, 105
Frunze, Michail 91

G
Gallieni, Joseph-Simon 50, 51, 86
Gance, Abel 176
Garbo, Greta (G. Louisa
 Gustafsson) 176
Garibaldi, Giuseppe 167
Garibaldi, Peppino 76
Garros, Roland 47
Gibson, Mel 176
Gilliam, Terry 176
Giolitti, Giovanni 35, 76, 78,
 167, 169
Goltz, Colmar von der 31
Gordon, Charles George 85
Gould, Jay 38
Gouraud, Henri Joseph 175
Graves, Robert 151
Griffith, David W. 48
Grosz, George 112, 148
Guderian, Heinz 107
Guillermo II, emperador
 de Alemania 10, 15, 17, 19,
 20, 32, 43, 46, 78, 98, 103,
 119, 120, 155, 156, 160
Guynemer, Georges 47, 116

H
Haber, Fritz 69
Habil, Abdul, sultán 91
Habsburgo (dinastía)
 9, 10, 14, 16, 158
Haig, Douglas 83, 86, 95,
 96, 105, 107, 122, 123, 137,
 138, 155
Haldane, Richard Burdon 105
Hamilton, Ian 73
Harding, Warren 167
Hartmann, Erich 116
Hawks, Howard 176
Hemingway, Ernest 151, 176
Hindenburg, Paul L. von 52, 54,
 55, 57, 70, 71, 82, 84, 89, 93,
 94, 96, 106, 120, 122, 123,
 137, 139, 158
Hine, Lewis 48, 175
Hipper, Franz von 99
Hitler, Adolf 55, 57
Hohenlohe, Chlodwig von 20
Hohenzollern (dinastía) 160
Hood, Horatio 99
Horthy, Miklós 170
Humberto I, rey de Italia 33, 35
Hussein 92, 93
Huston, John 176

I
Isabel de Wittelsbach,
 emperatriz de Austria 15

J
Jabotinsky, Zeev 172
Jahier, Pietro 151
Jaurès, Jean 24
Jellicoe, John Rushworth 94,
 98, 99, 100

Joffre, Joseph J. 49, 50, 83, 86, 95, 96, 105, 122, 137
Jorge V, rey de Inglaterra 26, 27, 98, 105, 123
Jorge VI, rey de Inglaterra 27
Junner, Sarah 92
Justiniano I, emperador de Oriente 171

K
Kapp, Wolfgang 57
Kemal, Mustafá (Atatürk) 72, 170, 174, 175
Kerenski, Aleksander 127, 128, 129, 131
Kipling, Rudyard 25
Kitchener, Horatio Herbert 85, 86, 105
Kluck, Alexander von 50
Kornilov, Lavr 129
Krüger, Paulus 22, 25
Kubrick, Stanley 176
Kun, Béla 165

L
Langle de Cary, Fernand-Louis-Armand-Marie de 95
Lattuada, Alberto 176
Lawrence, Thomas Edward (Lawrence de Arabia) 92, 93, 122, 151, 158
Le Roy, Mervyn 176
Lean, David 176
Lenin, Nikolai (Vladimir Ilich Ulianov) 28, 29, 128, 129, 130, 131
Lesser, Anne Marie (Fraulein Doktor) 133
Lettow-Vorbeck, Paul von 67, 75
Liebknecht, Karl 102, 160, 168
Lloyd George, David 83, 86, 100, 105, 106, 122, 136, 137, 139, 164, 167
Looff, Max 75
Ludendorff, Erich 20, 49, 52, 55, 57, 70, 82, 84, 89, 94, 105, 106, 120, 121, 131, 137, 139, 148, 150, 152, 154, 156
Luis Alejandro, príncipe de Battenberg 58
Lussu, Emilio 151, 176
Luxemburgo, Rosa 160, 168
L'vov, Georgy Evgenevič 127

M
Mac Donald, James 82
Mac Mahon, Henry 92
Mackensen, August von 70, 71, 177
Mann, Delbert 176
Mann, Thomas 44
Mannock, Edward 116
Marc, Franz 112

María de Teck (esposa de Jorge V de Inglaterra) 27
Marinetti, Filippo Tommaso 36, 110, 112
Massimiliano de Habsburgo 15, 16
Mata Hari (Margarita Gertrudis Zelle) 133
Maunoury, Joseph 50
Maurras, Charles 21, 23
McArthur, Douglas 155
McKinley, William 37, 38
Mehmet V, sultán 32
Menelik II, rey de Etiopía 22, 35
Michaelis, Georg 57, 84, 139
Midhat Pascià 31
Miguel Romanov 29, 127
Milan Obrenovic, rey de Serbia 16, 17
Mileston, Lewis 176
Moltke, Helmuth Johann Ludwig von (1848-1916) 43, 49, 50, 51, 57, 94
Moltke, Helmuth von (1800-1891) 43
Monash, John 155
Morgan, John Pierpont 38
Müller, Hermann 164
Müller, Karl von 75
Mussolini, Benito 76, 78, 143

N
Napoleón Bonaparte 83, 125, 137
Napoleón III, emperador de Francia 21
Nevinson, Christopher 112
Nicolás II, zar de Rusia 27, 28, 29, 42, 54, 90, 127
Nicolás Romanov, 54, 90
Nitti, Francesco Saverio 169
Nivelle, Robert Georges 83, 86, 95, 110, 122, 123
Noiret, Philippe 176

O
Orlando, Vittorio Emanuele 126, 139, 164, 165, 167
Orpen, William 164
Outcault, Richard 38
Owen, Wilfred 151

P
Pabst, Georg Wilhelm 176
Pankhurst, Emmeline 141
Paolucci, Raffaele 149
Pasic, Nikola 34
Pasternak, Boris 151
Patton, George 155
Péguy, Charles 151
Pershing, John 137, 138, 142

Pétain, Henri Philippe 83, 86, 95, 110, 122, 123, 137
Picasso, Pablo 112
Picot, Georges 90
Pedro I Karagjeorgjevic, rey de Serbia, 16, 34
Pilsudsky, Jozef 170
Pío X, papa 21, 123
Pirenne, Henri 145
Poincaré, Raymond 23, 105
Pollio, Alberto 80, 143
Princip, Gavrilo 11, 16
Prittwitz, Max von 52, 55
Putnik, Radomir 54, 59, 70

R
Radetzky, Joseph 65
Radiguet, Raymond 176
Rasputin, Grigori Efimovich 28, 29
Rathenau, Walther 106
Remarque, Erich M. 151, 176
Rennenkampf, Pavel Karlovič 52, 54, 55
Renoir, Jean 176
Reuter, Ludwig von 161
Rhodes, Cecil 22
Richthofen, Manfred von (el Barón Rojo) 116
Rickenbacker, Eddie 116, 148
Rizzo, Luigi 149, 152
Roberts, Frederick Sleigh 85
Robertson, William Robert 66, 86
Rockefeller, John Davison 38
Rodolfo de Habsburgo 15
Romanov, dinastía 27, 28
Rommel, Erwin 125
Roosevelt, Theodore 31, 37, 38, 39
Rosi, Francesco 176
Ross, John (Thomas Edward Lawrence) 92
Rossetti, Raffaele 149
Ruprecht, príncipe de Baviera 53
Russell, Bertrand 102

S
Sadoul, Jacques 130
Salandra, Antonio 36, 78, 80, 86, 97, 167
Salvemini, Gaetano 76
Samsonov, Aleksandr Vasilievič 52, 54, 55
Sanders, Liman von 32, 33, 72, 73
Sargent, John Singer 112, 113
Sajonia-Coburgo-Gotha, dinastía 27
Scheer, Reinhard 94, 99, 101
Schlieffen, Alfred von 42, 43, 49, 50, 52, 57

Schwieger, Walter 77
Severini, Gino 36, 112
Slataper, Scipio 151
Sofia Chotek von Chotkowa und Wognin (esposa de Francisco Fernando de Habsburgo) 11, 16
Sonnino, Sidney 37, 78, 167
Spee, Maximilian von 58, 75
Stolypin, Pëtr Arkadevič 30
Strasser, Peter 103
Straussenberg, Arz von 65, 126
Sturdee, Frederick Charles 58
Sykes, Mark 90

T
Tavernier, Bertrand 176
Tennyson d'Eyncourt, sir E.H. 107
Thomas, Albert 83, 106, 126
Tirpiz, Alfred von 18
Tisza, Iván 41
Togo, Heihachiro 30, 31
Townshend, Charles 74
Trockij (Lev Davidovič Bronstein) 129, 130

U
Udet, Ernst 116
Ulianov, Aleksandr 128
Ungaretti, Giuseppe 151

V
Vanderbilt, Cornelius 38
Vidor, Charles 176
Villa, Pancho 39, 138
Victor Manuel II, rey de Italia 78
Victoria, reina de Inglaterra 12, 24, 27

W
Wagner, Otto 15
Weir, Peter 176
Willis, Bruce 176
Wilson, Woodrow 39, 77, 119, 139, 140, 142, 148, 158, 163, 164, 167
Windsor (dinastía) 27
Wright, Orville 47, 98
Wright, Wilbur 47, 98

Y
York, Alvin 176

Z
Zeppelin, Friedrich von 103
Zimmermann, Arthur 67
Zola, Émile 134

Índice de las fichas

Temas
El mundo antes de la guerra	13
El atentado de Sarajevo	16
La rebelión de los bóxer	18
El reparto de África	22
La guerra ruso-japonesa	30
La cuestión balcánica	34
Cartas de guerra	64
Las naves corsarias	75
La intervención de Italia	76
La guerra en el mundo	87
El genocidio de los Armenios	91
La industria bélica	111
El arte y la guerra	112
El rostro de las ciudades	115
La paz de Brest-Litovsk	130
Las mujeres en la guerra	141
La literatura y la guerra	151
El cementerio de Scapa Flow	161
La Sociedad de Naciones	166
La ciudad fronteriza de Fiume	169
La epidemia de 1918	171
Los monumentos a los caídos	173
Guerra y cine	176

Armas
El Dreadnought	45
El aeroplano	47
La trinchera	63
El dirigible	103
El tanque	107
El submarino	121
Los medios de asalto	149

Archivos de guerra
La fotografía	48
La Cruz Roja	68
La propaganda	109
Los periódicos	135
Los préstamos	157

Batallas
Marne	50
Ypres	53
Tannenberg	55
Las Malvinas	58
Gorlice-Tarnów	71
Gallípoli	73
Isonzo	80
Verdún	95
Somme	96
Jutlandia	99
Caporetto	125
Piave	153
Amiens	154
Vittorio Veneto	159

Protagonistas
Francisco José	15
Guillermo II	20
Jorge V	27
Nicolás II	29
Helmuth von Moltke	43
John D. French	49
Franz Conrad von Hötzendorf	65
Paul von Lettow-Vorbeck	67
Paul L. von Hindenburg	57
Erich Ludendorff	57
Luigi Cadorna	79
Joseph J. Joffre	83
Herbert Kitchener	85
Lawrence de Arabia	92
Erich von Falkenhayn	94
John Rushworth Jellicoe	100
Reinhard Scheer	101
Douglas Haig	105
Henri Philippe Pétain	110
El Barón Rojo	116
Robert Georges Nivelle	122
Aleksei Brusilov	127
Aleksander Kerenski	128
Nikolai Lenin	128
Mata-Hari	133
Georges Clemenceau	134
Ferdinand Foch	137
John Pershing	138
Woodrow Wilson	139
Armando Diaz	143
Francesco Baracca	158
V. Emanuele Orlando	167
Mustafá Kemal	174

Fotografías
Pag. 82 (abajo): © Olympia-Publifoto
Págs. 45b, 58a, 68 (n.5), 100b, 101b 143ad, 149a, 149b, 155as: Colección Decio Romano
Todas las imágenes, salvo indicación expresa, pertenecen al Archivo Giunti